U0525310

Spellbound

躁动的无意识

[美]丹尼尔·利伯曼（Daniel Z. Lieberman）——著 吕宇珺——译

SPELLBOUND

Copyright © 2022 by Daniel Z. Lieberman.

Published by arrangement with BenBella Books, Inc., Folio Literary Management, LLC, and The Grayhawk Agency Ltd.

© 中南博集天卷文化传媒有限公司。本书版权受法律保护。未经权利人许可，任何人不得以任何方式使用本书包括正文、插图、封面、版式等任何部分内容，违者将受到法律制裁。

著作权合同登记号：字 18-2024-013

图书在版编目（CIP）数据

躁动的无意识 /（美）丹尼尔·利伯曼(Daniel Z. Lieberman) 著；吕宇珺译 . -- 长沙：湖南文艺出版社，2024.7. -- ISBN 978-7-5726-1901-4

I. B846

中国国家版本馆 CIP 数据核字第 2024PQ3418 号

上架建议：心理·科普

ZAODONG DE WUYISHI
躁动的无意识

著　　者：	［美］丹尼尔·利伯曼（Daniel Z. Lieberman）
译　　者：	吕宇珺
出 版 人：	陈新文
责任编辑：	匡杨乐
监　　制：	吴文娟
策划编辑：	姚涵之　董卉
特约编辑：	罗雪莹
版权支持：	张雪珂
营销编辑：	傅丽
封面设计：	梁秋晨
版式设计：	李洁
内文排版：	百朗文化
出　　版：	湖南文艺出版社
	（长沙市雨花区东二环一段 508 号　邮编：410014）
网　　址：	www.hnwy.net
印　　刷：	河北鹏润印刷有限公司
经　　销：	新华书店
开　　本：	680 mm × 955 mm　1/16
字　　数：	307 千字
印　　张：	20
版　　次：	2024 年 7 月第 1 版
印　　次：	2024 年 7 月第 1 次印刷
书　　号：	ISBN 978-7-5726-1901-4
定　　价：	59.00 元

若有质量问题，请致电质量监督电话：010-59096394
团购电话：010-59320018

献给剑桥大学圣约翰学院,
那个供人们阅读魔法书的地方。

目录

序　言　　无意识与超自然 /1

第一部分
无意识 /001

来到暗处 /002

灵魂无处不在 /020

无意识在实验室 /047

魔法本能 /072

阴影 /102

第二部分
魔　法 /121

　　　　童话故事 /122

　　　　炼金术 /151

　　　　神秘数字 /179

　　　　塔罗牌 /205

第三部分
超　越 /221

　　　　成为超越者 /222

　　　　循环和联合 /241

附录一　　古典行星与其炼金术含义 /270

附录二　　钥匙牌与灵魂之完善 /275

图片来源 /299

致　谢 /301

认识你自己。
——铭刻在德尔斐的阿波罗神庙上的箴言

序 言

无意识与超自然

除了你自己,你的头脑中还住着别人。

你以为一切都由你说了算——你的思想,你的感受,你的选择,都由你掌控。但事实不是这样。

关于你在生活中的那些思考和感悟,往好了说,你是它们的副驾驶员;往坏了说,你是个凑热闹的人,任由头脑中的某个部分摆布。这个部分十分强大,足以压倒一切,但你完全看不见它。这个部分有很大的影响力,但它对你来说是个全然的秘密。

它的名字叫作"无意识"。它是一直在工作的大量神经回路,你看不见它,便以为它不存在。它决定了你是充满热情,还是感到厌倦;是精力充沛,还是连眼睛都快睁不开。它可以令你充满同情心,也可以使你满腔仇恨。它帮你选择想要的东西和想爱的人。靠着突如其来的灵感,它可以解决看起来不可能解决的问题。有时候,它会完全控制你,将你一把扔进神秘的陌生世界。

如果我们能够学会识别无意识的影响,使其成为我们的同盟,帮助我们成为我们想要成为的人,那我们将会怎么样?

如果做到这一点的关键不是现代科学，而是一本童话书或者一副塔罗牌，那我们又会怎么样？

科学与魔法

历史上，无意识在人类文化中扮演了隐秘但重要的角色。通过有关超自然存在（众神、魔鬼和精灵）的神话，古人尝试着理解无意识带来的影响。此种思考方式已不被现代人认可，然而，与始终伴随着我们的黑暗面携手合作，这件事在现代的重要性却一点不输给古时候。

我们对大脑的现代认知来自心理学和神经科学这两个学科。大脑远比其他器官复杂，所以这些学科仍处于发展初期。这些学科表现最佳的时候，便是解释那些可以在实验室里被检测的简单行为之时。尽管这么说可能听起来很奇怪，但是我们如果想要更深入、更巧妙地理解大脑中无意识的部分如何运转，就需要将这些现代的科学发现与那些对古代神话的心理学分析结合起来。

来自瑞士的精神病学家卡尔·古斯塔夫·荣格[1]以他的集体无意识理论而闻名。凭借着荣格的研究成果，我们便能将科学与超自然结合起来，从而更好地理解头脑中那个隐秘的部分。我们可以找出无意识影响行为的方式，找到与之携手合作的方法，从而丰富我们的生活，使我们更为完整。

大部分人不怎么在意自己头脑中无意识的部分。事实上，人们犯过的最大的错误就是低估了无意识的重要性。你可能看到过那种被拿来说明人类头脑的冰山的图片，冰山的绝大部分（无意识）是漂浮在水面之下的。无意识在头脑中占据的部分要远远大于意识占据的部分。正因如此，无意

---

1. 卡尔·古斯塔夫·荣格（C. G. Jung, 1875—1961），瑞士心理学家，分析心理学的创始人。——译者注（本书脚注如无特别说明，均为译者注。）

序言　无意识与超自然

识才能带来如此超乎寻常的影响。此外，无意识更为原始，有其自身处理信息的方式，这种方式对有意识的思维模式来说是陌生的。

无意识施加其影响力的时候，我们会觉得好像是某种来自外界的力量在起作用。它会让我们进入某种充满激情的状态，控制我们的所作所为，让我们以不理性甚至自毁的方式来行事。但无意识也可以唤醒我们体内潜在的才能，那些我们想都没想过的才能。这也是无意识在历史上被认为是一种超自然力量的原因。无意识既强大到令人不知所措，又完全有别于有意识的思维模式。荣格有一项极为重要的发现，那便是关于无意识的知识中最好的那一部分来自和超自然有关的古代故事——关于魔法的故事。

这不是一个容易让人接受的看法。我们生活在一个科学发现众多的时代。在这样的时代，对自然环境的理性调查已经将之前一代代人的迷信观念驱逐了出去。此种理性调查认为，我们对环境拥有前所未有的控制能力。我们不再需要太阳神、树精和个人心魔去解释自然与心理现象。今天，我们可以自信地宣称，那些解释对我们没有用，因为它们是错误的。

然而，我们依然对超自然的古代故事十分着迷。如今极为流行的一部分故事就是和魔法有关的。热情的观众走进电影院，走进哈利·波特、中土和漫威超级英雄的世界。这种现象乍看之下好像很奇怪，为何魔法和超自然依然如此引人入胜？毕竟，其中蕴含的对世界运转方式的描述早就被证明是错误的了。相比之下，科学理论一旦被证明存在错误，就鲜少能够表现出此种持久性。比如说，现在很少有人会在意卢瑟福原子模型。但是哪怕魔法在几百年就被证明是假的，到了现在，它依然以其神秘的吸引力使我们着迷。

魔法故事之所以对我们这么有吸引力，是因为它们揭露了我们的内心世界。人类的大脑不仅是一台理性的思考机器，大脑里有着更为黑暗的角落，那里滋生着非理性——不受意识控制的东西。大脑中理性的部分使用语言和逻辑来处理我们经历的事情，但非理性的部分（它们常常躲在隐秘处，不被我们发现）并不借助语言来思考，这个部分运用的是象征手法，也就是被过去几百年间的那些思想家称为"魔法"的东西。

"魔法"这个词有许多运用场景。说到"魔法"，我们脑海中最先浮现的画面可能是舞台上的一名表演者正从帽子里拉出来一只兔子。但那并不是真的魔法，只不过是戏法。又或者，我们会想到魔咒、飞毯或占卜之类的形式，它们更接近真实的魔法了。然而，要是我们想理解心灵的隐秘部分，我们就必须回到一种更加古老，或许也是最为古老的魔法形式：与非现实世界的灵魂进行交流。有时候，我们甚至需要被这些灵魂附体。

魔法药水光有蝾螈眼睛和青蛙脚趾还不够，它必须被赋予某种看不见的力量，才能使人坠入爱河或令人拥有超能力。某种超越物质的东西必须在场，进入喝药水者的体内，令其发生转变。哪怕只是为了对羊皮纸卷施加魔法，某个看不见的灵魂也必须栖居其中，才能使之具有超越羊皮纸和墨水的力量。魔法发生在自然世界被灵魂世界侵入和占据的时候。

在古代有关先知、传神谕者和女祭司的叙述中，我们最能清楚地看到这一点。在那时，这三种人士被认为是聆听众神言语的大门，有时被认为处于超自然生灵的直接控制之下。普通人也会受到众神的影响。全力冲向战场、全然不顾自身安危的古罗马士兵，感觉自己被赋予了战神马尔斯的勇气。正在经历爱欲之激情导致的狂乱的恋人，认为他们被爱神维纳斯附体了。诗人的灵感来自缪斯女神，冠军感谢胜利女神赐予其获胜的能力。看不见的生灵可以占据凡人的头脑，将其意志施加于人类，这种看法流传甚广。

古人之所以将这些经历归因于超自然的生灵，是因为在这一切发生的时候，似乎是某种自身之外的力量在影响着他们的所作所为。爱是悄然而至的，并非你想让它来它就来，诗歌的灵感也是如此。古人推断，当他们做到了某件超出他们寻常的能力范围的事情时，将此归功于自己是毫无道理的。这种力量来自外部，有时候会带来好运，有时候会种下祸根。

序言　无意识与超自然

今天，我们不再相信超自然的生灵拥有无处不在的影响。我们认为头脑内部发生的事情完全由自己掌控，我们将这个功劳归于自己。我们倾向于认为，如果想改变自己的行为，只需要集中精力并且下定决心去做就可以了。自助类的那些书介绍了如何通过十个简单的步骤来获得自律、变得自信并且拥抱成功。这些书有用吗？如果它们有用，那所有人都会是身材苗条、坐拥财富、幸福快乐、慈爱友好的状态了。"我们可以控制自己的情绪，我们可以召唤体内潜在的能力"，这样的想法在现实那冰冷光线的照射下根本不成立。自从科学和技术取代了对魔法的信念之后，我们已取得种种进步，但我们依然被自己无法控制的力量随意摆布与控制着。

我们为何会有自毁的行事方式？为什么我们会去做那种我们清楚地知道一周、一天，甚至一小时之后自己就会为之后悔的事情？精神能量的来源是什么？灵感从何而来？当代研究告诉我们，我们脑中存在着一些我们能够觉察到的回路，也存在着一些我们觉察不到的回路，我们可以控制前者，而后者控制着我们，这些回路就是存在于我们体内的众神。

这样一来，我们便拥有了两种理解人类状况的手段：超自然手段与科学手段。超自然手段将非理性行为归于魔法生灵（古代故事里的神灵与恶魔）的影响。当我们被盛怒攫住的时候，我们好似不再能够控制自己的行为。我们自断后路，我们辱骂心爱之人，有时候甚至会将珍贵物品摔得粉碎。随后我们可能会说："我刚才不知道是被什么附体了，竟做出了那样的事。"人类有可能被看不见的力量控制，此种古代信念就这么嵌入了我们的语言之中。

科学手段则不同，它借助神经化学活动——蛋白质、单胺和磷脂的活动——来解释人类的行为。尽管只有专业人士能够理解此类解释（就算是他们也理解得很有限），但我们还是倾向于认为科学手段才是唯一有用的手段。这种观念是错误的。想要充分理解人类的状况，科学手段和超自然手段都不可或缺。

躁动的无意识

古代与现代

许多现象可以从不止一个角度去理解，物质就是其中的一个例子。1927 年，英国天体物理学家阿瑟·爱丁顿爵士做了一次被他称为"两张桌子"的演讲。他指出，日常经验中的桌子是固体，如果你拿脑袋往桌子上撞，你会感到疼。然而，科学里的桌子压根就不是固体。它是空空荡荡的空间，是幽灵般虚幻的一团雾，里面充满了虚无缥缈的概率场。哪一种理解方式更好呢？这取决于你正在做什么。如果你是研究量子物理学的科学家，那么你需要的就是难以理解的雾蒙蒙的概率桌；但如果你正在找一个地方来放你手中的饮料，那么你想要的是一张结实的木桌。

人类行为也是如此。神经科学家通过原子和分子之间相互作用的唯物主义模型来推进我们对大脑的理解。但古代的那些魔法故事，那些已经发展了数千年、被提炼了数千年的传统故事，给我们提供了另一种理解大脑的方式，这种方式在许多时候更为有用。关于超自然的古代故事或许在事实层面是错误的，但"桌子是固体"这个想法在事实层面同样是不正确的。我们只是选择了最适用于眼下问题的模型。如果我们一直提醒自己，我们对物质乃固体的本能看法只是一个幻觉，一个由我们不甚理解的量子相互作用带来的幻觉，那我们的精神必定会疲惫不堪。大脑在进化中逐步形成了桌子乃固体的这种理解，因此我们只有在阅读一篇关于亚原子粒子的文章时，才会去思考真正的、根本的现实。如果我们拒绝用魔法故事去解释人类行为，我们便违背了我们理解世界和自身的本能方式。从史前时代[1]开始，魔法就在人类文化中扮演了核心角色，这是因为我们的大脑就是这么演化的，它逐步形成了这样的思考方式。

我们若是想要尽可能充分地理解人类的状况，就要将这两个模型结合

---

[1] 通常是指从人类出现到文字出现之前的时代。——编者注

起来。随着科学界对人类心灵的探索不断深入，我们会在这两个模型之间来回切换，以便理解科学如何帮助我们认识魔法，魔法又如何帮助我们认识科学。在古代和现代之间、比喻意义和字面意义之间跳来跳去，有时候会给人一种不和谐的感觉，但这是理解大脑的最好的方式，因为大脑便是以此种理性与神秘的奇异结合逐渐进化和演变的。在本书中，我们将荣格的研究成果作为指导。荣格认为，关于超自然的神话故事与民间传说能够展现原始的思考方式，它藏在理性的伪饰之下，直至今日依然与我们同在。

向暗处张望

荣格把大部分的职业生涯用来研究传统魔法故事的心理学意义。通过对病人的分析，荣格得出了这样的结论：地上的精灵、天上的神灵和其他构成超自然万神殿的生灵，关于它们的故事可以用来描述无意识的神经回路的运作方式。那些代代相传的神话故事、童话故事和魔法艺术，为我们提供了一张隐秘的无意识世界的地图。变铅为金，像对待朋友一样对待野生动物，将残暴的怪物转变为温柔的王子，这些故事正是关于无意识的故事。它们教会我们如何促进大脑里的这两个部分相互协调、融洽合作，让大脑由此成为完整统一的存在。

根据其定义，无意识处于有意识的觉察之外，所以无法被我们直接观察到。在某种程度上，无意识就像暗物质。按照物理学家的假设，暗物质使星系凝聚在一起。科学家认为暗物质占据了宇宙物质总质量的85%，并对宇宙结构施加了强有力的影响。然而，我们无法通过任何已有的仪器检测出暗物质，只能观察它为其他能够检测的东西施加的影响，由此知晓其存在。

无意识也是如此。尽管我们看不见无意识，但无意识深刻地影响着我们的生活。通常情况下，无意识居于幕后，自己忙活着，不被我们看见。然而，时不时地，无意识的内容会在喷发后进入意识。在这样的时刻，我们就像是被附体了，我们的灵魂好似着了魔，赋予我们激情、热情、灵感或某种我们原本都不知道自己拥有的全新力量。这种附体造成的影响是可以被我们观察到的。

在本书的第一部分，我们会研究日常生活中的此类影响。此外，我们还会回顾一下科学界已发现的那些和无意识有关的运行机制。（这部分或许看上去跟魔法毫不相干，但是在扎入无意识这片神秘的深海之前，我们需要理解无意识的常见影响。）我们还会看看荣格对无意识的理解如何引领着我们从科学实验来到神秘莫测的经历。

在本书的第二部分，我们会探索古代的神秘故事和若干重要的魔法传统。这些故事要比大部分人认为的更加重要。人类的大脑需要故事来理解这个世界。事情不能就这么简单地发生了，事情的发生必须有原因。我们的大脑将事件塑造成故事，以便赋予其意义。不过，在通常情况下，我们无法察觉这样的塑造过程，因为叙事是在无意识的部分形成的，这就使其被心理学方面的"暗物质"所影响。心理学家研究这些故事，就好比天体物理学家为了获取和暗物质有关的知识而研究星系现象。这些故事揭露了我们看不见的东西。

从这个角度来看，最好的故事就是那些古老的故事。大部分故事在一两代人之内就没什么吸引力了，但是有些故事却流传了数千年。这些故事之所以一直不褪色，是因为它们将我们的内心活动有效地具象化了。我们今日依然在讲的那些古老的传奇故事和神话故事，它们的内容与超自然有关。这并不是什么让人意外的事。现代作家有时候会借用这些故事的主题（也即神话的主旨），以此为他们的叙事提供支柱。我们会在这些现代故事中选取一些故事来研究，由此阐明古代的想法如何依旧影响着今天的文化。

不过，在本书中，那些为我们打开通向无意识的窗户的故事主要是童话故事、炼金术方面的猜测和对数字神秘特性的哲学沉思。我们还将探索神秘的塔罗牌，牌上的那些图案颇具象征意义，生动地描绘了从内部影响着人类命运的无意识的力量。

第二部分的每一小节都强调了荣格心理学的终极目标：自我与无意识的融合。心灵的各个方面统一起来，以形成完整的自性，即一个人的真实身份。本书的最后一部分将详述这个过程，并剖析该过程如何引导人们通往超越。超越是一种平衡且满足的状态，在此状态下，人们不再过分关注个人需求，拥有了更为广阔的视野。我们会分别从科学和神秘力量的角度来增进对超越的理解。此外，我们还将研究一门古老的学科，该学科提供了一种形成完整自性的方法。说到超越，我们或许会联想到智者、圣贤与神秘主义者，但普通人同样可以走向超越，只要他们愿意开始这场艰难的攀登，这场通往生命最高峰的攀爬。我会在本书的最后一部分介绍达到该状态的方法。

在这本书中，我们会研究在人类的行为被无意识那非理性且不可控的力量所影响时，人们会有什么样的感受。我们会分析这种比喻意义上的附体如何导致了意识的非寻常状态。这些状态有时难以察觉，有时又强烈得令人不知所措。但无论如何，它们都能带着我们超越日常生活中的体验。不管是通过启发你、令你感到恐怖还是使你发生转变，它们总能让你感到更加有活力。干预无意识的世界是危险的，因为这可能会释放出一条无法控制的湍流。种种强烈的情感、非理性的信念和毁灭性的冲动一涌而出，它们可能会颠覆一个人的生活。但是对这些来自远古的能量、生命与智慧的源头进行发掘之后所能获得的回报，使承担这些风险变成了一件完全值得的事情。

"我们大脑中的很大一部分受到我们无法控制的隐秘力量的影响"，这样的看法接受起来并不容易。或许我们并不总能控制自己的身体，但我们

躁动的无意识

总该能够控制自己的头脑吧。所以我们想象自己的意志独立存在于双眼后面的大脑之中，从不转身看向充满魔法生物的暗处。每一天，这些魔法生物都在起作用，要么帮助我们，要么伤害我们。

我把这本书写给冒险家，写给那些有勇气转身一看的人。

第一部分

无 意 识

来到暗处

自己的事情可以自己说了算,这样的想法纯属一厢情愿。事实是,在相当大的程度上,我们根据无意识心灵的适当运转来行事,而我们也必须相信,它不会辜负我们。

——卡尔·古斯塔夫·荣格

第一部分　无　意　识 ♥

自我和无意识

　　那首恼人的歌曲又在简的脑海里响起来了。简已经好长时间没听到这段曲调了，而现在她忍不住跟着哼唱起来。此刻她正走在人行道上，打算前往办公室，迎面而来的女士朝她微微一笑，这令简的情绪瞬间好了起来。她继续往前走，在经过一家咖啡店的时候突然感到一阵饥饿。这让简想起她今天还要去验血。她的医生叮嘱她，在验血前的12小时内要禁食，不能吃也不能喝，所以今天她没吃早饭。这已是简本周内第二次尝试去验血了。昨天她吃掉半个松糕的时候，才突然记起验血这回事。哪怕到了今天，她还是好想走进这家咖啡店，去买个面包圈。

　　简继续朝前走着，这时她注意到自己心中渐渐升起了一股焦虑感。她思考着这股焦虑感可能的来源，然后想起上午晚些时候她需要跟一位愤怒的客户开会。简的公司未能及时交付这位客户订的货，这不是简的错，但简是负责向客户道歉的那个人。片刻之后，简脸上的愁容消失了，因为她想到了缓和局面的好办法。

　　脑海中响起的歌声，有所提升的情绪，突然袭来的饥饿感，需要验血的记忆，想吃东西的渴望，对会议的焦虑，解决难题的好想法——简对内部环境和外部环境做出的这些反应全都发生在她的头脑内部。但它们都是不请自来的反应。也就是说，简并非主动做出了这些反应。情绪、回忆和灵感都在我们有意识的控制之外。它们是不请自来的客人，有时候会受到我们的欢迎，有时候则不会。但如果简的这些反应不是由她唤起的，那它

躁动的无意识

们是由谁唤起的呢？

要想找到这个问题的答案，我们就得先仔细瞧瞧头脑中的那个熟悉的部分，也就是使用"我"（I）这个词的时候所指的那部分。

"我"这个词的拉丁语说法是 ego。在英语中，ego 一词隐含着负面的意思，往往和"自负"联系起来。但是在拉丁语中，ego 是中性的，它简简单单地对应着"我"这个词，仅此而已。精神病学家将 ego 作为"我"的专业术语来使用，指的是诸如"我喜欢那部电影"中的那个"我"。他们之所以使用这个专业术语，是因为"我"并非我们的大脑中唯一的人格。大脑中还有许多人格，我们可能意识不到它们的存在，但它们却深刻地支配着我们的生活。

"自我"[1]被称作"意识"，因为它是人们的头脑中能被意识到的那个部分。人们可以意识到自我，却无法意识到剩下的部分，因为人们通常不能直接体验这个部分。所以，当无意识同自我相互作用时，我们会觉得无意识像是一股来自外界的力量。我们在头脑中经历的一切似乎并非全然由我们所说的那个"我"引发。

在处理能力上，自我比不上无意识。自我一次只能处理一件事，而无意识拥有可以并行工作的回路，能够同时应对多项进程，因此也就有能力处理更复杂的任务。在上班的路上，简的无意识在不断将她所经历的种种事件传递给自我，与此同时还能处理大量别的任务。简的无意识还在同数百万条肌纤维相互协调和配合，这些肌纤维是她所需的物质，它们帮助她维持身体平衡，驱动她沿着人行道前行。无意识还控制着简的心率和呼吸，以保证氧气流量足够。此外，无意识精心安排着激素的分泌，督促这些激素进入血液。无意识还处理着外在环境中的光子[2]和双眼的光感受器互动所产生的信号，将电化学活动中的峰值转化成视觉画面。

人类的意识每秒可以处理 10 到 60 比特的信息，具体的数值要取决于

---

1. 即精神病学家口中的 ego。
2. 电磁波（包括光）具有量子特性的最小能量单元。——编者注

第一部分 无 意 识

它正在做什么。为了更好理解，这么说吧，读眼前这个句子需要你每秒处理大约 45 比特的信息。这就没给其他事情留下多少余量了。如果你想继续阅读本页内容，你就不可能在读的同时思考做什么晚饭了。但此种局限只作用于我们头脑中有意识的部分，大脑在整体上可以从事的精神活动要多得多。大脑每秒能驾驭超过 1100 万比特的信息。就处理信息的能力来说，无意识要比意识强上 50 万倍。意识就像是一艘小船，漂浮在浩瀚的黑暗海洋之上。这片海洋充满生机，而海面之下有一股力量在向上推着这艘意识之船。

当简走在上班的路上时，她头脑中的意识部分扮演着什么样的角色？除了负责觉察正在发生的各种事情之外，简的自我做的最重要的一件事就是决定要抵抗心中的诱惑，不让自己走进那家咖啡店买面包圈。头脑中的意识部分，也就是被称作"我"的那个部分，在我们的精神生活中扮演的角色要小于我们所认为的角色，但这个角色很重要。意识负责的事件之一便是评估从无意识中浮上来的本能冲动，然后决定是否要响应这股冲动。

我们在自己的大脑中并不孤独，这样的想法接受起来确实不容易。当西格蒙得·弗洛伊德[1]（无意识研究的早期开拓者）声称大部分精神活动发生在意识之外的时候，他遭到了人们的强烈反对。和他同时代的那些人坚信精神活动和意识完全就是一回事，他们很难接受有些思考活动并没有意识参与的这个事实。然而，自此之后，大量的研究证实了无意识的存在。研究人员测量了无意识的作用，评估了无意识对我们行为的影响，这种影响遍布各处，有时会给人留下深刻的印象。

你或许意识不到自己有多么依赖无意识。无意识的作用颇广，在你做各项家务时协调身体的各个部分便是其作用之一。在信息处理这方面，无意识同样扮演了重要的角色。如果我问你，纽约市一共住着多少人，你大概会上网搜索来寻求答案。这个时候，从你打开浏览器到双手敲击键盘输

---

1. 西格蒙得·弗洛伊德（Sigmund Freud，1856—1939），奥地利心理学家，精神分析学派的创始人。

入问题，你做的每一步都是有意识的、能感知的。相比之下，如果我让你说出你母亲的姓氏，你会毫不费力地想到答案，但你没办法解释你是怎么想到这个答案的，答案就这么冒出来了。

说话的时候也是如此。你能意识到自己想说什么，但具体说出来的词需要依靠无意识来提供。大部分时候，你的无意识会配合，但事情并不总是如此顺利的。比如有时候，话到了嘴边，我们却怎么也想不起这句话的内容。这个时候，自我知道自己想要说什么，可无意识不肯配合，不把具体的词送上来。

而有时候，无意识又会把自我不想要的词送上来。送上来的言语可能冷漠麻木，可能不完全正确。在这种时候，自我可以行使自己的否决权，然后试图找些不同的话来说。无意识送上来的话偶尔会跟自我想要的话大不相同，而自我却未能注意到这一"内容调包"。这种现象被称作"弗洛伊德式失言"。这表明无意识是有自己的意图和打算的。

曾经有一位大学教授，他不怎么受班上的女生喜欢。女生感觉教授偏爱男生，而教授强烈否认此项指责。后来双方在某次事件中产生了争执。在某次考试之前，教授写了一份考试说明，其中有一句"考生需要准备好答题用笔"（A pen is required for this test.）。起码他想写的是这句话。然而很不幸，他最终写出来的句子是"考生需要准备好阳具"（A penis required for this test.）。在 pen（笔）和 is（是）之间不小心少了个空格，这两个词就组合成了 penis（阳具），这似乎证明学生们的怀疑不假。

无意识给我们惹出麻烦，这样的事并不罕见。荣格认为，无意识装着的东西可能"会像笛卡儿的恶魔[1]那样玩些顽童似的花招，然后乐不可支。不该说的词经由它蹦到你的嘴里；在你试图向别人介绍某个人的时候，无意识不让你想起这个你应该想起来的人名；在音乐会上，钢琴曲进行到最柔和的片段时，你的喉咙在它的怂恿下感到一阵痒；迟到的你踮着脚偷偷

1.笛卡儿曾提出这样一个问题：假设有一个恶魔，它可以修改我们的所见、所闻、所听、所尝、所触，那我们该如何确定眼前的一切究竟是真实存在的场景还是恶魔创造的幻象？

第一部分　无　意　识

摸摸进场时，它会耍个花招让你被椅子绊倒，发出巨大的声响"。

无意识可以背叛并捉弄我们，也可以帮助我们，成为我们的朋友。不管是在做口头报告时，还是在与同事讨论点子时，又或者是在派对上社交时，我们都可能会被自己突如其来的口才惊艳到。在这种时刻，灵感袭来，思想和言语之间的那条路上的坑坑洼洼似乎被填平了。

在控制我们的言行举止这一点上，无意识具有惊人的影响力。你可以有意识地选择踏上跑步机，但你能否坚持每天规律地锻炼呢？无意识会生成新的想法，带来新的情绪状况。你可以有意识地在电子表格上添加内容，但你能否召唤来很棒的点子？你可以有意识地筹划一次令人愉悦的活动，但你能保证活动开展时你真的享受这一切吗？头脑中的无意识部分负责着我们在生命中最珍视的东西：爱、愉悦、友谊、灵感和同情。有意识的计划可以让这些东西更有可能出现，但最终，我们必须把信任和希望交给无意识，盼望着它能按我们的预期行事。有些时候，无意识会表示配合，给自我递上它想要的东西；在其他时候，无意识有着自己的打算。

前往一个派对的时候，你无法控制自己能否在派对上表现得魅力四射、风趣幽默。有时候你能做到，有时候你做不到。同你喜爱的人在一起的时候，你无法控制你们是否会体验一次情感联结。有时候你甚至没办法控制自己的状态，无法确定自己会表现得友善且体贴，还是会展现出暴躁和冷酷。来自无意识的东西并不都是积极正面的存在。无意识会带来爱和愉悦，也会生产仇恨、堕落和邪恶。

但是，当无意识和自我达成一致、携手同行的时候，我们会有非常棒的感受。想一想我们在这两种情况下的心情是多么不同：一是我们在忙一项令自己兴奋的项目时的心情，二是我们仅仅由于自我的理智判断而不得不做一件事时的心情。当工作的内容令你着迷时，无意识会传递给你干劲，让你变得激动，还会赋予你其他的精神资源，让时间过得飞快。每一天，你都期待着开工的时刻。这份工作会激发出你最佳的状态。然而，当你做某件事只是因为你不得不做的时候，你就会缺乏无意识的支持。自我能提供的支持就是你能得到的全部支持了。学校的作业、公司的任务和家里的杂活都会令人疲惫，因为只有无意识才能提供大量的精神能量。自我能提供的精神能量极其有限，如果没有无意识给你正在从事的任务提供动力，你就不得不强迫自己坚持下去，在这种时候，你会抓住任何可能干扰你的事情。电子邮件和社交媒体，甚至是厨房碗柜的清理工作，都会比撰写眼前的这份该死的报告更让你心动。这两种心态之间存在着很大的差异。激情并不会响应自我的呼唤，但激情至关重要、必不可少。它决定了你工作的时候是心情愉悦还是痛苦难挨，它决定了你工作的结果是杰出瞩目还是不尽人意。

无意识十分强大，与有意识的思考过程极为不同，它被激活之后，给人的体验就好似让人着了魔一般，如同某种外界生灵突然来访。这可能让你感觉舒适，也可能让你感到敌意，又或者两者都有那么一点。当无意识让你感觉到它的存在时，荣格学派的心理学家所说的无意识的"喷发"就出现了，无意识由此"入侵"或"介入"了你的意识。有时候，这种喷发具有破坏性：压倒性的情绪袭来，蒙蔽了你的理性判断；破坏性的冲动出现，可能会毁了你的生活；一阵渴望突然上涌，与你头脑中意识部分认同的价值观背道而驰。与这些情绪、冲动和渴望一同到来的，是一股令你无法抵抗的、催促着你去迎合和满足它们的推力。

有些时候，无意识的"介入"会更为积极、更有助益，以直觉的形式出现。这就是宝贵的洞察和领悟，我们体验到的本能反应或灵感喷发。一个念头突然之间就不知从哪里冒了出来，带着我们的思绪跑了很远，远超有意识的推理能走的距离。有时候我们觉得这样的念头是上天恩赐的礼物。在灵感的助力下，某个想法可能会帮助我们解决棘手的问题，可能会令我们创造出精妙绝伦的作品，甚至可能改变我们人生的走向。

无意识的喷发还能赋予人们通常不具备的能力。热情会提升一个人的工作能力；恐慌可能让人拥有超人般的力量；而单单因为"正在比赛"，运动员就能表现出远超平时水准的技艺。无意识的喷发偶尔会攫住我们，有如天赐的指示那般，向我们展现更深刻的现实。这是一种魔法般的时刻，又像是一场神秘的邂逅，也可以说是开悟的瞬间。这些体验带着我们来到人烟稀少的高处。不过在探索这些非凡状态之前，我们需要先仔细瞧瞧无意识的那些更为日常的影响。

碎片人格与神灵附体

　　大脑的不同区域有各自对应的功能。前额后面紧挨着它的部分被称作前额叶皮质，这个部分在人类大脑中所占的比例要超过它在其他动物的大脑中所占的比例。前额叶皮质在人类进化的较晚阶段才发展出来，它在制订长期目标、做出决定、让人们在社交时不要出格等方面扮演着重要的角色，而这些也是"自我"的重要功能。大脑和脊髓相连处的髓质负责更为简单的功能，比如控制呼吸、心率和血压。髓质主要负责让你的身体正常运转，对你在心理层面的感知影响较小。

　　相比之下，各个脑回路的活动更独立一些。脑回路和脑回路之间可以打配合，也可以互相竞争。脑回路之间的竞争相当常见，比如说，处理视觉的脑回路之间是这样竞争的：如果你的注意力正放在某件东西上，假设就是烤芝士三明治好了，那么你视野里的其他元素，诸如盘子的图案，就会显得不那么有存在感。这么一来，你的注意力就不会从重要的事情上移走。但如果你是一位瓷器收藏家，那么聚焦于餐具设计的脑回路可能就会赢得这场竞争，盘子的图案成了主角，三明治则退到了背景之中。

　　在简前往办公室的途中，我们看到了她大脑中两股力量之间的竞争。一股力量支持她吃早餐，另一股力量则支持她听从医生的指令去验血，并在验血前严格禁食。前一天，想要吃松糕的那部分赢了，直接让意识回路忘记了验血这件事。而转天，意识回路赢了，压制了她想要吃面包圈的渴望。

人类的头脑是一口沸腾着的大锅，相互竞争或彼此配合的各种内驱力在这口锅里纷纷冒着泡。心理学家迈克尔·加扎尼加[1]将大脑称为"没有指挥的管弦乐团"。来自亚历山大港的希腊神学家克莱芒将人类同神话里的特洛伊木马[2]相比较："人类只有一个身体，但这唯一的身体里包含了大量的灵魂。"同一个人遇到不同的情况时，不同的行为举止，甚至不同的人格便会浮出水面。在公司里从来不笑的老板可能会在家里变成喜剧演员，但这只会发生在她跟自己三岁的儿子瞎玩闹的时候。她人格的这一面无法在其他环境中展露出来，这不是她可以靠意志来选择是否展露的。

同样地，你可能会有一群朋友，只有在他们面前你才会展现出你人格中的某一面。当你们在一起的时候，你可能会不像平时的自己，并且展现出严肃、大胆或全然不成熟的一面。当你失去一个朋友的时候，你失去的不仅仅是这个朋友，你还失去了和他在一起时的那个你。当一个朋友离开人世时，一部分的你也随之而去了。

每一个人的内部都有着形形色色的人格碎片。这些碎片并不是完整的人格，不是我们在耸人听闻的、关于多重人格障碍的故事中看到的那种人格。多重人格障碍是一种罕见且不正常的状况，但我们每一个人都会经历神秘的行为变化，有时候今天和昨天不一样，有时候甚至是现在跟刚才不一样。有时候我们很自信，有时候我们变得羞怯。有时候我们会冒一些愚蠢的风险，有时候我们行事过于谨慎。有时候这些无意识的人格碎片足够复杂精妙，能够自行发展出目标，并且拥有实现该目标所需的施动者。当这些施动者在大脑里出现的时候，提供它们的主体有时候会被称作"碎片人格"。它们能够展现出知觉、感觉和意图。

药物成瘾这种疾病为我们提供了一个格外清晰的视角，让我们得以观

---

1. 迈克尔·加扎尼加（Michael Gazzaniga, 1939— ），认知神经科学领域的领军研究人员。
2. 古希腊人为了潜入敌城特洛伊而藏在空心的木马中，因此特洛伊木马里有很多灵魂/人（spirit）。

第一部分 无 意 识

察碎片人格是如何工作的。酗酒是饮酒行为、周围环境和遗传脆弱性相互作用的结果。这种相互作用会产生一块人格碎片，该碎片将酒精视作头等大事，其他事情都不如酒精重要。这就是人们所说的"口渴魔鬼"。口渴魔鬼采用一种名为"制造渴望"的策略来达到其目的。我们都有过渴望的感受，不管是在节食期间对一块蛋糕产生的渴望，还是在寒冷冬日的早晨，明明闹钟已经响起，却想在温暖的被窝里再待一会儿的渴望。渴望会降低自我做出自主选择的能力。你的自我想要坚持节食计划，但自我并非决策过程中唯一的主体。有些时候，上瘾者的人格碎片通过直接夺取控制权来为所欲为。许多吸烟的人都有过这样的体验：在毫无知觉的情况下，他们便能完成从香烟盒里取出香烟并将其点燃的全过程，回过神来的时候，他们的嘴边已经衔上了一根烟。

在和上瘾无关的情景中，我们同样可以看到碎片人格的存在。你的另一半可能会说："今天你到底是怎么了？怎么不管我说什么你都要批判几句？"你可能根本没有察觉到自己今天的表现有什么不同，但你很可能表现得不如平时那么文雅。跟有意识的自我相比，碎片人格的行事风格要更为原始。当碎片人格的力量过于强大，导致自我无法对付的时候，我们就可能会陷入麻烦。根据一个著名的案例，性唤起可以影响人们的举止和选择。

温莎大学心理学系的研究人员研究了性唤起和冒险行为之间的关系。他们给一部分志愿者播放含有露骨性爱场面的视频片段，给另一部分志愿者播放不涉及性爱内容的视频片段，然后让他们填写问卷，问的是在某些浪漫场景下他们会做出怎样的选择。刚经历性唤起的志愿者，不管是男性还是女性，在问卷中都更倾向于勾选有意进行高风险性行为的选项，比如说跟新的伴侣发生没有保护措施的性关系。这种人格碎片乐意将志愿者置于险境，只为得到它想要的东西。

除了性行为这个领域，刚看完含有性爱场面的视频片段的志愿者在其他领域中也更加冒险且大胆。所有志愿者随后被要求在电脑上玩二十一点纸牌游戏，而那些经历了性唤起的志愿者更愿意出高风险的招，比如在手中的牌接近二十一点的时候继续要牌。在这个案例中，研究人员通过刺激繁殖本能的方式来激活无意识。无意识一旦被激活，人们的行为举止就不再仅由理性自我来指挥了。在自我的控制领域之外的施动者同自我展开了竞争，且常常会赢。

聪明人做傻事，此种情况我们都见过。一个挺聪明的人，不知怎么就做出了非常不明智的、令人震惊的财务决策，或者不知怎么就听从了心中的某个冲动，直接毁掉了自己的职业生涯。正如我们之前提到过的那样，面对这种情况，人们通常会询问道："这个人到底是被什么东西控制了？他怎么会做出这种事？"人们还可能会问："是什么东西入侵了这个人的大脑吗？"这些常见的表述说明人们心里具有某种半信半疑的观念，那就是一种不受人类控制的力量可能会操纵我们的所作所为。

在无意识的掌舵之下，我们可能会驶向麻烦。然而，在无意识的带领下，我们也可能会发现藏在内心深处的宝藏。德国哲学家阿图尔·叔本华[1]写道："在熟读了某个兼具理论和实际价值的问题的相关资料之后，我没再思考这个问题，然而，往往在几天后，该问题的答案就会完全自发地在我的头脑中冒出来。我不知道这个答案是如何产生的，其奥妙和神秘程度对我来说堪比加法机。"数学家亨利·庞加莱[2]也有过类似的体验。他这样写道："就在我抬脚踩上台阶的那一刻，那个想法就自己冒出来了。在此之前，我脑海中的那些思考似乎并没有为这个想法做过铺垫。这个想法就是，我用来定义富克斯函数时采用的那些变换与非欧几里得几何一模一样。"

创意工作者经常说自己是旁观者，对他们来说，新的想法和问题的解决办法似乎都是突然冒出来的。许多人谈到自己突然有了灵感，或突然得到了神赐般的启发。通过艺术家的嘴巴在说话的那个"我"并不能将这个功劳揽过来。

我们把灵感看作突然闪现的领悟。一个新的想法在瞬间诞生，随后这个灵感迸发的时刻迅速消散。但是当一个想法被激发的时候，无意识提供

---

1. 阿图尔·叔本华（Arthur Schopenhauer, 1788—1860），德国哲学家，著有《作为意志和表象的世界》等。
2. 亨利·庞加莱（Henri Poincaré, 1854—1912），法国数学家、物理学家和天文学家。

给我们的不仅仅是这个想法本身,还有将其付诸实践所需的能量和动力。那些借助灵感来创作的发明家、艺术家和作家因他们没日没夜工作的风格而著名。他们常常饭也不吃,澡也不洗,将脏衣服堆成山,只因他们在工作的时候太专注了。他们的胸腔里充满热情。而英语中的enthusiasm(热情)这个词正是来自古希腊语中的entheos,其意思是"被神灵附体"。这一次,攫住你灵魂的不再是想要毁了你生活的恶魔,而是孕育着创造之力的神灵。

不管是被口渴魔鬼攫住的酗酒者,还是被缪斯女神赐予灵感的艺术家,无意识所做之事将人类的日常生活和那些关于超自然力量的故事结合起来。这些故事讲述了那些强大的存在,它们待在暗处,神秘且不可思议,就像无意识内部的神经回路那样。它们在道德上摇摆不定,有时候会以令人震惊的方式帮助人们,但它们是变幻莫测的存在,向人们施加伤害时也轻而易举、毫不犹豫。虽然它们并不遵循有意识思考的那种理性规则,但它们的行为也并不是随机的。它们有自己的规则,那些有幸(或不幸)闯入其领地的人便能学习这种规则。

魔法观

通过我们人生路上的这位隐秘旅伴的双眼去看世界,是实现我们全部的潜能的重要一步,但这种做法并不适合内心脆弱的人。无意识不讲道理的特点可能会吓到自我,这倒是并不让人意外,毕竟无意识能够压倒自我,夺走自我的清晰思考和限制本能冲动的能力。自我必须小心地处理与无意识的关系。如果自我离无意识过远,它就会变得无力,无法有效运转,成为脱离了其本能之源且缺乏感情的算计机器。如果自我离无意识过近，它就可能陷入无意识的原始黑暗，堕落到动物性的层面。我们在醉酒状态下见过此种情况，前额叶皮质受损导致自我无法正常运转。在此种情况下，人们可能会放任自己个性中更为原始的那些部分，例如暴怒、色欲和自怜。尽管无意识有时是我们强大的盟友，但我们必须小心对待它。不受控制的激情摧毁过许多人，甚至摧毁过整个国家。

尽管心存畏惧是谨慎的做法，但我们也不该拒绝无意识，它是人性中不可或缺的部分。自从欧洲出现了启蒙运动，西方文化便开始痴迷于自我的理性世界，尤其痴迷于科学这项人类意识中最伟大的成就。人类在科学领域的种种尝试十分成功，许多人因此相信人类可以通过计算来掌控这个世界，并相信我们能够打造出人间天堂，以此满足人类的所有需求。但是人类的需求并不仅仅停留在物质层面。谈到我们内心世界的发展时，科学就帮不上忙了。科学只拥有控制我们所处环境（外部世界）的工具。如果我们没有意识到科学的局限，那么科学就有可能诱使我们去追寻一种安全的、小心控制的、可预测的人生，并误导我们相信此种选择会带领我们走向幸福。

很遗憾，幸福并不是这么来的。幸福同物质财富几乎没什么关联（起码在基本需求满足后就没什么关联了）。尽管我们可能会痴迷于物质，但物质并不能满足我们，因为我们还需要爱、友情、美、创造力和成长这样的非物质。科学并不能在这些事情上帮助我们，然而人类传承下来的神话、音乐和诗歌（无意识激发的作品）以及其他艺术形式能帮到我们许多。在这个科学且理性的时代，压抑源于无意识的魔法本能或许是个明智的选择。可这会剥离我们人性中的一个重要的部分，就好似让我们用黑白分明的眼光去看待这个世界，忽略世界上原本具有的斑斓色彩。

让我们来看一个例子。什么是空气？科学家告诉我们，空气主要由氮和氧构成。这个事实可以帮助我们更好地理解植物的生长，也能帮助我们理解其他有用的东西。但是正如一位神秘主义作家所写的那样："当微风吹过我们的脸庞时，什么是氧，什么是氢，什么是氮，什么是碳酸，什么是

第一部分　无　意　识

臭氧？当河水潺潺流过时，这些水又该怎么分解？"

心理学家威廉·詹姆斯[1]写道："重量、运动、速度、方向、位置，多么单薄、苍白、无趣的想法啊！……最令虔诚的头脑印象深刻的东西是现象的恐怖和美，是黎明的'允诺'，是彩虹的'迹象'，是雷之'声'，是夏雨之'柔'，是星辰之'崇高'，而非这些事物遵循的物理规则。"詹姆斯在专门谈论宗教心理学的时候写下了这段话，但我们可以很容易地替换掉"虔诚的头脑"，将其改为"诗意的头脑"，甚至是"人类的头脑"。

沃尔特·惠特曼[2]在他的诗《当我聆听博学的天文学者》里表达了与詹姆斯类似的看法：

当我聆听博学的天文学者，
当验算和数字在我面前列队，
当图表一一出示，等待着加和除，等待着测与量，
当我坐着聆听天文学者讲课，在讲堂里，掌声雷动，
很快我就感到厌倦，难以解释缘由，
直到我站起身，悄悄走了出去，独自离开，
在这神秘的、湿润的夜晚的空气中，时不时地，
我抬起头，在绝对的静谧中，望向星辰。

惠特曼将分析的运用，也就是有意识思考的标志，同无意识领会世界的方式进行了对比。英语中的 analysis（分析）来源于古希腊语。在古希腊语中，该词意为"切成碎片"。化学家理解空气的方式，是将其分成各种组成元素。植物学家理解花的方式，是从花里分出根、茎和花瓣。在惠特曼这首诗的结尾，运用分析的自我闭上了嘴巴，讲述者开始了或许可以被称

---

1. 威廉·詹姆斯（William James, 1842—1910），美国哲学家、心理学家，机能心理学的创始人之一。
2. 沃尔特·惠特曼（Walt Whitman, 1819—1892），美国诗人、记者。著有诗集《草叶集》等。

作"被动欣赏"的体验。他获得了一种难以用言语表达的、直觉般的领悟。

这种直觉般的、神秘的领悟是否有用呢？如果答案是肯定的，其有用的方式肯定不同于我们通常设想的方式。科学令我们的生活变得轻松。在科学的帮助下，我们用最少的精力完成了最多的工作。从内燃机到人工智能，科学使得机器可以做越来越多的事情，于是我们可以少做点事情。魔法则相反，神话、童话和传奇是关于奋斗的故事。懒人和骗子在魔法世界走不远，只有那些勤奋的、具备自我牺牲精神的人才能克服他们所面临的种种挑战，最终实现目标。魔法故事讲的是通过辛勤工作和自我牺牲，来成为那个我们想要成为的人。正如举重运动员需要阻力来增强肌肉，人类也需要障碍来成长。

我们为魔法而活。我们以为自己想要的是各种物品，例如更大的电视机、名牌服装和最新款手机，可我们真正想要的是感到自己活着。摆放着奢华家具的房间看起来确实不错，但在凉爽秋日的早晨，一阵风吹过你的头发，你的整个世界顿时焕然一新了。这就是我们所说的"魔法时刻"。从严格意义上来说，上述现象或许不属于超自然现象，但我们之所以用魔法这个词来描绘它，是因为某种不同寻常的状态出现了。这种非凡的状态与我们日常生活中有意识的状态很不一样。

物理学家阿兰·莱特曼[1]描写了他体验过的某个魔法时刻，当时他在位于缅因州的家里目睹了两只鹗宝宝生命中的首次飞翔：

> 它们在离我不到六米远的位置，突然转而朝上，飞走了。在那炫目又令人恐惧的垂直攀升之前，有大概半秒的时间，我们进行了目光接触。言语无法传递出那个瞬间我和它们交换的内容。联结、相互尊重和共享一片土地的认识，全在那个眼神里面了。在它们飞走之后，我浑身颤抖，哭泣了起来。直到今天，我都不

---

1. 阿兰·莱特曼（Alan Lightman，1948— ），美国物理学家、作家和社会企业家，著有《爱因斯坦的梦》等。

理解在那半秒里究竟发生了什么。但那是我生命中感受最为强烈的时刻之一。

魔法时刻将我们从熟悉的日常生活中唤醒，令我们意识到世界上存在着超出我们惯常视野的、更深、更神秘的维度。这样的时刻来得出乎意料，有时候会被看起来稀松平常的事情激发：一段共同度过的亲密时光、一次日落，抑或是一阵秋叶的气味。我们控制不了魔法时刻何时到来，但是当它们到来的时候，我们便会同无意识相连。日常生活逐渐隐去，我们回想起了全然活着是何种感觉。

社会本能

魔法时刻将我们的注意力从自己身上移走，邀请我们向外张望。将个体同世界分离开来的分界线变得更具流动性，有时候甚至全然消失不见了。被激活的无意识往往会促进统一和融合。无意识同自我相辅相成，自我聚焦于分析（将事物——拆解分离），无意识则帮助我们与他人相连，与整个世界相融。

就像所有自然选择的产物那样，人类大脑的进化是为了保证人类这个物种的成员能活着、能生育。这些是自私的目标。自然选择会导致我们优先考虑自己的生存而不是他人的生存，这完全讲得通。那些致力于最大限度地增加自己的资源（食物、住所、工具、伴侣等）的人更可能将他们的基因传递给下一代，这就进一步丰富了自私的基因池。在人类传承了成千上万代之后，自私按理说应该已经成为人类行为的指导原则了。

但我们看到的情况并非如此。人类常常会做出无私的行为，为他人的利益牺牲自己。尽管从进化的角度来看，这种做法似乎与直觉相悖，但是当人类以群体的形式合作时，群体的行动能力可以强过个体的单独行动能力。不管一个人多么高大、多么强壮，在狩猎、建造和搏斗这些行为上，一个人都不可能比得过一个顺利运转的团队。因此，进化偏爱有合作能力的组织。我们再次面临一对相互矛盾的原则，需要在两者之间找到平衡。这一次的矛盾双方是自私与合作，前者会最大限度地保证个体基因获得成功，后者会最大限度地保证物种的成功。

头脑中有意识的部分倾向于代表个体的需求。这个事实或许能够解释，拉丁语里表示"我"的 ego 一词，是如何在英语中变得同"以自我为中心"相关联的。有些哲学家甚至认为头脑中有意识的部分无法做出真诚的利他主义行为。这个理论被称作"心理利己主义"，该理论声称我们的所有行为最终都是由个人的得失和利益所推动的。有些表面上利他的行为实际上出于利己的渴望，例如为了让自己感觉良好、博得名声或者获得别的个人利益。

想象一下这样的场景：一个缺钱的朋友来找你借钱，他提出的数目对你来说并不是一笔不痛不痒的小钱，而且你很确定他还不上这笔钱。因此，出于可以预期到的财产损失，你可能会拒绝这个请求。但你也可能会把这笔钱借给他，因为你想获得慷慨大方的名声，或是想要维持这段友谊。头脑中有意识的部分做决定的时候基于理性，而理性会权衡借或不借的利与弊。这种权衡利弊本身就是自私的行为，因为你总会暗暗思考这样一个问题："什么能够给我提供最大的好处？"这种好处可能是情感方面的好处。你可能会把钱借给朋友，因为这样做让你感觉良好。反过来说，如果你不同意借钱，这个自私的行为会引发你的内疚感。或许你还相信，如果你坚守高尚的道德准则，你就能够在来世获得回报。你总会在心里权衡一下利弊。

心理利己主义理论认为纯粹的无私在自我的能力之外，但这并不代表它超越了人的能力。朋友借钱的请求可能引发你想要慷慨解囊的冲动，令你没有好好想一想就同意了。这可能是你的无意识在替你做决定，而这并不包含对（你所知道的）相对利益的计算。这样的无意识冲动更多地源于想要慷慨解囊的生物驱力，就像饿了想吃饭的那股欲望一样。

除了制造想要慷慨解囊的冲动，无意识还会对我们的选择进行情感上的响应，以此鼓励利他主义。我们倾向于按照能产生良好感受的方式来做事，而且会避开那些可能会在情感上伤害我们的行为。这些感受由无意识产生。无意识通过情感方面的奖与惩来阻挠自私行为。如果你借钱给朋友是因为你不想感到内疚，或是因为帮助他们会让你感觉很棒，那么虽然你的自我是出于私利才同意借钱的，可你的无意识却并不是这样。

多奇怪啊，这样一股正义的力量会从暗处涌出，来操纵我们。这股力量十分强大，甚至可以让我们做出违背私利的行为。在古典时代，激情之爱和作战之勇等冲动会被归因于众神。对古罗马人来说，慷慨行事的冲动可能来源于女神利贝拉里塔斯。在犹太教和基督教共有的经典《圣经》中，上帝对其选民说："我要将我的律法放在他们里面，写在他们心上。"

我们可以在神秘主义的两个基本信条中看到无意识促进统一的倾向。第一个信条即"合众为一"，一切事物在根本上是一体的。不管这场"神秘邂逅"由宗教、灵魂还是药物所引发，此项信条都是该邂逅的核心。第二个信条是"普遍的爱"，这是许多宗教和精神传统中最高等的爱。它指的是领悟到一切都值得我们同情和怜悯，不管这种爱的对象是人、其他动物、植物还是无生命的物体。自我眼中的环境可能就是一系列实际资源的集合，这些资源在合适的时候可以好好派上用场。但是对无意识来说，这是一个充满伙伴的世界。我会在下一小节中谈到上述内容。

灵魂无处不在

无生命的一切都在颤动。不仅诗歌、星辰、月亮、木头和花朵会发抖，在街道的雨水坑里，一枚闪烁着的白色裤子上的纽扣也在打着哆嗦……所有事物都有秘密的灵魂，这些灵魂往往很安静，偶尔会发出言语。

——瓦西里·康定斯基

第一部分　无　意　识

"我试着聆听岩石"

卢卡斯·康登是美国最为著名的泳池建造师。他的卢卡斯潟湖[1]公司建造了一些极有创意、极为独特的水池和自然岩石潟湖。该公司的创作已经为他们赢得了超过50个设计奖项。2015年,"动物星球"频道首次播出了介绍卢卡斯潟湖公司的设计作品的纪录片[2]。

康登出生于佛蒙特州的一个石匠家庭,十四岁就开始切割并加工石头,而石头正是他成名的原因。在纪录片的其中一集,康登解释说,给项目挑选石头的过程是从林中散步开始的,他会一边散步一边观察自然的结构。康登说:"我会寻找那种有沟槽、苔藓和地衣的岩石,然后试着聆听它们的声音。"他看了看一块岩石,然后温柔地说:"同我交谈吧。小石头,傻石头,你想成为什么样子呢?人们可能会觉得我有点疯,竟然跟石头说话。"康登一边拿着软水管冲洗一块两米不到的石板,一边同它说道:"我可瞧见了,这水流打在你身上,沿着你的沟槽,一点点流了过去。"然后他转过身来对着镜头,抱歉地说道:"成天跟石头打交道,我总得有点疯。"

跟岩石交谈可能听上去很疯狂,但当这一切发生在获奖无数的设计师身上时,我们不应该二话不说就觉得这种事情不值一提。同石头说话的行为仅仅是康登养成的古怪习惯吗?这种行为是否在他的成功中起到了正面

---

1. 浅水海湾因湾口被淤积的泥沙封闭形成的湖,也指珊瑚环礁所围成的水域。——编者注
2. 节目名为《豪华戏水池》。

作用？有证据显示，康登头脑中的无意识回路帮他建造出了更好的泳池。无意识赋予了他灵感，使他拥有了观看世界的魔法视角：石头是活的，会跟他说话。当他把岩石当作朋友而不仅仅是建筑材料的时候，他发挥得更好。

科学与宗教

鼓励康登聆听岩石的那部分脑回路（负责移情体验的部分）在进化时有着促进同他人的合作的实际作用。但是当这些脑回路创造出的联结感不仅仅发生在人与人之间，还发生在人与那些好似栖居在周围事物上的灵魂之间时，这种联结感已经带着我们超越了真实的日常生活，来到了超自然的领域。超自然这个词指的是超过自然的任意事物。而自然则被理解为由物质（用科学术语来说就是费米子）和力量（玻色子）构成，除此之外就什么都没有了。这样的世界观被称作"唯物主义"。现代西方人是"半唯物主义者"。大部分人相信人类具有灵魂，也大概相信世上有神灵，但他们认为世上的事物也就只有这些了。除此之外，自然界就只有费米子和玻色子了。

许多科学家赞同严格的唯物主义，甚至否认人类灵魂的存在。弗朗西斯·克里克与詹姆斯·沃森共同发现了DNA分子的双螺旋结构，在描述被他称为"惊人的假说"的严格唯物主义观的时候，克里克是这么说的：

这个"惊人的假说"是指，你的喜悦，你的悲伤，你的回忆，你的抱负，你的自我认同感，你的自由意志，事实上不过是海量

第一部分　无　意　识

神经细胞和相关分子聚集起来的行为。正如刘易斯·卡罗尔[1]笔下的爱丽丝可能会说的那样:"你不过是一堆神经元[2]。"

这个假说之所以"惊人",是因为它同我们在直觉方面对自己是谁的认知相矛盾。此外,这个假说还颇具挑衅的意味。对许多人来说,精神信仰是他们拥有的最重要的信仰。像本书这样致力于探究精神生活中的超自然现象所扮演的角色的作品,是无法回避灵性和宗教的。这是个敏感的话题,因此弄清楚科学的局限性很重要。

解释某事(比如,描述在人们参加灵修时,他们的大脑里会发生什么)与辩解某事并非同一件事。科学和神学是独立的研究领域。科学家研究物质和力,神学家研究灵魂。这两个学科并不相交,因为两者关心的是不同的主题。灵魂是非物质的,如果灵魂确实存在的话。灵魂既不包含费米子,也不包含玻色子。虽然科学可以从物质层面解释精神现象(比如,当某人经历宗教体验的时候,这个人的大脑中的哪个部分正处于活跃状态),但是它并不能提供任何证据来证明这些现象是否具有超自然方面的起因。

这就像是人类遭遇狮子时,人类大脑会有的反应。我们很可能会见到杏仁核(负责产生恐惧情绪的区域)活动的增加,但在我们观看关于狮子的视频或者听到对狮子的生动描述的时候,我们的杏仁核活动同样可能增加,就像我们亲眼见到了狮子一样。同样地,如果人们声称自己见到了上帝,并且他们在讲述这段经历时,大脑中的某些结构出现了活跃行为,科学就会无法判定这种反应究竟是由于神灵真的出现了,还是由于某些物质领域可以解释的东西。

尽管我们可以就神秘体验给出科学解释,并探索为何我们应该认真对待这些体验,但是我们没办法解释神秘现象为什么会出现,因为这是个关于信仰的问题,超出了科学研究可以涉足的领域。本书同样会用《圣经》

---

1. 刘易斯·卡罗尔(Lewis Carroll, 1832—1898),英国作家、数学家、逻辑学家,其最为人所知的作品为《爱丽丝梦游仙境》和《爱丽丝镜中奇遇记》。
2. 刘易斯笔下的爱丽丝曾说过:"你不过是一副扑克牌。"

来阐释接下来会提到的一部分观点。但正如神经科学家研究大脑的时候并未处理灵魂的问题那样,本书在谈到《圣经》的时候会将其作为处理超自然问题的最重要的西方文献来对待,而不会处理其是否基于神启的非科学问题。

唯物主义可能是也可能不是对客观现实最为精准的描述,但它怎么都不是对主观体验的精准描述。对人类来说,主观体验是对一个充满了灵魂的世界的体验。

万物有灵论

我们或许并不总能注意到这一点,但就像康登那样,我们会自然而然地养成将周围的事物视作有生命之物的习惯。对此有个专业术语,叫animism(万物有灵论),源自拉丁语中表示"灵魂"的anima。万物有灵论指的是这样一种信念:岩石、江河、森林、海洋等物体,甚至包括人造的物品,都是有知觉的。心理学研究可以帮助我们理解万物有灵论如何增强了我们与世界有效互动的能力,以及为何倾听岩石使得康登建造出了更好的泳池。但在了解这些解释之前,让我们先仔细观察一下这种现象本身,感受一下这种现象是多么无处不在。

许多故事中都包含有生命的物体,不过这些故事大部分是写给孩子的。(如图1)以哈利·波特为主角的系列故事里的分院帽,《绿野仙踪》里会战斗的苹果树,《魔法师的学徒》[1]里折磨米老鼠的扫帚,它们均是有生

---

1. 1940年上映的迪士尼动画电影《幻想曲》的八个片段之一。

命的物体。早期的一些卡通片主要围绕着有生命的日常物品展开。动画片（animation）这种新的艺术形式被用来展示万物有灵幻想（animistic fantasies），或许再合理不过了。

在《谁陷害了兔子罗杰》这部颂扬了动画片早年时光的奥斯卡金像奖获奖影片中，数不清的日常物品活了过来，有了生命。在骁勇侦探埃迪·瓦利安特返回图恩城的时候，会说话的鸟、树木、蘑菇、岩石、花朵、蝴蝶、老鼠和兔子出现了，古典神灵出现了，活的汽车、建筑、时钟、手提箱和家具也出现了。

孩子们之所以透过魔法镜片来观察和理解世界，是因为他们大脑中有意识的部分才刚刚开始发育，也就是说，这时影响他们思考的主要是无意识的部分。举例来说，孩子相信许愿有用。如果某个还在学走路的孩子跟他的哥哥发了脾气，随后他的哥哥生病了，这个孩子很可能会觉得哥哥生病是自己造成的。儿童在七岁左右开始运用理性，他们运用理性的能力会

图1 早期动画片赋予无生命之物以生命

在整个青春期逐渐增强。在理性发育的同时，他们通过魔法观理解世界的方式渐渐消散，取而代之的是更为科学的、摆脱了灵魂的视角。万物有灵论被唯物论取代了。

兰开斯特大学有一位名为尤金·瓦西里耶维奇·苏博茨基的心理学家，他想知道随着我们年龄的增长，我们的魔法观究竟发生了什么变化。他认为或许我们并不能轻易地摆脱魔法观。在他看来，成年人之所以能够接受唯物主义的观点，是因为他们拉起了对魔法观的防线。苏博茨基想要看看他是否能够穿过这道防线，将古老的魔法信仰重新带回水面。为此，苏博茨基尝试了一种策略，他本人将其称为"加大赌注"。

苏博茨基招募了一组英国成年人，这些人全都声称自己不相信魔法。苏博茨基给他们讲了一个故事：一名男子走在空荡荡的街道上，这时一位女巫走到了他身边。女巫表示自己可以对他施展魔咒，让他变得富有而快乐。苏博茨基询问这些志愿者是否会建议这名男子接受魔咒。一半志愿者建议男子接受，指出他这么做可以让女巫开心；另一半志愿者则表示男子应当拒绝，免得让女巫受到鼓励。随后，苏博茨基把故事稍微改动了一下，将魔咒改成了诅咒，女巫会诅咒该男子成为邪恶势力的仆人。这个时候苏博茨基得到的结果同之前一样。一半志愿者表示他们会建议男子接受诅咒，另一半志愿者表示会建议他拒绝。

苏博茨基随后加大了赌注。他询问志愿者："如果这位女巫正朝着你走过来，并提出要对你施展魔咒，让你变得既富有又快乐，你会接受还是拒绝这个魔咒？"由于这个问题和志愿者本人有关，结果发生了变化。60%的志愿者表示他们会接受这个魔咒。至于会让他们成为邪恶势力的仆人的诅咒，每一个志愿者都拒绝了。没有一个人愿意接受这个诅咒，哪怕所有人都表明自己完全不相信魔法。理论方面的态度是一回事，一旦涉及会影响人们的健康和快乐的实际问题，人们就会更加认真地对待魔法。

参加研究的志愿者不知道他们相信魔法。他们以为自己是名副其实的现代唯物主义者，而且这个研究结果很有可能也不会让他们觉得怎么样。毕竟，关于女巫的故事和日常生活也没多大关系。但是苏博茨基并不这认为。他写了关于他和年幼的儿子玩想象游戏的事,那时他儿子还未长到摒弃魔法观的年龄。"在我儿子的态度中,有一点最令我印象深刻……那就是他完全相信大自然会善待他。他非常肯定自然力量(水、空气、重力)知晓他的存在,并接受他的存在这一神圣权利。"

我们逐渐长大成人,不再具有这个信仰,世界变成了一个冷冰冰的地方,一个由冷淡客观的物理法则支配的地方。苏博茨基写道:"当然了,科学给了我们很大的恩惠,带来了种种非凡的成就:现代医学、复杂的科技、较为舒适的生活。但是这样的舒适也让我们付出了很大的代价——我们失去了人与自然之间的重要联结。"

当成年人表达自己的万物有灵信仰的时候(比如,"这台机器恨我"),他们声称自己这么说不过是在比喻。但是苏博茨基展开的这类实验表明,人们可能并没有完全理解自己的头脑。如果你入住某酒店的时候,前台接待员给你安排了一间曾发生过谋杀案的房间,想象一下这个时候你会有什么感觉。或许这时你就能够发现在你的内心深处隐藏着的万物有灵信仰了。真正的唯物主义者不会觉得发生在过去的某件事和今夜美美睡一觉之间存在任何关系,但大部分人会感到有某种令人不安的东西徘徊在这个房间内。

让我们来看一个真实案例。一对年轻夫妻刚刚搬入了新家。为了买房,两人已经寻觅了好几个月,但他们买不起之前看上的那些房子。终于,他们发现了一栋极好的房子,所处的街区也称心如意,而且他们承担得起房子的价格。但是,他们搬进去住之后,才从邻居那里听说了前任房主在楼上浴室里被杀死的事。他俩不安极了,考虑是否应该起诉卖家,或者把房子再挂出去卖掉。

幸运的是,这则故事有一个不错的结局。尽管这对年轻夫妻不算特别信教,但他们采纳了朋友的建议,找了牧师给房子赐福。牧师为被杀男子的灵魂做祷告,愿他的灵魂得到安宁。牧师手里摇晃着香炉,一一走过每个房间。香炉散出的香烟净化了整栋房子。仪式完毕后,这栋房屋的两位新主人重新因为这桩划算的买卖而感到万分兴奋了。

此类体验比大家想象中更为常见。2013 年,南卡罗来纳州的一家有创新精神的公司做了个网站,叫"屋里死过人"(DiedInHouse.com)。花上十二美元,购房者就可以输入美国的任何房屋地址,来查询此住处是否发生过谋杀案。

人们逐渐成熟,远离了童年,万物有灵的思维习惯逐渐退去,可这种习惯会在人生的后期重新归来。在一项研究中,只有5%的较年轻的成年人会将一系列自然之物(比如山和海)中的至少一种物体归为有生命之物,而较年长的成年人的对应数据为30%。较年长的成年人往往会发展出对批量生产的、由人工材料制成的物品的厌恶感。他们更喜欢经常使用的物品、独一无二的物件和取材于自然环境的手工制品。这些物品具有诗意,最容易呈现出超自然的属性。比起崭新的塑料围栏,旧的锻铁围栏会让人感觉更有魔力、更有生命力。

儿童之所以具有魔法观,是因为他们的自我还未完全形成,依然处在无意识的支配之下。年轻的成年人拥有更为成熟的额叶,且经受了纪律、自我控制和理性思考的训练,它们帮助这些人建立了独立的自我。然而,为了防止刚刚得到释放的自我被无意识吞没,他们需要建立强大的围墙,而这也会导致他们对万物有灵体验的敏感度变低。相比之下,年长者已经花了很长时间建立起了自我的力量,因此对他们来说,将这个围墙的高度稍微降一降不算是很危险的事情。围墙降低之后,沟通渠道便会打开,他们得以重新体验孩童时期体验过的魔法世界。但这一次,他们拥有了更为成熟的观察视角。

除了旧物和手工制品,会动的东西也能给人魔法般的感觉,因为它们会让我们想起活着的生物。在电影《极速赛车手》里,赛车老手雷克斯在给弟弟讲授赛车技巧。弟弟沿着赛道练习时,哥哥指导说:"这不是什么没有生命的金属块,赛车是活生生的、会呼吸的。她是活的,她在跟你说话。去感受,去听听她说她想要什么,她的需求是什么。你只需要做一件事,那就是倾听。"法国帆船比赛选手伊莎贝尔·奥蒂西耶在谈到她和她的船之间的关系时,曾有过类似的表达:"我花了三年时间……同这艘船在一起,我同她非常亲密。现在我在这里,而她孤零零的,这让我不太好受。"

第一部分　无　意　识

在那些让人感觉好似拥有灵魂的事物中，树木值得占上一个位置。树木常常象征着魔法本身，在民间传说和艺术中也一直扮演着特殊的角色。许多童话故事的开头都是主人公离开舒适的乡村生活，走进树林，踏上旅程。这段旅程将主人公带离日常世界，来到古老的、未知的魔法世界。在《格林童话》里，我们能找到被施了魔法的梨树、苹果树、榛树和杜松树。而传说中的生命之树则在许多宗教传统中都有出现，比如犹太教的喀巴拉[1]、佛教、中国神话和非洲民间传说。

让我们再来看一个较为日常的案例。你可能在自动取纸机上看到过这样的贴纸，叶片图案上面写着："请记住……这些纸巾来自树木。"（如图2）根据贴纸的设计者彼得·卡赞吉提供的数据，每一张贴纸每年都能减少超过45千克的纸巾使用量。90%被用来制成纸的树木是以庄稼的形式种植，跟种棉花和大豆没什么两样，在棉花和大豆被收割的时候，没有人会感到不安。但是一想到砍树，不管这棵树是长在森林里的还是农场中的，我们心中都会感到一阵短暂但强烈的痛楚。我们本能地觉得树木不仅仅是一堆分子，并且不会喜欢被砍掉。从唯物主义的立场来看，这样的念头简直荒唐。但在丢弃这种不合逻辑的感觉之前，我们应当先暂停一下，因为"我们与树木之间存在特殊联系"的这种直觉有科学证据为支撑。在一项关于绿地的研究中，研究人员调查了超过八百万人，对比了住处半公里内有绿地的人群的寿命，和住所附近全都是建筑物的人群的寿命。研究人员发现，住在绿地附近的人群的寿命远超住处周围只有建筑物的人群的寿命。

若是没有这项关于绿地的研究，认为树木具有特殊力量的想法似乎显得幼稚且迷信。但是不合逻辑的无意识具备一种智慧，这种智慧不在自我能够理解的范畴之内。用理性思考来测试我们的本能感觉是重要的，但我们必须采用高级的方法。从客观的角度来看，树木也不过是一种植物，砍掉树木和收割大豆不应该有任何不同。但关于绿地的研究让我们意识到，接受无意识的魔法观会给人带来真实的生存优势。

---

1. 犹太教的神秘主义体系。

躁动的无意识

图2 树木同农场里的其他作物不同
图中叶片下方的文字意为：本贴纸每年能减少45千克的纸巾使用量。帮助我们传播这一知识，登录以下网站购买该贴纸：TheseComeFromTrees.com

  可能有人会说，有了关于绿地的研究，我们就不再需要借助魔法思维来解释树木同人类有着神秘联结的这种感觉到底从何而来了。这种说法或许是对的，但有一点值得注意：此项研究在2019年才发表。科学界还有很多后续工作需要跟上。此外，为了让我们的生命完全绽放光彩，究竟是依赖一行行的数据来理解自身更好，还是拥抱来自无意识的魔法感受更有优势呢？当我们否认自己感受到的树木对我们的神秘吸引力，选择依赖枯燥乏味的统计分析时，我们是以不同的方式在感受这个世界。或许我们可以避免某些错误，但相应的代价真的值得吗？

  除了树，火也很容易被人赋予灵魂。火的移动不可预测，而且火似乎想要达到一个目标——燃得越旺越好。我们知道，消防员在描述森林大火的时候，会使用"刁滑""狡诈""暗中埋伏"这样的词。当风渐息、火暂退时，人们会说它们是在"养精蓄锐"。哪怕是日常物品，也可能给人怀有恶意的感觉。打不开的锁和吞了钱却不出货的自动售货机像是对你心存怨恨。在某种物件不配合你的意愿，然后你忍不住想要踢它一脚、砸它一下的时候，你之所以会产生这种冲动，是因为你半有意识半无意识地觉得它是在存心不配合你。

第一部分　无意识

跟心存恶意的物品相反的，是那些我们很喜爱、认为它们拥有灵魂的物品。它们通常是我们拥有了很多年的物品，比如某样纪念品、我们最爱的被子或一把忠实的旧水果刀。一件物品同人相处的时间越久，就越会被当作有生命的东西。我们珍视它并非缘于它的功用，而是因为它对我们来说不可或缺。就像我们的身体会散发出热量那样，人类的头脑几乎像是会散发出灵魂。母亲为你用钩针编织了一件毛衣，她耗费的大量时间与毛衣中包含的她对你的爱和关心，都使你觉得这件毛衣充满了母亲灌注的爱。如果它被换成了由机器制作的毛衣，哪怕是一模一样的复制品，你依然会感觉失去了什么。某种有魔力的东西不见了，而这份魔力正是这件毛衣最有价值的地方。

环绕的灵魂

当我们探索头脑中的无意识部分时，那些为日常物品赋予生命的灵魂并非我们需要理解的全部。除此之外，世上还有其他的灵魂，比如赋予人群以生命的灵魂。有的时候，一群人并不仅仅是个体的集合，他们还会呈现出群体自身的生命。你在摇滚乐演出现场获得的感受完全不同于你在家听歌的感受，哪怕你听的是一模一样的音乐。摇滚乐现场具有某种神圣的狂热感，能够将所有人联合起来。在城市里四处流窜、烧杀劫掠的暴民群体中也会出现类似的现象，暴民群体产生的暴力越过了每个人单独行事时的边界，因为日常生活中的道德约束被集体的意志击败了，集体的意志取代了个人的意志。而人们只有在重新恢复平静时才会注意到这种转变。事后，人们可能会问自己："我刚刚做了什么？"哪怕只是若干好友相聚，聊天的内容都可能会变得非常"有灵性",像是屋子里还有一个额外的、神秘的存在,正驱动着整场聊天。

灵魂可以存在于事物和人群中,还能够造访某些时刻。女神奈基,这位带有翅膀的胜利化身,便是在即将取胜的魔法时刻出现的灵魂。运动员通过训练来提升技能,但是他们不知道自己在特定的日子究竟是会发挥出色还是会发挥失常。他们不知道自己何时能一切如愿,有神启般的出色发挥,每一击都命中目标,每一招都带着自信。哪怕是业余运动员也可能经历过胜利女神降临的时刻。当这样的时刻来临时,你会感觉自己无往不胜,你的胜利乃是命中注定的事情。这种体验最非同寻常的地方,便是当事人会感觉一切都毫不费力。你不需要艰难奋斗或拼命争取,好结果就这么主动地落在了你身上。这是一份礼物,来自看不见的生灵。

场地有时候也好似拥有了人格,就像有一个友善的灵魂盘旋在空中。古罗马人用"场所精神"或"地方精神"来指代某地独特的氛围,今天,我们或许会将其称为"气氛"。想象你儿时常坐着看书的那面飘窗,想象在那放满坐垫的窗台四周弥漫的氛围。想象在寂静而茂密的森林里沙沙作响的树叶。想象在暴风中猛烈撞击沙滩的海浪。安托万·德·圣埃克苏佩里在他的当代童话故事《小王子》中提到了夜间沙漠的"守护神":"你坐在荒漠中的沙丘上,什么都看不见,什么也听不见。然而透过这寂静,有东西在跳动、在闪烁。"

万物有灵论或许不是我们当今生活的聚焦点,但是在工业化之前的社会中,对世界的泛灵理解是非常普遍的。人们认为同这些环绕在四周的灵魂保持良好的关系对生存至关重要。约瑟夫·坎贝尔[1],这位以其对英雄之旅的研究而知名的美国文学教授,引用了阿帕奇人[2]讲述的故事中的话:"植物、岩石、火、水,这一切都有生命。它们观察着我们,看到我们需要的事物。它们看得到我们陷入孤立无援的境地,也正是在这样的时刻,它

---

1. 约瑟夫·坎贝尔(Joseph Campbell, 1904—1987),美国神话学家、作家、讲师,以其在比较神话学和比较宗教学方面的研究为人所知,最著名的作品为《千面英雄》。
2. 阿帕奇人(Apache),北美印第安人。

第一部分　无　意　识

们会显现，然后同我们交谈。"

我们难以理解阿帕奇人的需求如何在自然元素显现时得到满足。或许自然元素带来了知识，能够帮助阿帕奇人同环境更和谐地相处。但或许自然元素具备另一种作用。坎贝尔指出，佛教徒将自然元素的显现称为"无生命之物的布道"。

在迪士尼电影《爱丽丝梦游仙境》中，我们可以看到一个展现"无生命之物的布道"的简例。一些花朵在电影里唱了首名为《金色午后的一切》的歌，其中有这么一句歌词："你可以从花朵那里学到许多东西。"这个观点看上去平淡而乏味，如果你看过这部电影，听过这首歌，你可能都不会多想什么。可这句话本身有着深远的意义，如果你细想一会儿，它们在说的内容一点都不显而易见。花朵们讲述的内容想必不是植物学方面的知识，例如雏菊有多少片花瓣。它们想到的似乎是其他的事，但那是什么呢？答案似乎既明显又模糊。正如我们在本书后面会看到的那样，这个问题（无生命之物试图告诉我们什么）的难点之一便在于这份答案不能用言语来表达。

大部分现代人不再生活在植物、岩石和树木之中。人与自然的关系原本对我们的生存至关重要，在科技的作用下，两者之间的紧密联结渐渐松懈。然而，万物有灵论依然对我们施加着魔法般的影响力。环顾一下你的家，有多少东西是你不愿意换掉的，哪怕你可以换更新、更好的型号？有多少东西之所以弥足珍贵，是因为它们具备某些看不见的、非物质的东西？谈到魔法的时候，大部分成年人都很矛盾。一方面，我们是有意识的唯物主义者；另一方面，我们是无意识的万物有灵论者。如果别人问我们信不信世上有灵魂，我们会立刻说不信。但是在日常生活中，在许许多多的细微之处，我们会违背自己的说辞，而且往往意识不到自己正在这么做。穿了很久的运动衫带给我们的亲密感位于意识的另一个层面，好似某个我们不记得自己拥有的旧习惯。可是与灵魂相遇的体验有时候会过于强烈，我们没有办法将其扫到精神的地毯下掩藏起来。在这样的时刻，寻常生活的面纱被扯下来，无生命之物的布道就展现在我们面前了。

圣灵

在本小节的开头，康定斯基的话提醒我们，我们身边各种物品所含的灵魂在大多数时候保持着安静，偶尔才会言语。我们感受到的同这些东西的友好联结作为背景乐在隐隐哼唱，丰富着我们的生活，只在很偶尔的情况下才会引起我们的注意。然而，与灵魂相遇的体验有时候不仅仅是背景乐，其存在感逐渐凸显，有时会对我们造成深切的，甚至是改变一生的影响。德国神学家鲁道夫·奥托[1]将此命名为"圣灵体验"。"圣灵体验"发生时，我们会感觉到展现在自己面前的是某种和尘世中的一切都截然不同的东西。它与我们习惯的一切都不相同，因此奥托用 sui generis（拉丁语，意为"自成一类"）来形容它。这是一种神秘离奇的感受，有的人会拿我们听到鬼故事后的战栗感与此相比。不过我们在此时的感受并不是惊惧，那是一种更为深入、更为振奋的体验。

尽管圣灵体验那"自成一类"的特性使得我们难以描述它，但我们还是可以说一说其中的几点。首先，我们体验圣灵的方式同体验其他东西的方式都不相同。一般情况下，我们只能通过感官来接触自身之外的事物。想要观察某物，我们必须看到它、听到它、闻到它、尝到它或触摸它。我们看到一个人，听到这个人的声音，感受到这个人握手的力度。然而，圣灵体验是个奇怪的例外。奥托将此描述为"非感官的体验或某种感受，其首要的、直接的对象在自身之外"。对圣灵来说，我们没有感官印象，无法将其刻画；我们找不到合适的言语，无法将其描绘；我们想要理解它，可我们只拥有相关的体验。

或许并不是每一个人都会经历圣灵体验，但这种体验并不少见。威廉·詹姆斯写道："我们平常的清醒意识，也就是我们所说的理性意识，只

---

1. 鲁道夫·奥托（Rudolf Otto, 1869—1937），杰出的德国神学家、比较宗教学家。

第一部分　无　意　识

不过是意识的一种特殊形式而已。潜在的、截然不同的意识形式就在它的四周，在犹如蝉翼般轻薄的屏障之后。"当头脑中有意识的部分被无意识的内容侵入时，我们便会经历这些意识的非寻常状态。此种情况在你独处的时候最有可能发生。在通常情况下，这时的你身处自然环境之中，比如在日出时分的沙滩上。想象一下，你来到树林中，夕阳的余晖透过树叶照了进来。风拂过你的脸庞，林间的芳香令你想起了什么，但你又不知道它具体是什么，只知道这段记忆似乎来自很久以前。突然间，围绕你的不再是树木、阳光和风，它们合在一起，变成了某种不可见但有生命的存在，试图向你诉说些什么。

圣灵体验往往无法言说。我们无法用言语来描述它，只能直接体验。从这方面来说，这就好似陷入爱情时的体验。在你亲身经历之前，你无法理解这种感受。对那些从未体验过爱情的人来说，相关的种种描绘往往显得夸张和荒唐。

圣灵体验还令人感到似曾相识。那种我们正在经历的感受，那个在我们面前凸显出来的存在，我们曾经认识它们，后来却和它们失去了联系。G.K.切斯特顿[1]这样写道："被我们称为灵魂、艺术和狂喜的一切，不过意味着在那么一个令人敬畏的刹那，我们记起了我们遗忘的事物。"

圣灵是私密的存在。它知道你是谁，想要传达某个信息给你，而这条信息除了你之外无人能理解。圣灵令人充满生机。它让你感到全然清醒，这时你的思维比平时更为敏捷。它充满生机和活力，既紧迫又宁静。它还能激发你的渴望和向往。在这种感觉消散之后，你会强烈地希望它回来。相比之下，寻常世界平淡、枯燥而乏味。

威廉·巴特勒·叶芝[2]在他的诗《流浪者安格斯之歌》中写到了对圣灵的渴望。在这首诗中，叙述者描绘了他在夜晚的林间钓鱼时的神秘体验。

---

1. G. K. 切斯特顿（G. K. Chesterton, 1874—1936），英国作家、评论家、神学家，写有大量评论文章、散文，著有侦探小说《布朗神父探案集》、神学论著《回到正统》等。
2. 威廉·巴特勒·叶芝（William Butler Yeats, 1865—1939），爱尔兰诗人、剧作家、批评家，20世纪最伟大的英语诗人之一。

躁动的无意识

他抓到了一条银色鳟鱼，这条鱼变成了一位耀眼的姑娘。

> 它变成了一位姑娘，闪着微光，
> 发间别着苹果花。
> 她喊了我的名字，然后跑开，
> 消失在泛白的天空之中。

这场梦幻的经历驱使着他，让他在余生中一直追逐她，想要再次找到她。叶芝相信这是他进入某个神秘天堂的入口。

> 尽管流浪已使我老去，
> 但走过山谷，踏遍丘陵，
> 我终会找到她的踪影。
> 然后亲吻她的双唇，握起她的双手，
> 沿着斑驳的草地，久久漫步，
> 随着时间的流逝，不停采摘，
> 采那月亮上的银苹果，
> 摘那太阳上的金苹果。

圣灵爱人的主题永不过时。我们可以在美国的"枪炮与玫瑰"乐队的流行歌《我甜美的孩子》中看到关于该主题的当代描述。在歌曲的第一节中，歌手将爱人的微笑形容为重返田园般美好童年的入口："当时，一切都像明朗的蓝色天空那般清新。"

科学家同样对圣灵体验有兴趣。弗雷德里克·巴雷特和同事们开发了一种测量其强度的问卷，将这份问卷命名为"神秘体验问卷"。（如表1）该问卷包含了三十条陈述句，每一条陈述句都描绘了人们在经历圣灵体验时可能会产生的感受。志愿者要给每一条陈述句打分，打分范围从0到5，用来表示志愿者是否有过该体验，以及体验的强度如何。研究人员要求

第一部分　无　意　识

184位服用过赛洛西宾[1]（迷幻蘑菇中的一种成分）的志愿者填写该问卷。他们发现问卷上面的分数越高，志愿者身上发生的变化就越持久。这些变化包括态度、行为和健康安乐方面的变化。神秘体验的感受越强，其持续效果就越强。

表1　"神秘体验问卷"中的陈述句范例

"神秘体验问卷"中的陈述句范例
感觉经历了永恒和无限。
感到平和与宁静。
经历了"合众为一"的领悟。
感受到某种极为神圣的事物。
意识到万物皆有灵。
感到难以把这份体验传达给那些从未有过类似经历的人。

神秘体验问卷中的每一条陈述句的评分都从0（我压根没有此种感受）到5（我对此感受很强，比以往任何时刻都要强烈）。神秘体验可能发生在宗教仪式上，可能发生在药物迷醉后，也可能发生在日常生活中。这些体验常常会持久地改变人们看待自己和世界的方式。

该问卷的其中一条陈述句提到了关于整体观的神秘领悟，即对"合众为一"的领悟。参与研究的许多志愿者都经历过这种神秘的感受，而且他们不需要服用致幻剂来唤起此种感受。在另一项针对那些表示自己有过超自然神秘体验的人的调查中，关于"合众为一"的陈述句获得了很高的分数。这些和整体观相关的感受与神秘体验和现实相比显得多真实有关。我们可能很难想象世上有比现实还要逼真的体验，但70%的志愿者认为他们的经历"比现实更真实"。这是神秘体验诸多不可言状的特

---

1. 赛洛西宾（psilocybin），又名裸盖菇素、裸头草碱，是一种致幻剂。

点之一，而且常常伴随着我们与无意识相连时感受到的那种高涨的、全然的生命力。在研究人员要求志愿者用文字描述这份体验的时候，那些认为神秘体验比现实还要真实的志愿者更有可能写下反映整体观的文字。（如表2）

研究人员发现，人们若是在神秘体验中感受到了较强的真实性，那么他们的家庭生活、健康和目标感都会受到积极影响，对死亡的恐惧也会减少。圣灵体验也许会令人感到陌生，与寻常的、有意识的状态相比，圣灵体验提供了一种截然不同的看待世界的方式。然而，圣灵体验并非病态，它能给我们带来重大的好处，并且丰富我们的生活。

表2　经过统计，在志愿者经历神秘体验时，出现频率较高的与低真实感和高真实感相关联的文字

低真实感	高真实感
我	我们
可能	必须
不	所有
或	和
大概	一切
觉得	爱

在志愿者认为神秘体验比现实还要真实的时候，与整体观相关的文字更常出现。

第一部分　无意识

万物有灵论之科学

当我们认为周边事物具有清醒的意图和目标时，我们往往会更有效率。这听起来或许有点奇怪，因为我们会将此类信念与孩童和前工业化时期的文化联系起来。但是认为非人类物品具有意识能够让我们更加理解它们的行为。甚至连科学家都沉迷于此种思考，因为这能帮助他们整理和阐释数据。达尔文因用人类情感来描述动物行为而闻名。描述狗的时候，达尔文说它们会表达喜爱之情，会交朋友，还深深爱着它们的孩子。此类描述被称为"拟人论"，意思就是"套入人类的形式"。

有些科学家批判了拟人论这种理解动物行为的方式。斯坦福大学行为科学高等研究中心的心理学家彼得·布罗德赫斯特称之为"动物观察者的大罪"。他写道："将人类复杂的意识过程放在动物身上，这没什么正当理由，更没什么解释价值。用此类措辞来讨论动物情感是徒劳的。"基于这条看起来很有道理的批评意见，负责在耶基斯国家灵长类研究中心[1]研究黑猩猩的人员决定在两年时间内避开所有拟人论的描述方式，看看这样是否会提高观察报告的质量。结果令他们大为惊讶：

> 采取这种做法之后，我们差不多就是在无尽无休地记录各种具体的行为。在这些行为之中，研究人员找不到任何秩序，也梳理不出任何意义。相反，通过使用明显拟人的概念来分析动物的情感和行为，人们可以快速且容易地描述每一只动物的特征……不管拟人论的那些术语在试图暗示什么，不管它们是否在暗示黑猩猩具备有意识的状态，它们都确实提供了明白易懂的、切合实际的指引，让我们得以理解动物的行为。

---

[1] 埃默里大学下属的研究机构。

当研究人员避免采用拟人论的时候，他们能够收集资料并记录数据，但他们不能将这些资料和数据转化为知识，因为他们无法将其转变成有意义的概念。笔记本里密密麻麻的观察记录并不能帮助研究人员理解黑猩猩的行为，除非他们允许自己用思考人类行为的方式去思考黑猩猩的行为。如此一来，黑猩猩的行为才会变成可以讲述的故事。

我们有两种理解事物的方式：一种是本能方式，即通过魔法观来看待世界；另一种是理性方式，它往往更贴近唯物主义。本能的理解方式是人类天生就有的。观察动物行为的时候，我们在无意识的情况下就会赋予动物的每个活动以人类般的动机。这么做并不需要耗费想象力，我们无须绞尽脑汁，无须深思熟虑。这是人类大脑的嵌入特征，无须动用意识。

理性手段则不同，我们需要动用意识来努力检验通过本能方式得出的结论是否准确，来判定这些结论有效与否。在这种情况下，我们知道动物与人不同，也知道用拟人论来理解动物行为会出现错误。因此，合乎逻辑的做法是剔除本能的拟人论手段。然而理性手段给耶基斯国家灵长类研究中心的研究人员带来了如此大的阻碍，他们甚至无法建设性地阐释他们的观察记录。

那么，这会导致什么情况呢？在理想状态下，我们希望这两种思考方式能够协作，但这是很难的。头脑中讲逻辑的部分比较霸道，不喜欢同本能控制的那部分合作，因为在它看来，本能那边的做法完全是错的。本能这边也可能不会配合，它在运转的时候不受意识控制，什么时候工作或具体怎么工作都由它自己说了算。它不会像逻辑那样作为一个忠实的仆人来行事，它不会乖乖听话。大部分人偏爱逻辑手段，但正如耶基斯国家灵长类研究中心的研究人员发现的那样，如果我们直接放弃自己头脑中的一大块，试图仅仅用半边的认知能力来理解世界，那么我们将付出很大的代价。

除了动物学家之外，其他科学家也发现将直觉和逻辑混合，用描述人类的词来描述研究对象是一种有用的手段。物理学家在寻找难找的粒子而遇到困难时，会说粒子"很害羞"。化学家描述分子的时候，会说分子之间彼此"喜爱"。医生医治的是"固执的"感染和"好攻击的"肿瘤。使用拟人论来理解自然现象的做法在科学中随处可见，哪怕是在科学研究的最高层级。

为什么将信息放在社交语境（一个有意识的存在和另一个有意识的存在进行互动）中处理，会比放在机械语境（一个有意识的存在和一个无意识的物体进行互动）中处理更容易呢？处理复杂的社交信息是大脑的重要功能之一，涉及人类拥有的一些较为复杂的神经回路。为了进行这项工作，大脑需要调用的神经区域很大。处理复杂的社交信息对我们的思考方式非常重要，有些科学家认为智人之所以能发展出如此大的大脑，是因为智人具有能驾驭复杂社会结构的这项进化优势。

同他人合作使我们有机会获得那些只凭自己一个人没办法获得的食物、居住场所和工具。正如我们已经看到的那样，合作提供了非常重要的进化优势，这或许就是社交互动的需求如此普遍的原因。这种需求横跨所有文化，从每个人出生的那一刻起就出现了。社交需求是人类的基本需求，我们若是没有与其他人进行频繁的接触，就会出现严重的健康问题，甚至会导致死亡。对较年长的成年人来说，因社交孤立导致过早死亡的可能性不亚于每天抽十五根香烟致死的可能性。

人类合作所需的一项重要技能是知道他人正在想什么，能够设身处地地站在对方的角度思考。这种能力是人类独有的。我们相当擅长做这种事，可以毫不费力地将其完成。接下来的这个句子你理解起来很可能没有任何难度："我敢说我姐和我正在想同一件事：我们的父母真正想要的是我们能够幸福快乐。"然而仔细想想，如果我们要完全领会这句话的意思，那么我们首先要站在叙述者的角度思考，其次叙述者要站在姐姐的角度思考，接着叙述者和姐姐要站在父母的角度思考，最后父母要站在孩子们的角度思考。此番操作复杂极了。对黑猩猩展开的实验表明它们甚至无法完成第一步。而人类大脑非常适合此类处理过程，我们都没有意识到这么做有多难。我们甚至会觉得此类处理过程要比计算 15 乘以 15 容易多了，而后者对计算机来说则要容易得多。计算机可以轻而易举地显示三维动画图形，因为计算机拥有复杂的图形处理单元。人类的大脑则拥有复杂的社会处理单元。

在我们试图破译另一个人的想法和意图时，最重要的视觉信息来源便是面部。我们一出生就会将目光投向母亲的脸庞，而在接下来的一生中，脸庞始终是我们周围的环境中最惹眼的部分。大脑中有一个位于颞叶的部分专门用于理解面庞，所以得名"梭状回面孔区"。这块区域帮助我们在面部表情中提取信息。每当我们的视野中出现脸庞时，梭状回面孔区的神经回路便会开始高度活跃。

然而，在某些情况下，梭状回面孔区这个有着特定功能的区域也会对非面部对象做出反应。一个人看到他擅长的领域内的物体时，大脑中的此块区域同样会被激活。一名汽车机修工看向汽车的时候，他的梭状回面孔区会突然启动工作，好似他正在看着人类的脸庞。（如图3）鸟类学家观察鸟、鳞翅目昆虫学家观察蝴蝶的时候也是一样。一个人与某个非人对象培养出亲密感之后，大脑便会以对待人类的方式对待这个对象了。

图3 大脑中的梭状回面孔区也可以被非人的物体激活，前提是我们同这件物品有着强烈的联结

理解了梭状回面孔区的运行原理，我们便能想明白一个明显的悖论：你跟一个物体相处的时间越久，你就越可能感受到其超越于原子和分子的

地方。这个说法违背了直觉，因为你可能会觉得越了解一个物体，你就越应该对这个物体有精确的理解。如果一把水果刀仅仅由金属和木头构成，那使用者在用久了这把刀、熟悉了这把刀之后，思索"这把水果刀的真实性质是什么"这个问题时应该会得出越来越贴近唯物主义的答案。然而事实恰恰相反。使用一把刀的时间越久，厨师就越有可能感受到这把刀的灵魂。随着时间不断流逝，厨师在面对这把刀时，大脑的活跃区域就会从处理无生命之物的区域逐渐转移到处理社交关系的区域（比如梭状回面孔区）。这把水果刀不再是一件普通的工具了，它已经变成了厨师的朋友。

灵魂随处可见的好处

人类有一种我们不愿意承认的生理倾向，即我们能在世界上感受到许多灵魂的存在。不过，承认这个倾向是有好处的。首先，对抗你的生理倾向并不是什么好主意。你不会想要在今天接下来的时间里倒立着用手走路而不是用脚走路。同样，故意同自己的大脑中鼓励魔法观的那部分神经回路对着干，可能不是走向充满成就感的人生的最有效路径。想象一下，一名业余木匠正在用父亲传下来的手刨刨着一块木头。这个手刨让他感受到了与这个在自己的生命中扮演过重要角色的人的特殊联结。或许他会否认这种感觉，他可能会说："这个手刨令我想起父亲，但除此之外，它跟我在店里随便就能买到的另一个手刨并没什么两样。"如果他这么想，他就会错过在情感上和父亲再度产生联结的机会。若是他想抓住这次机会，他就需要具备一定的魔法观，相信这个特定的手刨里还留存着父亲灵魂的回响。再来想象一下，一名厨师与他在烹饪学校学习期间购买的一把水果刀之间有着某种情感联结。与烹饪时必不可少的工具建立友谊，会如何影响这名厨师准备食物的方式，又会如何影响这名厨师做出的食物的质量呢？

研究人员调查了两百名对超自然力量有兴趣的人，发现这些人对超自然的信仰对他们的生活产生了积极影响。75%的人表示，想着自己的超自然信仰时，他们会感到更为舒适平和。86%的人表示，超自然信仰让他们更好地理解自己，尤其是关于情绪的这个方面。和关于魔法的信仰一样，情绪也是无意识的产物。若是我们接受了魔法，我们似乎就能更好地理解情绪了。若是你打开了前往大脑中无意识的那个部分的大门，许多东西都会从那扇门里涌现出来。

与之相反，如果我们忽视此种思考方式，我们就在许多方面限制了自己。比方说，我们在同时具备不确定性和高风险性的场合中就不会发挥得那么出色。正如在苏博茨基的研究中的那些志愿者在赌注加大时会更愿意以魔法的视角去看待世界那样，人们在面对考试、求职面试或初次约会的时候往往会寻求超自然力量的帮助。友好的灵魂能提供舒适感，还能增强我们的信心，而更多的舒适感和信心又增进了我们的能力。

对职业运动员来说，是否能有巅峰表现对他们的职业生涯的成功与否至关重要，而大多数从事其他职业的人没有这么依赖于巅峰表现。因此，职业运动员本能地知道，魔法手段能给他们带来锋芒，这就导致他们会变得比较迷信。运动员必须不断地应对不确定性，他们永远都不知道胜利女神奈基什么时候会眷顾他们，给他们带来好运，也永远不知道什么时候球会出乎意料地瞎蹦，搞得他们需要狠狠地和别人争抢。迷信仪式会使他们重新获得一种尽在掌握的控制感。总而言之，运动员要比其他人更为迷信，而职业运动员则要比业余运动员更为迷信。在所有运动员之中，那些顶级运动员是最为迷信的。

在北卡罗来纳大学读书时，迈克尔·乔丹加入了名为柏油脚跟队的校篮球队。他后来参加比赛时，总把在校篮球队打球时穿的一条训练裤穿在芝加哥公牛队的运动裤里。泰格·伍兹在参加锦标赛期间总是穿着一件红色的运动衫。美国国家橄榄球联盟四分卫汤姆·布雷迪在比赛的时候，会带着妻子吉赛尔·邦辰送给他的"守护石"。这些带来好运的物件增强了他们的信心，而在体育赛事中，更强的信心就意味着更好的表现。

在研究人员要求志愿者从1米远处轻击高尔夫球10次时，那些使用了"幸运球"的志愿者表现更佳。把球递给这些志愿者的时候，研究人员会对他们说："这是你的球。这个球一直表现良好，是个幸运球。"另一些志愿者拿到了同样的球，但研究人员只对他们说："大家用的都是这个球。"拿到"幸运球"的志愿者的平均入洞次数为6.42次，而拿到"普通球"的志愿者平均入洞次数只有4.75次。

小约翰·欣克尔是美国大学体育协会的保龄球冠军，他以一种尤为戏剧性的方式运用了幸运球的魔力。在他父亲去世后，欣克尔将父亲的骨灰放入了一颗保龄球内，然后打出了一次完美全中[1]。欣克尔表示当时他的鸡皮疙瘩都起来了。打到最后一格的时候，他的眼睛里盈满了泪水，连球往哪里滚了都看不清。

与栖居在心爱之物里的灵魂进行互动，便是留存在我们的日常生活中的圣灵体验。叶芝的流浪者安格斯花了一生的时间追寻他的圣灵幻象，或许这个圣灵幻象一直就在他的心里。自然选择安排了人类大脑的神经回路，让我们在原本普普通通的物体中辨别出了无处不在的圣灵的微光。这些物体大多数时候保持安静，偶尔才发出言语，但如果我们用心倾听，我们便能听见它们的声音。

生活是困难的，我们需要帮助。那些将自己嵌入了我们的神经回路的灵魂便是我们的帮手。如果我们将这些帮手推开，否认它们对我们的影响，我们便会变得贫瘠。即使如此，我们还是在推开它们、否认它们，因

---

1. 即保龄球单局最高分300分。保龄球的每一局有10格，若第一格全中，本身得10分，但这一格的记分要叠加接下来两次击球的分数，也就是说，如果第二格和第三格也是全中，那么第一格得分为30分，以此类推。特殊的是第十格，有三次击球机会，若这三次也是全中，那么这一格也拿到30分。第一格到第九格9次全中，加第十格3次全中，一共连续12次全中，才可拿到300分，也就是打出一次完美全中。

为它们不符合现代世界的唯物主义。因此，让我们来更加仔细地研究一下现代科学如何描述人类头脑中的这个奇怪的部分。通过研究和分析那些与无意识相关的科学发现，我们将更好地理解超自然灵魂如何影响着我们的生活。

无意识在实验室

头脑中与直觉相关的部分是一份神圣的礼物,而与理智相关的部分则是一位忠诚的仆人。我们打造出了一个这样的社会:仆人得到美誉,礼物则被遗忘。

——阿尔伯特·爱因斯坦

通往仙境之路

开始医治病人后，西格蒙得·弗洛伊德很快发现的一件事便是，在许多病例中，病人诉说的症状似乎与意志有关。这些症状是由病人根据自己的自由意志做出的种种决定而导致的，不同于精神分裂症患者的偏执妄想，也不同于抑郁症患者的无端绝望。妄想和绝望是不受人控制的，就像胸痛或呼吸困难一样。因此妄想和绝望更容易被人理解。

让弗洛伊德感到困惑的事情在于，有些病人告诉他，自己总是不停洗手或者暴饮暴食，无论如何都停不下来。为什么人们会因为此类问题去找精神科医生呢？他们如果不想如此频繁地洗手，不要洗就好了。他们如果不想暴饮暴食，不要吃就好了。当然，问题就在这里：病人们做不到。就是因为他们停不下来，他们才来寻求医生的帮助。

弗洛伊德由此得出结论：大脑中一定存在某种比意志的力量更强的力量。此番领悟，即认为大脑中存在着互相对抗的力量的这种认识，促使弗洛伊德提出了他的无意识理论。今天，弗洛伊德的这套方法被称作"心理动力学方法"，因为他的方法聚焦于这些精神力量之间的动态张力。

弗洛伊德仔细地观察病人，寻找能够帮助他理解病人的头脑内部正在发生什么战役的线索，渐渐地，他积累了对无意识的大量认识，知道了头脑内部的冲突如何引发了病人的症状。不过，虽然观察是科学的要素，但观察正在被治疗的病人并非科学上最严密的形式。观察会产生逸事证据，虽然逸事证据可以开启一项科学学科，但更好的证据应该通过对志愿者进行更为系统的观察来收集。

科学研究以客观为目的，采用的是一种从外部观察人类头脑的调查方法。相比之下，主观方法则利用了我们所拥有的从头脑内部观察人类头脑的独特视角。此种视角允许人类通过文学和其他讲故事的形式来分享关于我们内心世界的洞察和领悟。

这些作品中的主观描写或许是我们拥有的关于无意识的最为丰富的信息来源。此外，尝试通过客观方法来研究无意识的时候，科学家必须克服一些难以克服的障碍。如果我们想知道一个人的观点、态度和其他有意识的想法，我们可以直接问他。但我们该如何研究连这个人自己都没有意识到的某样东西呢？从本质上来说，无意识就是没有办法被观察的。无意识有自己的想法，在它想要的时间按自己的方式行事。

科学家还面临着另一项挑战：人类的行为并非单独来源于无意识或有意识，而是由有意识的深思熟虑和无意识的潜移默化共同作用而成。那么，科学家在研究无意识的时候，又该如何排除意识的角色，保证自己研究的是纯粹的无意识？

虽然我们有这些需要注意的地方，但我们最好还是先从客观研究开始，看看这些研究告诉了我们哪些关于无意识的信息，看看无意识如何带来了魔法。在通往仙境的路上，我们需要穿过实验室。

在无意识的耳边柔声低语

探向人类头脑内部的隐秘之地时，科学家们采用了若干种方法来处理遇到的挑战和难题，其中的方法之一便是采用某种让头脑中有意识的部分无法察觉,而无意识的部分可以察觉的方式来传递想法。这就像是在某个人的耳边悄悄低语,除了这个人之外谁也听不见。如果我们可以对无意识悄悄低语,那么我们就能排除意识的影响,神不知鬼不觉地绕过自我,保证由研究人员的行为催生的任何反应都直接来自无意识。事实证明,大脑的组织形式真的允许我们执行这样的操作。

为了理解大脑是如何做到这一点的,我们可以先环视一下四周。如果你正身处光线良好的房间里,那么你可以看见周围的所有东西,与此同时,你的其他感官也可以正常地发挥作用。你可以闻到空气中的气味,你可以听见房间里的声音。碰触东西的时候,你可以感受到它的纹理和质地。世界像是一本向你敞开的书,其中的信息通过你的视觉、听觉、嗅觉、味觉和触觉流入你的意识,进入你的大脑。

然而,你的大脑并不是这样工作的。你的意识只会接收到一小部分通过你的各项感官涌入大脑的信息,这些信息经过了高度处理,因此它们所呈现出的现实画面并非总是准确的。你的意识就像是被保护欲过度的父母关在箱子里的可怜孩子,这个孩子知道的关于外部世界的一切信息都来自父母从箱子上的小洞里塞进来的东西。父母为了孩子着想,只会为孩子提供他们认为有用的信息。在这些信息被传递给孩子之前,父母会对其进行审查、过滤和处理,直到这些信息变成孩子年幼的头脑能够应对的模样。

这便是无意识对待意识的方式。我们应当对此心怀感激,尽管这么说听起来令人不快。别忘了,意识每秒最多只能处理 60 比特的信息。若是无意识不去过滤和处理通过各项感官流入大脑的种种信息,这些信息就会将意识吞没,令其不知所措。无意识做出决定,将它认为意识应当注意的信息提取出来,其余的信息则被过滤掉。想一下无意识如何操纵你的触感吧。如果你用手指轻抚书页,你会感受到纸张的质地,但你完全不会意识到此时你的衣服正在碰触你的身体,地面也正在给你的双脚施加压力。如果所有的感觉都在持续轰炸你,那你就没有多余的精力去注意更重要的事情了。

要是你想知道无意识没能做好"过滤各个感官输入的信息"这项工作

第一部分　无　意　识

时会发生什么，你可以看看注意缺陷多动障碍的例子。这种精神障碍的特点是注意力很难集中，患者很难专注，因为他们不能把无关刺激物排除在外。如果他们正坐在办公室里看一份报告，每当有人从办公室门口经过时，他们的思路就会被打断。无意中听到的别人的谈话和窗外马路上汽车飞驰而过的声音都足以令他们分心，让他们无法专注于眼前的事情。与此相反，对专注力超强的人来说，如果这个人正在沉浸地阅读一本书，那么哪怕有人在同一个房间里大喊他的名字，他可能都听不见。

无意识为我们竖起了某种屏障般的东西，这面屏障环绕在我们四周，总体来说是一件好事。这面屏障可以说是一道孤立之墙，它为我们阻挡那些无关的刺激物，让自我可以聚焦于眼下更重要的事情。在拥挤的房间里同某人说话时，你之所以可以听清对方说的话，并且把注意力放在你的谈话对象身上，是因为房间里的其他交谈声都被你的无意识压制了。你在夜晚沿着街道走路时，突然有一只黑猫从你的眼前穿过，就算这只黑猫在黑夜中仅仅依稀可见也没关系，多亏了无意识的过滤和处理，黑猫在夜色中模糊的轮廓成了你此刻的视野中最为显眼的物体。与此同时，街灯下停着一辆汽车，被光线照亮的车牌也进入了你的视野，但只有你的无意识会观察到这条信息。它过滤了这条信息，不会让意识接收到。

如果我们在这个车牌的字母和数字上嵌入信息会怎么样呢？这样一来，我们能否背着自我同无意识沟通？我们能否利用这个交流渠道来获取更多关于无意识的知识，从而更好地了解无意识如何行事，以及它究竟有着怎样的能力？

一系列旨在探索无意识的施动者的实验采用了类似的策略。先前，我们已经讨论过无意识的施动者如何产生了自我并不知晓的独立目标。我们讨论的其中一个案例是酗酒者大脑里的"口渴魔鬼"。大脑里有着隐藏的施动者，它在我们的意识之外追求着自己的目标。想象这一点确实会令人不适，这与我们原本对大脑的理解很不同，若是没有强有力的证据，我们很难接受此种说法。于是，一组研究人员便设计了一系列实验来寻找证据。

他们想看看能否把这些隐藏的施动者引出来，能否趁它们在志愿者的意识之外追求自身的独立目标时将它们当场抓获。

想象一下，有一群人参加了关于食用坚果对健康有益的讲座。在讲座结束后的几天或几周内，若是我们看到这些人对坚果的摄入量有所增加，我们不会对此感到惊讶。这个案例展现了有意识的目标的刺激作用。有意识的目标具备一些可预测的特征。第一个特征非常简单：有意识的目标需要人们努力去完成。为了达成该目标，人们会去做实现目标所需的种种事情。在上文的案例中，这些人可能会驱车前往小超市，给自己买一袋核桃。第二个特征：人们在形成有意识的目标之后会很执着。如果他们在追求这个目标时遇到了阻碍，他们不会放弃。举例来说，如果你前往小超市的道路正因为维修施工而封锁，你会选择绕道前往。第三个特征：在人们努力完成有意识的目标时，就算他们暂时先去做了别的事情，他们也会想着换个时间继续完成它。如果你原本计划今天下午去买核桃，但后来不得不加班到很晚，那你可能会第二天去买，或者等到周末再买。有意识的目标不是一个心血来潮的目标，它不会转瞬即逝，不会就这么消失。我们会一直努力，直到实现这个目标。无意识的目标也是这样的吗？研究人员想知道这个问题的答案。面对无意识的目标时，我们是否也会不懈追求，克服重重障碍，哪怕遇到干扰而被迫停下来，也能保持着最开始的意图？

研究人员设计的第一项实验旨在测试无意识的施动者是否会自发追求目标。参加研究的志愿者们玩了一场钓鱼游戏。在这场游戏中，志愿者们要么与对手争夺，尽可能多地钓走鱼；要么相互合作，为了让所有人钓得愉快，在钓到鱼后再把它们放回湖里，确保大家能一直有鱼钓。

志愿者们被分成了三组。第一组志愿者没有收到研究人员的任何指示。第二组志愿者收到了研究人员的明确指示，即携手合作，把钓到的鱼重新扔回湖里，以此补充湖里的鱼的数量。研究人员也给了第三组志愿者要合作的指示，只不过这一次，他们传达了只有无意识才能注意到的信息。

以下便是研究人员绕过自我，偷偷传递消息给无意识的方式。在钓鱼游戏开始之前，研究人员用了一点计谋，让志愿者以为他们正在参与一项"心理语言学任务"。研究人员让他们用几组词造出句子。第一组志愿者和第二组志愿者拿到的是"色拉"和"雨伞"这样的没有倾向性的词。而第三组志愿者拿到的是"可靠""诚实""公正"这类的词。等到钓鱼游戏结束之后，研究人员又采访了这些志愿者，以此判断他们是否注意到之前的"心理语言学任务"存在可疑之处。没有一个志愿者发现研究人员的动机。"悄悄话"有效果了。他们头脑中有意识的部分并未注意到发生了什么。

玩钓鱼游戏的时候，没有收到任何指示的第一组志愿者平均把 25 条鱼扔回了湖里。明确被告知要合作的第二组志愿者扔回的鱼几乎多了 30%。至于那些在暗中收到了指示，即只有无意识听到了指示的志愿者呢？他们扔回湖里的鱼的数量同第二组志愿者扔回的鱼的数量是一样的。他们直觉地感到进行合作才是该做的事。

在类似的实验中，研究人员发现，哪怕他们有意耽搁了志愿者的进度，制造出种种需要克服的障碍，志愿者依然会追求无意识的目标。志愿者不会放弃研究人员悄悄传递给无意识的消息，哪怕他们拿到了（在研究人员故意破坏后）坏掉的设备，拥有了可以从困难任务调到简易任务的机会，甚至得到了停止工作的明确指示，他们也不会放弃。志愿者们完全不知道自己为何会如此坚持不懈，但他们就是停不下来。

不思考的力量

一旦确认了无意识思考的存在，我们接下来要做的就是弄清楚无意识思考能做到哪些事情。其运转方式是否同有意识思考一样？它在处理问题时是否有着不同的方式、优势和局限？如果两者之间确实存在明显的区别，那么找出这些区别便是很重要的任务。为了最大限度地利用我们的大脑，我们需要知道哪些事情是由自我来负责的，哪些事情又最好交给无意识去处理。此外，如果我们想将一项任务交给无意识去做，我们该采取什么样的方式和策略呢？

为了回答这些问题，我们来看一项研究人员开发的新策略。该策略利用了自我有限的处理能力，旨在将自我的思考过程同无意识的思考过程分离开来。研究人员交给一名志愿者一个待解决的问题，然后再交给志愿者一项任务，这项任务会占用志愿者的自我的全部处理能力。如此一来，只有无意识可以着手处理真正的问题了，而志愿者后续交出的解决方案便是无意识思考的结果。我们可以将这个解决方案同另一名志愿者给出的解决方案进行对比。另一名志愿者同样收到了一个待解决的问题，但没有收到其他任务，也就是说，这名志愿者可以调用自我来思考如何解决该问题。

设计这些实验的研究人员首先预测了自我最擅长解决的问题的类别。自我在推理和听从精确指示方面有着突出的能力，但由于其处理能力有限，所以面对不涉及过多变量的简单问题时，自我应该会有最佳的表现。而无意识的处理能力相当惊人，所以它估计会在处理更为复杂的问题时表现更好。然而，由于无意识并不使用逻辑，所以它提供的答案应该是不大精确、基于印象的。如果你在考虑投资一项新的业务，让无意识来回答你潜在的商业伙伴看起来是否诚实可靠大概是合理的选择。至于投资的钱大概会有多少内部收益率，你还是应该交给自我去计算。

让我们来考虑一下接下来的这个问题。你要搬去一个新的城市，计划购置一套房子。你希望这套房子离上班地点近，面积足够大，能住下越来越多的家庭成员（你有养育孩子的打算），并且价格不能超过35万美元。房产中介带着你看了三套房子。第一套房子漂亮又宽敞，离你的办公室有十分钟路程，价格为42.5万美元。第二套房子小了一点，离你的办公室有三十分钟路程，价格为30万美元。第三套房子空间充足，离你的办公室有十五分钟路程，价格为33.5万美元。

第一部分　无　意　识

你的自我可以轻而易举地决定最终要购买哪套房子，毕竟你需要考虑的因素不多，你的要求也很清晰。但如果事情变得更复杂了呢？阿姆斯特丹大学的研究人员要求志愿者们分析四间公寓，在其中选出他们觉得最好的一间。研究人员用 12 项特征来描述每一间公寓，也就是说在志愿者做选择前，他们总共需要仔细考虑 48 条信息，并且这些信息是以随机顺序呈现在他们面前的。设定每一项特征的时候，研究人员都会保证一间公寓最佳，一间公寓最差，剩下的两间公寓中等。

志愿者被分为三组。第一组志愿者需要在读完四间公寓的全部描述后立即做出决定，选出心中最佳的公寓，也就是做出仓促的判断。第二组志愿者在读完描述后有三分钟时间来仔细思考。第三组志愿者同样拥有三分钟用于仔细思考的时间，但是研究人员在这段时间内给他们安排了用于分散注意力的字谜游戏。他们需要重新排列字母的顺序，将若干乱序的字母构成一个英语单词。比如说，他们需要用 hactw 这五个字母拼出一个单词来[1]。难度高、有挑战的字谜游戏会占用自我的全部处理能力。因此，第三组志愿者的头脑中就只剩下无意识的部分能思考该选哪一间公寓这件事了。

得到研究结果之后，我们可以看出选择公寓的这个问题是有难度的。不管是仓促地做出决定，还是有意识地思考三分钟，前两组志愿者选出合意公寓的概率不相上下。大量的信息令他们负担过重，因此他们似乎是随便选了一间公寓。然而，花三分钟时间玩字谜游戏的第三组志愿者往往会选出合意的公寓。这个让他们分心的游戏占用了他们的意识，这样一来，无意识就得到了机会，它得以穿越由盘根错节的细节构成的灌木丛，找出最合适的那间公寓。志愿者的经历可能会让你回想起我在本书第一部分的第一小节中引用过的叔本华的话。叔本华表示，他在熟读了关于某个问题的相关资料之后停止了对该问题的思考，但答案却在几天后"完全自发地"在他的头脑中冒了出来。

在另一项相似的研究中，研究人员对购买常见产品的消费者进行了满

---

[1] 这五个字母重排后可组成 watch 这个英语单词。

意度调查。有些产品比较简单，例如洗发水。有些产品比较复杂，例如照相机。来自阿姆斯特丹大学的研究人员想知道，在消费者决定购买某个品牌的产品时，有意识的思考究竟占了多大的比例。他们发现，对简单产品来说，如果消费者动用意识好好分析一番，他们很有可能会在五花八门的选项中选出满意的产品。然而，面对那些复杂的产品时，情况恰恰相反：消费者分析的时间越久，买到的产品越不会令他们满意。

这个研究结果与常识相反。人们往往认为，越是复杂的决定，越是需要人们对所有的相关因素进行更为深入的考量。但自我并非大脑中唯一能够做出判断的部分，有时候无意识更适合做这件事。正如研究人员所言："在需要做决定的时刻，人类是自己头脑的糟糕经理。这就好似一名糟糕的会议负责人让看门人去做主题发言，却把著作等身的教授打发去折叠座椅。"

在没有明确的标准来判断哪个选择更好的时候，我们又该怎么办呢？自我需要规则来做出决定。每当规则不够清晰的时候，我们就来到了无意识更具有优势的领域。一项对艺术品满意度的调查研究证实了上述结论。研究人员允许志愿者们从五张海报中选择一张带回家。他们要求一半的志愿者根据本能的感觉选择一张海报，与此同时，他们要求另一半志愿者在仔细且详尽地考虑了种种理由之后再做出决定。志愿者们带着选好的海报回到了家中。在他们把这张海报贴在墙上生活了几周之后，研究人员询问了他们对自身选择的感受。相比于那些仔细思考后做出选择的志愿者，靠着本能的感觉挑了海报的志愿者更为满意和开心。如果没有清晰的标准来判定选择是否合理（比如在这个研究中，对海报的选择纯粹是个人审美问题），深思熟虑和自我反省反而会适得其反。如果你需要决定厨房的墙面刷什么颜色，或者正在犹豫该买哪件衬衫，你需要做的便是别再思考太多。跟着内心的感觉做出选择，反而更可能收获令你满意的结果。

我在前文中提过，无意识的处理能力是意识的处理能力的50万倍。但除此之外，无意识还有另外的优势。具备逻辑的意识根据合理性来解决问题，它走在笔直且光线良好的理性思考之路上。而无意识敢于冒险，会前往头脑中那些黑暗的角落进行探索。这些角落是自我不会涉足的地方。无

第一部分　无　意　识

意识拥抱不合理的事物，这意味着无意识能够接触到的解决问题的方案库要大得多。这个非理性方案库里的大部分解决办法不会有什么用，但是没关系，无意识拥有足以处理所有信息的能力，可以迅速扫过海量的选项，挑出最可行的那些办法。在这个过程中，无意识找到的解决方案往往是头脑中有意识的部分想都没想过的解决方案。这便是创造力的源泉。

　　由无意识做出的决定会以直觉的形式出现。有些人不信任直觉，尤其是在涉及复杂决定的时候。他们将直觉等同于仓促做出的判断。直觉和仓促做出的判断的共同点在于两者都缺乏有意识的深思熟虑的参与。但是，正如我们在上文中选公寓的研究中看到的那样，两者并非同一件事。仓促做出的判断是不经过任何思考就做出的选择，而直觉经历了意识之外的思考过程。要信任这些暗处的施动者确实有难度，但自我缺乏它所具备的能力，因此我们需要知道如何同它有效地合作。直觉并非总是对的，正如理性思考的结果也会出错一样。无意识并非万无一失，但是当我们需要在权衡大量因素之后做出抉择，并且这些因素基于模糊不清的标准时，无意识往往会比自我更有可能找到正确的答案。

　　有时候，我们本能地知道需要把重要的决定交给无意识去处理。在我们需要做出复杂的决定，并且这项决定会带来长远的影响时，我们常常会说："睡一觉再说吧。"在我们入睡后，无意识便开始在我们的精神生活中承担首要的角色。我们知道，等第二天早晨醒来的时候，自己心中很有可能会产生一股本能的感觉，带着我们走对路，做出正确的决定。

　　自我和无意识擅长的是不同类型的思考过程。而当一个人的自我和无意识有着最好的劳动分工之时，这个人的运转效率也将达到最高。与无意识合作并非始终是一件容易的事，它有时候会不太可靠。我们永远都无法预测无意识会在什么时候同我们说话，又会在什么时候一声不吭。但倘若我们养成了关注自身直觉和本能感受的习惯，我们便能和无意识建立起颇有价值的伙伴关系。

制造怪物

正如我们已经看到的那样，在做出某些决定之前，让自我退出，允许无意识来负责，是一种较为明智的做法。此时无意识更适合这份工作，因此这么做是合理的。然而，如果我们一碰到自我不想处理的不愉快的事，就将其抛给无意识去做，那可不算是太好的解决办法。当一个自认为有同情心的人在某天突然意识到，自己曾对某个脆弱的人有过残忍的行为时，他的感受可不会太好。这或许会让他重新思考自己究竟是怎样的一个人，或许他无法再像以前那样信任自己了。有时候，否认现实或许会让人好过一些。他或许会想办法给自己的行为开脱，通过编织看似合理的借口来解释自己的行为。或许他干脆把这件事给忘了，将这件事赶出头脑中的意识区域，丢到无意识负责管理的位置。若是我们拒绝接纳自己的感受，拒绝承认自己的行为，我们会面临什么样的风险？

为了解决这个问题，三一大学的研究人员向一组志愿者引入了某个可能让人不安的想法，然后要求其中一部分人将这个想法推开。如同前文中描述过的温莎大学的那项研究一样，研究人员选择了性这个话题。在心理学研究中，性这个主题之所以频繁出现，是因为如下两个原因。其一，促进繁殖是进化的主要目标之一，这就使得性成为研究由本能驱使的行为的有效对象。

其二，性常常导致自我和无意识之间发生冲突。无意识中的各股施动者会支持我们同各种各样的对象发生性关系，不管这样做正当与否、合适与否。这样的倾向并不稀奇。自我必须介入，评估无意识向它抛来的种种欲望，然后决定响应哪些欲望，拒绝哪些欲望。试图阻止无意识追逐其繁殖的欲望并非易事，关于好莱坞明星和那些有权有势之人的新闻报道告诉我们，自我的反对在很多时候并没有用。但是不管自我的反对是否起了作用，性都制造了冲突。

这种冲突不仅发生在心理层面，它还会引发生理层面的应激反应。我们可能并未意识到压力的存在，但我们的身体仍然会对此做出种种能够被测量出来的反应。在这项研究中，研究人员通过测定志愿者的出汗情况来判断他们的压力水平。虽然我们只在压力极大的情况下才会明显出汗，但是哪怕我们只出了一点点汗，哪怕我们的皮肤上只出现了非常少量的咸水，电流都会更容易从皮肤上通过。研究人员可以通过在皮肤上贴电极来测量电流的强度。与之类似，被测谎的当事人也会经历这样的流程。该生理反应对应的术语为皮肤电导水平。

研究人员首先证实，相较于思考其他不那么刺激的事情（比如跳舞），志愿者在思考性这件事的时候压力更大。正如你能预料到的那样，此时志愿者的皮肤电导水平会提高很多。此外，研究人员还发现，如果这些志愿者抑制对性的思考，他们的皮肤电导水平也会发生变化。当研究人员要求这些志愿者别去想性的时候，他们出汗的程度要高于那些被要求别去想跳舞的志愿者的出汗程度。

三一大学的科研团队接下来的实验较为复杂，但其发现触及了问题的核心，让我们意识到为何压抑恼人的想法或许并非获得内心平静的良策。研究人员先是要求所有志愿者都去思考性，然后让一半的志愿者停止思考性。与此同时，另一半志愿者没有收到任何进一步的指示，他们会继续想着性，但过了一段时间之后，性这个主题就渐渐退出了他们的思绪。随着该主题的退出，他们的皮肤电导水平也渐渐恢复到了正常水平。与之相反，那些被要求停止思考性的志愿者经历了一开始的短暂成功，在此之后，性这个主题便不断地重新袭来，不受控制地频繁闯入他们的思绪。每当这个想法重新袭来时，志愿者的皮肤电导水平就会突然攀升。

当我们允许自己的脑袋里涌动着不安的想法时，头脑中有意识的部分可以对这些想法进行处理，并消化相关的难题。可我们若是否认这些想法，它们便会以原始而未经处理的形态埋伏起来。这是一件相当严重的事情，通过把不安的想法推给无意识，我们制造出了属于自己的怪物。这个怪物的危害可不仅仅是让我们感到焦虑不安而已，它弄不好会要了我们的命。那些具有压抑的应对方式（面对强烈情绪采取忽视不理的态度）的人罹患癌症的可能性更高。高浓度的"压力激素"[1]在这些人的体内循环，抑制他们的免疫系统，这就增加了清除癌细胞的难度。这些具有压抑的应对方式的人还更容易患上高血压和其他慢性疾病。

各种各样的治疗技术试图通过舒缓病人的压抑状态来清走这些有毒的施动者。在对病人进行精神分析时，弗洛伊德会使用一种名为"自由联想"的治疗技术。病人向医生承诺，不管他们脑内的想法有多么荒谬可笑、令人难堪或使人烦乱，他们都不会再去压抑这些想法，而是要将其完完全全地告诉医生。在"自由联想"这个词组里，"自由"意味着病人的思想有着不被意识审查的自由。弗洛伊德告诉他的病人："你该怎么做呢？此刻的你好比是一名旅客，正坐在火车车厢里靠着窗户的位置。你要做的就是向车厢内的某个人讲述你所看到的风景，那些从窗外飞驰而过，不断变换着的风景。"弗洛伊德假设最活跃、最烦人的想法会在脱离压抑状态的约束后浮上表面，继而可以交由意识处理，而不再被迫掉入无意识的暗处。

有些想法不仅是会引起不适而已，譬如说，和创伤有关的记忆有时还会令人难以承受。自我很可能因为这些记忆过于强烈而难以对其进行处理，此种情况可能会引向创伤后应激障碍。这是一种人类在遭遇性暴力、严重受伤或面临死亡的威胁之后可能出现的精神障碍，病人的身体和心理两方面都会出现衰弱的症状。人们若是患上了创伤后应激障碍，恐惧的感觉就不会像在正常情况下那样随着时间的流逝而渐渐消失。他们会经历始终存在的被威胁感，随时可能被恐惧吞噬，哪怕他们其实身处安全的环境之中。在某种程度上，这些病人就像上述的皮肤电导水平实验中的那些试图不再思考性的志愿者，志愿者们无法摆脱在脑海中不断复现的关于性的想法。但这一次，病人们的创伤过于深重，自我的调节能力已被破坏。

---

[1] 皮质醇的俗称。皮质醇是人类的主要糖皮质激素，具有促进肝糖原分解、糖异生，调节微循环和维持血压的作用，在调控情绪和健康方面也具有重要作用。——编者注

针对创伤后应激障碍的一种常见的精神治疗形式，是采取一系列逆向的抑制步骤。这种方法被称作逐级暴露疗法，医生通过每次给予病人的自我少量刺激，不超过其应对程度，来帮助病人逐步获得面对创伤的能力。如果某人曾在黑暗的小巷中被人袭击过，那么治疗时，第一步便是让他想象自己走在白天的明亮的街道上。过些时候，让他想象自己走在较为黑暗的街道上，然后再想象自己来到了曾遭受袭击的那条小巷里。由于自我能够处理令人不安的内容，并使之变得不那么令人不安，这个人的力量将逐步增强，最终可以支撑着他在脑海中重现完整的事发过程。此时，自我就能在不被吞噬的情况下回顾完整的记忆了。

进一步深挖人类心灵的象征手法时，我们会发现光常常被拿来作为意识和理性的象征。光会令隐藏的事物显露，帮助我们辨别不同的事物，而辨别的能力正是分析的精髓。光还能杀菌消毒。如果我们把骇人的想法埋入无意识，这些想法便会溃烂发脓，如鬼魂般久久不肯散去。它们会时不时地跳出来，扰乱我们宁静的心绪，令我们的"压力激素"迅速上升。同这些想法正面相撞是痛苦的，但如果我们将它们从暗处拎出，使之来到意识的光照之下，我们便可以阻止它们继续作为不受控制的自主施动者任性行事。

自顶向下与自底向上

意识与大脑中最晚进化的部分（前额叶皮质）有关。如果你从脊髓的底部出发，一路向上来到脊髓同大脑相连之处，再穿越皮质下区域，来到前额后方，你便看到了前额叶皮质，你这趟旅程的最后一站。它位于人体的顶端，因此，意识生成信号并对身体或头脑中的其他部分产生影响的方式，被称作"自顶向下"的处理方式。有意识地移动你的手，便是自顶向下的处理方式的一个例子。抑制你的情绪，比如控制怒火或者在危机中保持镇定，也是在采用自顶向下的处理方式。自底向上的处理方式则与之相反，在这一过程中，信号的终点是前额叶皮质，而信号的发端则在身体或头脑中更为下方的部分。情绪和感官信息一路向上传递，来到意识，这便是自底向上的处理方式的运作方式。

诺贝尔经济学奖获得者、经济学家丹尼尔·卡尼曼[1]在他的《思考，快与慢》一书中描述了关于思考的这种双重处理机制。他将自底向上的处理方式称为"系统1"（因为从进化的角度来说，这种处理方式出现得更早），将自顶向下的处理方式称为"系统2"。理性的、自顶向下的处理方式速度慢，需要耗费精力，并且不受情绪影响。自底向上的处理方式（亦称"经验处理方式"）速度快，毫不费力，不遵循逻辑和规则。（如表3）它之所以又被称作经验处理方式，是因为该系统通过经验来改进自身（学习新知识），而非通过语言、读书和听课来做出调整。除了产生感官体验和情绪之外，经验处理方式还会以直觉的形式来塑造想法。

通过运用抽象概念，理性的、自顶向下的处理方式分门别类地理解着这个世界。它将事物拆分为不同的部分，聚焦于每一部分的具体特性而非将事物当作整体来对待，这便是它为事物分类的方法。生物学家将脊椎动物与无脊椎动物分开。化学家将不同的元素从化合物中提取出来。此外，理性处理方式使用普遍法则来解决问题。如果事物甲和事物乙均与事物丙相同，那么事物甲和事物乙就总是相同的。如果有两人同时寻求帮助，而你只能帮助其中一个人，那么在理性处理方式的指导下，两人中更值得帮助、更需要帮助的那个人便是你应该去给予帮助的对象。

---

1. 丹尼尔·卡尼曼（Daniel Kahneman, 1934—2024），2002年诺贝尔经济学奖得主之一，将心理学和经济学相结合，深入研究了不确定状况下的决策制定机制。

表 3 两种处理方式的特点

自顶向下	自底向上
有意识	无意识
可变通	抗拒变通
需要控制	自动
很耗精力	毫不费力
慢	快
处理容量小	处理容量大
进化上较晚出现	进化上较早出现
人类独有	动物皆有
和语言相关	不涉及语言
抽象	具体
理性	感性

表格左侧是有意识的、出于理性的、自顶向下的处理方式的特点；表格右侧是无意识的、来自经验的、自底向上的处理方式的特点。

来自经验的、自底向上的处理方式针对的是具体的事件。每一件事都是独一无二的。经验处理方式不会将事物拆开并分离出各种具体的细节，而是采取整体主义，将事物视作个体，而"个体"这个词最初的意思便是"不可分割"[1]。（如图 4）根据经验处理方式来做决定的时候，我们使用的不是逻辑，而是情感。在这种处理方式中，我们由事物甲联想到事物乙，靠的是相似的感觉而非对这两个概念的理解。按照这个模式，萤火虫好似小星星，梯子象征着心灵成长的向上之路。如果两个人同时向你寻求帮助，

---

1. "个体"对应的英语单词为 individual，其中 in- 表示否定，divide 表示"分割"，individual 最初意为"不可分割"。

而你只能帮助其中的一个人，你的本能会要求你去帮助让你感觉更亲近的那个人。

图4　自顶向下的、有意识的处理方式通过分析将事物拆开，使其便于理解；自底向上的、无意识的处理方式将事物作为整体来看待

　　有些人更注重理性处理方式，有些人更依赖经验处理方式，但两者并不是非此即彼的关系。理性处理方式和经验处理方式是独立运行的，因此一个人可能既有高水平的理性处理方式，又有高水平的经验处理方式。也可能这个人的两种处理方式都很差。研究人员可以通过设计问卷来测量每个人对这两种处理方式的运用程度。

　　理性处理方式的高得分者往往一丝不苟，认为自己可以对世界施加影响。经验处理方式的高得分者往往有着出色的直觉。他们依赖本能的感觉，容易和人相处且情感外露。他们也更容易相信他人、更宽容、更主动，而且他们的生活满意度也要比平均水平高。拥有"互补处理方式"的那些人（同时拥有高水平的理性处理方式和经验处理方式的那些人）有着更好的人际关系，能在这个世界上察觉到更多的意义，还能更积极地看待自己和他人。

　　在现代社会中，我们十分重视理性处理方式的价值。我们用智力测试来估量每个人的理性处理方式的强度，而智力测试不仅能很好地预测我们在学业上的表现，还能大致推断出我们这辈子可以赚到多少钱。但人生并非只关乎物质财富。有时候，我们最好简单地生活，就像一位诗人描述的那样，"在绝对的静谧中，望向星辰"。这种做法或许不能让我们拥有最新款的车或者手机，但它能够以物质无法做到的方式来丰富我们的生活。总有一天我们会明白，这种简单的生活便是通往超自然的大门。

自底向上的处理方式和超自然

在我们进一步研究了这两种处理方式带来的结果之后，无意识和魔法之间的联系便开始浮出水面。经验处理方式和互补处理方式与超自然的信念和体验有关，其中包括迷信的想法和超常的经历。你可能会觉得理性处理方式的高得分者不太可能拥有超自然信念，然而数据证明情况并非如此。理性处理方式的高得分者拥有超自然信念的可能性既不比别人高，也不比别人低。只有经验处理方式的低得分者（而这些人并不一定是理性处理方式的高得分者）拥有超自然信念的可能性才更低。

自顶向下的处理方式通过分析来拆解事物，与之相反，自底向上的处理方式基于相似性和其他关联形式将事物相连。这就导向了一种名为"交感巫术"的思考形式。詹姆斯·弗雷泽爵士[1]在他的《金枝》一书（该书是他在比较神话学和比较宗教学方面取得的成果）中最早介绍了这种思考形式。交感巫术由两部分组成，其一为相似律，概括来说就是"同类相生"。

---

1. 詹姆斯·弗雷泽爵士（Sir James Frazer, 1854—1941），英国人类学家、民族学家。

相似律解释了为什么有些人相信,往巫毒娃娃[1]身上扎针会伤害该人偶的真人原型,也解释了为什么闪耀着美丽光芒、可以恒久存在的钻石代表了人们对永恒之爱的承诺。在以哈利·波特为主角的系列故事中,我们看到了许多关于相似律的例子。在其中一个场景中,孩子们调制了魔法药水,喝下之后就能变成另一个人的模样。而魔法药水的关键成分之一就是他们要扮演的对象的一缕头发。

研究交感巫术的学者发现,若是他们要求志愿者将飞镖扔向贴了婴儿照片的靶子,有些志愿者会不敢将飞镖掷出去。因为靶子上面有婴儿的照片,所以无意识就会将其作为真正的婴儿来对待,从而影响志愿者瞄准的决心。经验处理方式的高得分者(他们更容易受到交感巫术的影响)比经验处理方式的低得分者更难命中靶心。

交感巫术的另一个组成部分为接触律。根据接触律,两个物体之间的物理接触会导致一些精髓和特性的转移。正是因为接触律的存在,我们才会看重名人碰触过的东西。贝比·鲁斯[2]使用过的棒球球棒,那根让他击出了第五百次全垒打的球棒,卖出了超过一百万美元的价格。这可是一大笔钱。除了一根木头之外,买家花了这么大一笔钱就只换来了这根球棒散发出的魔法般的感觉。如果这根球棒的买家将它拿到你面前,你很可能会产生一股想要上前摸一摸的冲动。这股冲动的来源值得我们思考。

我们来看看接触律起作用的另一个例子。一名年轻女子收到了来自男友的爱的礼物。她的男友是一位天文学家,送给她几粒由他偷来的月球土壤。这名女子把它们吞下了肚。交感巫术常常出现在童话故事中。在童话故事《白雪公主》的一些较早的版本中,邪恶的继母命人掏出白雪公主的肝和肺,烹制好之后给她当晚餐。她希望自己在吃掉白雪公主的肝和肺之后,可以通过接触律获得白雪公主的年轻貌美的特质。

接触律可以令事物变得有吸引力,也可以令事物变得恶心。研究人员

---

1. 用于扎针的人偶形道具。
2. 贝比·鲁斯(Babe Ruth,1895—1948),美国职业棒球运动员,因擅长全垒打而著名,乃美国历史上最有名的运动员之一。

第一部分 无 意 识 ♥

向志愿者们介绍了一位男子，声称此人先前踩到过狗屎，不过他已彻底把鞋子刷干净了。稍后，在志愿者们纷纷入座之际，研究人员观察他们选择的座位和此人之间的距离，以此估算出每个人的经验处理方式的得分情况。

接触律反过来也能起作用。人们不愿意让自己的个人物品落入他们厌恶的人手中。你肯定不想看到自己讨厌的人穿着你放到二手商店的那件夹克。

在前文中，我们看到了高赌注和不确定性如何引发了精英运动员的迷信行为。如今，在对经验处理方式有了更多的理解之后，我们便能发现此种魔法思维倾向的另一种可能的原因。运动员要比大部分人更加依赖经验处理方式。网球运动员之所以要一遍又一遍地练习挥拍，练上千遍万遍，是因为他们需要让肌肉记住动作的技巧，不再依赖大脑的指挥。这就是说，运动员需要将肌肉的相互协调从自顶向下的理性处理方式，转换为自底向上的经验处理方式，而这一目标需要成千上万次的重复动作才能达成。尽管经验处理方式快速、自发且毫不费力，但它也抗拒改变。经验处理方式不像理性处理方式那样灵活且懂得变通。要是这些运动员想让自底向上的处理方式接受改变，唯一的办法就是重复。而重复便是经验的来源。

如果你曾上过网球课，你的教练或许就教过你击球的时候要怎么站，球拍要怎么收回，向前挥拍和随球上网的动作又该如何完成。要是你在击球的时候想着这些指令，并试图完成所有要点，你肯定不会打得太好。等到你已经按照这些动作要领练习了许多次，并且不需要再想着这些要领的时候，你才会获得成功。到了这个时候，你不会再把有意识的注意力放在你的身体上。你的意识将会聚焦在球、对手和比赛本身上面。棒球运动员在接球的时候亦是如此。如果你把注意力放在胳膊要怎么动上面，你可能就会被球砸到脸。但你如果把注意力放在球上，让肌肉自发地做出动作，你接到球的可能性就会大很多。意识的介入会扰乱无意识的进程，而后者快速且自主，更有能力完成该项工作。

那些主要关注自己的身体表现的人会逐渐养成依赖经验处理方式的习惯，而这个习惯会令他们倾向于用超自然的观念来阐述事件。跟职业运动员一样，职业音乐家也必须花费许多时间来大量练习，以此训练自身的经验处理方式，而他们同样比大部分人更为迷信。随着运动员和音乐家不断提升他们的技艺，随着他们从业余水平进阶到职业水平再进阶到杰出水平，他们同自底向上的处理方式（无意识的回路）也培养出了越发紧密的关系。

运动员和音乐家之所以常常会迷信，是因为他们花了相当多的时间强化自己的经验处理方式。每当理性处理方式受到抑制的时候，我们也能看到类似的魔法思维得到强化，因为在这两种情况下，经验处理方式所占的比例都上升了。下面的这个实验展示了第二种情况的具体发生过程。由于自顶向下的处理方式比较慢，我们可以通过要求人们快速反应来引出他们的经验处理方式。研究人员要求志愿者们给"树可以感受到风"之类的具有魔法思维的陈述句打分，打分的标准就是这些句子有多么"千真万确"。志愿者拥有的打分时间越少，他们打出的分数就越高。魔法思维要比大部分人意识到的更为普遍。这些思维躲在意识看不见的地方，时刻准备着，一旦时机成熟便会突然迸发。

直觉和魔法

经验处理方式发生在意识之外，所以通过此种思维方式得出的结论似乎是突然冒出来的。其实，这是因为无意识能看到自我看不到的种种模式，还能运用这些模式形成信念。这些信念就是我们所说的直觉。我们往往突然产生了某个想法，却不知道这个想法从何而来。有时候我们会觉得直觉

第一部分　无　意　识

是魔法的产物，因为形成对某事的直觉需要复杂而精密的认知，这似乎超出了自我的能力范围。科幻作家阿瑟·C. 克拉克[1]写道："任何足够先进的科技都与魔法别无二致。"我们或许可以借用这个说法：任何复杂的头脑活动都与魔法别无二致。

每个人的直觉力并不相同，有些人比另一些人更有直觉力。要是我们能测出人们直觉的准确性，我们便拥有了另一种测定每个人的经验处理方式的强度的方法。到目前为止，我在本书中提到的这些研究均通过自我报告问卷来测定志愿者的思维方式。精心设计的问卷能够带来可靠的数据，但若是有客观的测量结果作为补充就更好了。要客观地测量像直觉这样神秘的事物似乎很困难，但倘若我们将直觉定义为发生在意识之外的活动，我们就能更容易地设计测试来观察不同志愿者的表现了。

其中一项直觉力测试是这样设计的：电脑屏幕上会出现一个圆圈，圆圈可能出现的具体位置有四个。研究人员要求志愿者根据圆圈出现的位置按键，计算机会记录他们按下正确的按键所花费的时间。如果圆圈出现的位置遵循简单的模式，使得志愿者能够轻易识别出来，比如说保持着1-3-4-2、1-3-4-2、1-3-4-2的规律，那么在圆圈重复出现若干次之后，人们便能提前知道圆圈接下来会出现在哪里。这样一来，志愿者按下正确按键的速度就会比他们在随机模式下的正确按键速度更快。然而，若是圆圈出现的位置遵循着过于复杂的、志愿者无法识别出来的模式，那么我们就会推测志愿者的正确按键速度接近他们在随机模式下的正确按键速度。但情况并非如此。当圆圈在屏幕上出现的位置遵循着某种自我无法识别的模式时，志愿者按下正确按键的速度依然比他们在随机模式下的正确按键速度更快。他们可以通过直觉感觉到圆圈接下来会出现在什么位置。

研究人员想确保他们使用的模式足够复杂，能够完全盖过自我的能力，为此，他们设计了一些预先测试。一开始，他们不给志愿者提供任何信息，

---

1. 阿瑟·C. 克拉克（Arthur C. Clarke，1917—2008），英国科幻作家，与阿西莫夫、海因莱因一起并称为"20世纪科幻三巨头"，著有《2001：太空漫游》等作品。

要求他们直接去做上文中提到的圆圈测试。随后研究人员要求志愿者把这个测试再做一遍，但这一次，他们告诉志愿者圆圈出现的位置遵循着某种模式。于是志愿者们调用他们的意识，使用自顶向下的处理方式，努力想找出那个模式，然而，此时他们的表现却退步了。就像阿姆斯特丹大学的研究人员要求志愿者选择公寓的时候一样，在这个测试中，研究人员同样成功地创造了一个运用直觉才能得到最优解的问题。

研究人员安排复杂模式和随机模式轮流出现，然后对比志愿者在这两种情况下的正确按键速度。有些志愿者在这两种情况下的表现有着明显的区别，与他们在随机模式下的正确按键速度相比，他们在复杂模式下的正确按键速度要快得多。另一些志愿者在这两种情况下的表现没有多大区别，这表明他们的直觉力不够（他们的经验处理方式还不足以帮助他们发现隐藏的模式）。现在研究人员拥有了测量直觉的客观手段，也可以评估直觉是否与超自然信念有关联了。他们具体考察的是志愿者是否相信神灵的存在。研究人员发现，直觉力更强的志愿者更愿意相信世上有神灵。他们相信神灵主导着整个世界，以明确的目标干预着人们的生活，以实现神灵自身的意志，而这与自我报告问卷的研究结果相一致。

这项研究是在华盛顿进行的，为了确保研究结果不受文化因素的影响，研究人员在阿富汗首都喀布尔也做了一次相同的研究。结果是一样的。在直觉力测试中表现更佳的志愿者更相信世上存在着干预并安排人类生活的神灵。不管人们身处何种文化之中，人们越是与无意识有着紧密的关系（他们出色的直觉力便是证明），就越可能以一种超越理性、科学和唯物主义的角度来理解这个世界。他们受到了无意识魔法观更为强烈的影响。

第一部分　无　意　识

另一种方法

　　神经科学实验和心理学实验在研究简单行为时最为成功。实验方法在于确定要研究的单一因素，与此同时隔离掉其他可能会影响志愿者行为的因素。这样一来，该项单一因素就和志愿者的行为直接相关。这种方法的劣势在于研究人员创造的这种人为情境无法完全反映现实生活的样貌。此外，在我们需要研究人类头脑中更为复杂的方面时，这种研究方法的能力也有限。这就好比我们试图理解某个人如何走路，于是把这个人的某个肌纤维活动单独拎出来研究。以前文中关于钓鱼游戏的那项研究为例，研究的关键在于通过一个精心设计的骗局，即与"合作"相关的几组词来操纵志愿者的意志。研究结果颇有启发性，但考虑到现实生活的复杂程度，实验环境中必然缺失了诸多内容。

　　除了对照实验，我们的另一种方法是自然观察。采取这种方法时，研究人员不再限制志愿者的行为，而是简单地描述他们看到的现象。与科学实验类似，自然观察是一种采用确凿证据而非哲学推断的实证研究方法。荣格正是运用这种方法来分析自己在接诊过程中积累的临床材料的。他发现某些普遍的主题从这些材料中浮现了出来，而这些主题在神话、民间传说和童话故事中亦有存在。他将这些主题称为原型，而探索这些原型能帮助我们更好地理解魔法和无意识之间的神秘关联。

魔法本能

你没有察觉到的无意识会操纵你的人生,而你会认为这就是命运。

——卡尔·古斯塔夫·荣格

第一部分 无 意 识

原型和无意识

　　许多人都熟悉弗洛伊德的无意识模型，尤其是他对性欲和攻击性这两种本能的内驱力的描述。作为弗洛伊德的学生，荣格同样认为无意识是人类本能的所在地，但是他认为位于无意识中的本能比弗洛伊德描述的状态更为多样、更为复杂。荣格反对弗洛伊德的模型，认为它过于局限。

　　我们通常觉得本能都很简单，但即便是非人类动物的本能都可能复杂到惊人的程度。蚂蚁拥有令它们成为农场主的本能，它们懂得栽种、施肥和收集真菌。它们还是懂得饲养蚜虫的牧场主。蚜虫会产生一种含糖的液体供蚂蚁食用，蚂蚁则帮助这些蚜虫寻找食物，并照看蚜虫产下的卵，使它们免受天敌的侵扰。蚂蚁无须学习这些行为，相应的技能直接被编码在它们的基因之中。其他动物的本能也很复杂。织布鸟能编织出精美复杂的巢。蜜蜂能形成巧妙高级的蜂群，并通过舞蹈来传递关于食物位置的信息。丰富多样的本能远不仅是性欲和攻击性这两种原始内驱力所能概括的。

　　既然动物的本能已经这么复杂了，那人类本能的复杂程度肯定要更进一步，绝对不会只包含性欲和攻击性。事实上，人类的种种本能过于复杂，我们头脑中有意识的部分甚至无法掌控和理解它们。荣格将这些本能称作原型。这些本能构成了人类共享的进化遗产的一部分，所以荣格又称之为"集体无意识"。荣格认为，正如所有人的身体都具有共同的解剖构造，所有人的头脑也都具有共同的心理基础。这种心理基础超越了文化的差异，也超越了观念的分歧。

原型是宏大想法的蓝图。在任意的一个时刻，我们头脑中有意识的部分只能承担起这些宏大想法的一点小碎片，因为它们的体量太大了。这些宏大想法构成了人性的基础，与人类生存所需的那些重要因素相关。其中有各种角色，比如主人公、伟大的母亲、天真的年轻人、智慧的长者；其中有各种事件，诸如出生、死亡、初涉、转变和旅程；其中有各种概念，像是光明、黑暗、精神、物质、爱和冲突。这些原型构成了我们为了理解自身经历而讲给自己听的那些故事的骨架，从原型中诞生的故事赋予了我们理解世界的能力。

我在前文中提到过，在日常生活中，我们会将身边正在发生的事件转化成某种故事，以便理解其中的意义。若我们不把这些经历放入某个故事中，我们就会难以弄懂相关的状况、动机、可能性及其他因素。正是出于这个原因，耶基斯国家灵长类研究中心的那些研究人员才会在停止使用拟人论的描述方式之后，失去了阐释所获数据的能力。他们缺少了一种便于理解的叙事手段。

找不到合适的故事来放置这些事实时，我们会说："这些事情根本说不通。"我们没有办法简简单单地接受"事情就是这么发生了"，我们必须为这件事赋予某种意义。知道一个人做了什么是不够的，我们需要知道这个人为什么要做这件事，因为动机对故事的构建来说必不可少。当我们听到有两个人发生了冲突的时候，我们会想知道谁是好人谁是坏人。我们必须区分主人公和反派。观看体育赛事的时候，选一个队来支持能帮助我们更好地进入观看的状态。

叙事这个词在政治领域很流行。在一件模棱两可的事发生之后，从不同的角度阐释这件事会对不同的党派有利。此时，各派人士便会纷纷拿出自己的叙事，用以诠释已有的事实。如果某一派的叙事能够被公众接受，那么公众就会以该派人士想要的方式来理解已发生的事件，因为故事决定了意义。如果我们以掠夺者为原型来描述抢劫犯，这种叙事便会符合"法律与秩序"的主题。如果我们换一个角度，以抢劫犯的生活之困苦为原型，这种叙事便响应了"劫富济贫"的倡议。好的叙事比好的论点更有效。正如丹尼尔·卡尼曼所言:"一个人对自己所持的信念是否有信心,主要取决于这个人能否讲好自己的所见之事。"

当我们为了理解一系列事件而塑造的故事同现实不符,或者这个故事在他人的蓄意操纵下偏离现实时(比如广告商用暖心的场面来诱惑我们购买含糖苏打水或最新款的运动型多用途轿车),我们就会犯下错误。但就算我们有犯错的风险,我们也不应该抑制自己讲故事的本能。一旦我们试图通过抑制本能的方式来提高判断力,我们就会陷入与自己的旷日持久的战争中,像严厉的父母那样,用没完没了的批评让自己疲惫不堪。我们的大脑在进化中形成了用故事来理解事件的方式,因此我们能做的最实用的事情就是去提升自己讲故事的能力。想要做到这一点,我们就需要去熟悉那些我们讲给自己听的故事的原型。这些典型的人物和事件至少和客观事实一样,塑造了我们的观点和信念,而我们需要理解这些原型,正如我们需要理解统治着物质世界的自然科学原理。

原型或许能帮助我们将信息转化为意义,但自我很难理解这些原型,因为它们体现了一种陌生的思维方式。在前文中,我们将分析视作有意识的思考的本质形式——为了理解事物,自我将事物一一拆解。对有意识的理解来说,分析占据着绝对的核心,我们若想认识到自身的存在,就需要意识到我们同四周的所见之物皆是各自分离的。我们感受到的自己是独立的个体,而非一大团无法区分的统一生命的一部分,也非神秘的"合众为一"。我们可以用剑来象征有意识的思考,这种思考方式将我们的所见所闻一剑剑全数劈开,劈成无数的碎片。

原型则与之不同。原型负责联合和统一,代表了其赋予意义的一切事物中最为基本的存在。举例来说,每一趟旅程都是独一无二的,但旅程的原型则代表了一切旅程所共享的深层形式。光亮可以来自蜡烛、星辰和灯泡,但不管其来源如何,光亮都被光的原型所围绕。无意识对统一和联合的这种倾向有时候会强烈到自我完全无法理解的程度。在自我看来,各个对立面相去甚远,而在无意识看来,各个对立面是统一的。原型总是包含了光明面和黑暗面。

当这些陌生的、不合理的原型侵入有意识的那部分头脑时，魔法和意识的非寻常状态就出现了。一旦我们四周的物体与这些原型产生关联，这些物体便充满了无意识的能量和神秘的力量。小约翰·欣克尔之所以用那颗装了父亲骨灰的保龄球打出了完美全中，是因为这颗保龄球内充满了爱的原型、死亡的原型以及他父亲的身份的原型，因此具有强大的心理影响力。

被原型入侵的体验是一种圣灵体验。这份圣灵感有时候会强烈得使人不知所措，甚至就此改变一个人生活的轨迹；有时候恰似一丝偶然照入的微光，点亮我们那充满世俗和惯例的日常生活。如果你有孩子，那么在孩子出生的那一刻，你可能有过感人至深的体验。让我们来看一个案例：某位女士长久以来一直都以事业来定义自己，但在第一次拥抱自己刚产下的孩子时，她体验到了某种剧烈的心理变化。在之前的人生中，这位女士一直把生活的重心放在工作上，她以母亲和导师为榜样，这两个人均为成功的企业家。她在自己工作的领域里早早就获得了认可，也在工作的时候感到最为活力四射。工作是她的热情所在。但在她的第一个孩子出生之后，让她意外的事情发生了。突然之间，照顾这个无助的孩子成了她全新的热情所在。在接下来的几年时间里，工作退到了她生活的第二位。

为了促成这种变化，无意识采用的工具之一是催产素。在孕妇分娩的时候，她们体内的催产素水平能达到正常水平的四倍。这种促进母婴联结的激素能够增加母亲成功地把基因传递给下一代的概率。然而，尽管大脑负责调节身体内部的生理过程，孕妇体内催产素的增加却发生在意识之外。无意识内部的施动者利用这些生理过程影响着我们的行为，从而达到其目的。

哪怕生育的那一刻并未产生改变孕妇一生的影响，但它依然具有某种魔力。人类的生育过程或许和仓鼠妈妈生小仓鼠的过程没有两样，但它同生育原型产生了联结，变成了一个特别的时刻。

我们在旅程的原型中也能看到类似的联结。人生中较为重要的旅程之一便是第一次离家的旅程。通过这种成人仪式，我们从依赖父母的孩子成长为有责任有担当的成年人。这是一场艰难的转变，严重的精神疾病，诸如精神分裂症，往往会在我们踏上这条通往成熟的道路之后首次登场。不管这条路是崎岖不平还是平坦顺滑，旅程的原型都能确保在此次旅程结束后，这名刚成年的年轻人的身上会发生变化。这个人不再是出发前的那个样子，他从此会对生活有新的态度，也会收获新的自我认同。和生育一样，旅程的原型能带给我们微微闪烁着光芒的圣灵性。驱车两小时是一件使人不悦的琐事，但若是你选择开启一场公路旅行，这趟行程便会成为一次精彩的冒险。

母亲原型

我们可以通过更为细致地研究一个原型来更好地理解无意识观，看看从无意识的角度出发，这个世界如何被概念化，关于这个世界的观念又如何被构建。母亲原型是个很好的选择，因为它可以说是所有原型中最为重要的一个。想想母亲这个概念包含的所有元素吧，我在这里简单举一些例子：丰产、滋养、保护、宁静、指引、拥抱、鼓励、爱。

需要注意的一点是，这些有意识的概念并非原型本身的方方面面，因为原型是无意识的。它们是受到母亲原型的影响的一些概念和经验。正如撒在磁铁周围的铁屑能够帮助我们理解其磁场一样，这些概念和经验也能帮助我们理解原型。这些铁屑并非磁场本身，它们受到了磁场的影响。通过观察这些铁屑的排列分布，我们可以知晓磁场的形状和强度，观察同某个原型相关的有意识的概念和经验亦是如此。通过研究这些概念和经验，我们可以更好地领悟原型，即使原型本身并不能被我们"看见"——不能变得完全有意识。（如图5）

图5 铁屑受到了看不见的磁场的影响,但它们并非磁场本身
与之类似,有意识的概念和经验可能会受到无意识原型的影响,而这些概念和经验能帮助我们更好地理解无意识原型

母亲原型对我们生活的影响,可以由任何具有围绕、包裹、遮蔽和保护特质的事物作为象征,例如山谷、大海深处、森林、房屋或小镇。母亲原型包括了大自然母亲,这是孕育了一切生命的地方。但是在大自然中没有死就没有生。不管是食肉动物还是食草动物,都必须为了生存而杀戮。死滋养了生,因此诞生了生命的丰沃土壤亦是生命结束之时的埋葬场所。洞穴和棺木是此种回归生命之源的象征,同时也是母亲原型的象征。

生命自母亲的子宫开始。子宫是美好之地、理想之所,我们所需所求的一切在此皆能得到满足。母亲和孩子是一体的,但在出生的那一刻,这种统一协调的完美状态蓦然而止。死亡则是回归,是我们的最终分解。通

第一部分　无　意　识

过这种最终分解，我们生命的"余烬"回到了大地，化作尘土。我们再一次与生命的起源化作一体。母亲原型是生命之船，也是坟墓以及被坟墓吞没的黑暗。

在《意识的起源》一书中，荣格学派的心理学家埃利希·诺伊曼[1]写道："作为好母亲，原型是完满和丰盈，是生命和幸福的施与者，是滋养的大地，是孕育累累硕果的丰裕之角[2]。她让我们看到世界之深和世界之美，看到每天都在兑现救赎和复活承诺的自然母亲之善良和宽厚，看到新的生命和新的出生。作为坏母亲，她是双手染血的死亡女神、瘟疫女神、饥荒女神、洪水女神和本能力量女神。"

无意识先行出现，然后生成了意识。因此，母亲原型可以代表无意识本身。从这个角度来看，无意识和意识之间的关系就好似母亲和孩子之间的关系，意识依赖无意识的方式就如同孩子依赖母亲的方式。

在一岁到两岁之间，孩子会逐渐产生获得独立的渴望。为了探索世界，这个年龄的孩子会从主要照顾者（这个人通常是母亲）所能提供的安全的身体接触中抽身离开。在探索过程中，孩子会经常回到主要照顾者身边，与其重建联系，在情感上补充能量，然后再次出发，踏上探险之路。这位主要照顾者是孩子的安全基地。意识也有类似的表现。时不时地，意识会展现出独立性，但它无法长时间自主存在。就像蹒跚学步的孩子会小跑着回到母亲的怀抱，将母亲视作情感的庇护所那样，意识也会在需要补充能量的时候回到无意识的怀抱。

在夜间陷入无意识的睡眠状态时，我们会获得一次重要的补充能量的机会。即使我们白天一直坐着，从生理上来说几乎不需要休息，我们也需要通过睡眠来获得心理上的恢复和重整。为了避免过分消耗意识的能量，我们在白天也会时不时陷入不同程度的无意识状态。有时我们处于机警敏

---

1. 埃利希·诺伊曼（Erich Neumann, 1905—1960），心理学家、哲学家、作家，荣格的学生，对发展心理学及关于意识和创造力的心理学做出了贡献，著有《大母神——原型分析》《意识的起源》等。
2. 来自希腊神话，哺乳了宙斯的山羊的角，里面装满了各种新鲜水果。

捷、完全清醒的状态，此时我们的意识完全启动着。在其他时候，我们可能会陷入白日梦，任凭我们的头脑漫无目的地想着各种事情。高强度地全神贯注了一段时间之后，我们会寻求"不费脑"的活动，比如看电视，好让自己的意识得到休息。我们或许会将自己沉浸到半无意识的状态之中，比如泡个热水澡或者和心爱之人抱在一起。

死亡是我们回到无意识的大自然身边的最终方式，它是我们的原始母亲。为了说明这场回归的诱人特性，诺伊曼引用了 D. H. 劳伦斯[1]的诗歌《死亡之舟》[2]的片段：

> 小舟渐渐消失不见，好似露珠，
> 灵魂终于触及目标，悄然全然，
> 那是彻底湮没、绝对安宁之核，
> 那是生动夜晚中，寂静之子宫。

原始母亲最重要的象征是乌洛波罗斯——嘴里衔着尾巴的蛇。乌洛波罗斯描绘了无意识的大自然以一种循环的方式滋养自己的状态，它消耗自己来获取养料，再生产自己，经历着永恒不断的毁灭和再生。对原始母亲来说，生与死是一回事。死滋养着生，直到生变成死的那天。许许多多这样的循环都从自身出发又回到自身：日升日落、四季更迭、春种秋收、生生不息。古人向希腊神话里的月亮女神塞勒涅祈祷的一段话说明了月亮女神与乌洛波罗斯类似的本质："汝乃始与终，唯汝一己之力便可统御万物。一切的源头皆在汝，一切的尽头亦在汝。"

乌洛波罗斯的形象在众多文化中皆有出现。最早的形象可以追溯到公元前14世纪——图坦卡蒙法老的石棺外的其中一层金椁上刻有乌洛波罗斯的图案。（如图6）北欧神话中与乌洛波罗斯对应的蛇是牙齿衔尾、环绕

---

1. D. H. 劳伦斯（D. H. Lawrence, 1885—1930），英国作家，著有《查泰莱夫人的情人》《儿子与情人》等。
2. 该诗于劳伦斯去世后才得以发表，为其关于死亡的最有名的诗歌之一。

第一部分　无　意　识

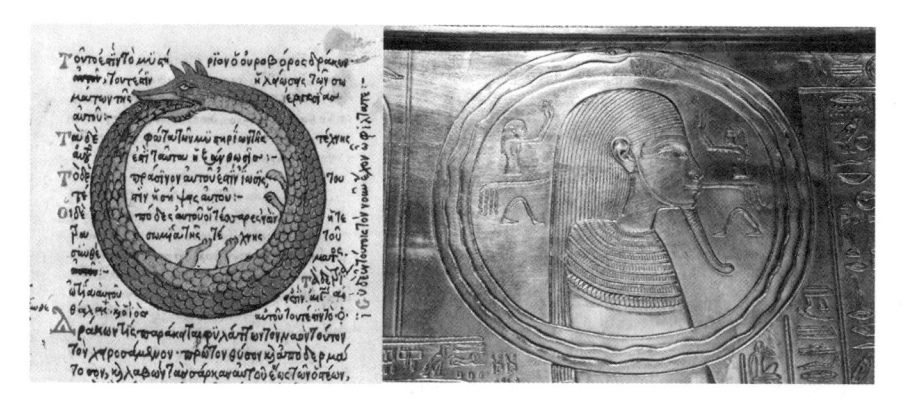

图6　左图：一份15世纪的炼金术手稿中绘制的乌洛波罗斯（1478）；右图：目前已知的最古老的乌洛波罗斯的形象，来自公元前14世纪，刻在图坦卡蒙法老的金樟上，此图为金樟复制品的一角

人世的巨蛇耶梦加得。在关于犹太教的神秘主义体系喀巴拉的《光辉之书》中，巨蛇利维坦被描绘成衔尾的状态。印度教的宗教艺术则将乌洛波罗斯描绘成托起大地的基底的组成部分。根据《瑜伽昆达里尼奥义书》，一条衔尾蛇蜷曲在我们身体的脊椎骨尾端，半睡半醒，象征着神的力量。乌洛波罗斯的分布十分广泛，它以象征形式出现在世界各地，贯穿古今，这表明乌洛波罗斯或许代表了人类心灵的根本面。

乌洛波罗斯反映了无意识的创造力。诺伊曼写道："灵魂的自我再生能力是人类的真正秘密和终极秘密……隐藏在无意识中的这些珍贵的形象、理念、价值和潜能通过各不相同的表现形式来到我们面前，让我们意识到它们的存在。"丰产的大自然母亲不仅在我们出生时赋予了我们肉身，还在我们的一生中始终伴随着我们，在我们的心灵深处永恒不断地修复着我们的生命力。

细看滋养

到目前为止，我们只是浅浅地探讨了一下母亲原型。世界上以母亲为主题的故事不计其数，每一则故事都说明了母亲原型的一个侧面。我们无法充分描述母亲这个概念在人类心灵中代表的意义，这个概念包容万象，我们难以分析。但是我们可以研究母亲原型中关于滋养的这个侧面，分析一下该侧面如何影响着人类头脑的工作方式，如何让我们拥有了圣灵体验。

婴儿会在出生后吮吸母亲的乳汁，从这一刻起，滋养就开始了。刚出生的人类婴儿无法独自生存，因此其与母亲的关系是关乎生死的。吮吸乳汁的行为具有象征意义上的重要性，这一点在神话中也有所反映。神话中的英雄和神有时由动物哺育并抚养，这象征着他们获取了野兽的力量，因此能够做出超人的行为（这正是接触律的一个实例）。传说中建立了罗马的罗慕路斯和勒莫斯由狼抚养。奥林匹亚的众神之王宙斯则由山羊哺育。有时地球本身也会被描绘为一位喂养孩子的母亲。炼金术著作《逃遁的阿塔兰忒》中有这样一幅插图：地球正在哺育一名婴儿，宙斯在她右侧，罗慕路斯和勒莫斯在她左侧。（如图7）

随着孩子渐渐长大，孩子与母亲的关系和母亲提供滋养的方式都在发生变化。母亲不再喂奶，她转而为孩子做饭。为某人做饭可以是饱含爱意的举动，尤其是在一位母亲做孩子最爱的那道菜时。孩子成年后回家探望母亲，吃上一盘童年最爱的菜肴，便得到了和往日时光的联结。这盘菜肴的味道和香气激起了孩子的回忆，由此产生的强大冲击有时甚至拥有圣灵特质。

在涉及食物的圣灵体验中，最著名的描写或许出自马塞尔·普鲁斯特的《追忆似水年华》。普鲁斯特成年后回到了小时候居住过的小镇，母亲给了他一杯茶，还有一块名为玛德琳的小蛋糕。这是他小时候一直很喜爱的一种蛋糕，它的味道使普鲁斯特心头升起了满满的喜悦和永生感，平常之

第一部分 无意识

图7 炼金术著作《逃遁的阿塔兰忒》(1617) 中的地球母亲

事渐渐隐去,永恒之感从无意识中升腾而出。那种不朽的本质势不可当,令他不知所措,他心中产生了超自然的着魔之感,不断喷发的永恒之感就此达到顶峰:

> 我将蛋糕一角放入杯中,蘸了蘸茶水。随后我舀起一勺茶,送到嘴边。混合着蛋糕碎屑的温热液体一接触到我的上腭,我浑身上下便有一股战栗的感觉通过。我停了下来,专注于身上正在发生的非凡之事。强烈的愉悦侵入了我的各个感官,这种感受孤

立而超然，不知是从哪里冒出来的。顷刻间，生活的无常不再与我有关，种种灾难无法给我带来伤害，生命的短暂成了一场虚幻——这种新的感受在我身上产生了爱能带来的那种影响，珍贵的本质将我填满。或许这种本质并非在我体内，这种本质就是我。现在我不再觉得自己平庸，不再觉得自己的存在是一场偶然，不再觉得自己注定有一死了。这份强烈的喜悦究竟是从哪里来的？

爱和照料是滋养原型积极的方面，但该原型也存在黑暗面，提醒我们早期人类不仅是捕食者还是猎物。害怕被吃掉是我们较大的恐惧之一。在中世纪以地狱为主题的绘画作品中，亡灵常常被描绘为正在被吞食、正在被吃掉的样子。我们会有"地狱之喉""吃人的疾病""被嫉妒吞噬"之类的表述[1]。毒药是滋养原型的黑暗面的另一种表现形式，在神话和童话中扮演了重要的角色。故事里的毒药常常藏在诱人的美食或美酒之中。这就提醒我们，光明面和黑暗面相互纠缠、难解难分。

宾夕法尼亚大学的研究人员做了个实验，他们通过激发毒药原型来演示它魔法般的效果。研究人员在这些志愿者面前拿出一袋全新未拆封的多米诺牌白砂糖，并在他们的注视下拆开了这个袋子，将里面的糖分别倒入两个瓶子，直到每个瓶子都大概满了三分之一为止。研究人员随即给每名志愿者发了两张有黏性的标签，其中一张标签上面写着"白砂糖"，另一张标签上则写着"氰化钠"。志愿者需要将两张标签分别贴到两个瓶子上。研究人员随后从其中一个瓶子中倒出一勺白色晶体放入有水的杯中，并且对另一个瓶子也进行了同样的操作。随后，他们将这两个杯子递到志愿者面前，问他们想要尝哪一杯。尽管这些志愿者亲眼看着同一袋糖被倒入两个

---

1. "地狱之喉"原文为 death's maw，maw 原指"咽喉"，引申为"吞噬一切的深渊"；"吃人的疾病"原文为 consuming disease，consume 有"吃或喝"之意，consuming 可表"强烈的"；"被嫉妒吞噬"原文为 eaten up with jealousy，eaten up 原义为"被吃掉"，引申为"深陷于"。三者可意译为"地狱深渊""严重的疾病""深陷于嫉妒"，为保留原文中的双关，故译为"地狱之喉""吃人的疾病""被嫉妒吞噬"。

第一部分　无　意　识

瓶子里,尽管这两个瓶子上的标签是他们亲自贴上去的,但是大部分志愿者依然不愿意碰那杯用"氰化钠"瓶里的白色晶体制作的液体。

研究人员将实验中的这一现象称作某种形式的交感巫术。志愿者将写着"氰化钠"的标签贴到装着白砂糖的瓶子上,这个举动使他们从心理上将白砂糖转化成了毒药——哪怕志愿者亲眼看到瓶内装入的不过是白砂糖而已。你可以自己试试,在装着水的瓶子上贴个"氰化钠"的标签,然后喝一口,看看自己会有什么样的感觉。有些人喝下这杯水的时候会感到毛骨悚然、不寒而栗。

我们越是接近母亲原型,这些感觉就越是神秘怪异。想象一下,你拿着一杯温热的婴儿配方奶,然后抿上一口,你会有什么感觉?你很可能会觉得不舒服,但这和你在上班时衣服沾上了污渍,你却暂时没办法处理所产生的不舒适感不一样。喝婴儿配方奶可能会让你产生一种阴森森的不舒适感。

什么是婴儿配方?奶粉、乳清蛋白、糖,再加上其他成分。蛋白奶昔和婴儿配方的许多成分完全一样,但喝蛋白奶昔并不会让我们产生阴森可怖的感觉。两者的区别就在于标签。将奶粉和乳清蛋白变成婴儿配方的步骤正是将糖变成氰化钠的步骤。婴儿配方比毒药更接近母亲原型,因此它给我们带来的情感冲击也就更为强烈。

正如母亲原型有无数侧面一样,作为母亲原型的侧面之一的滋养原型也有着数不清的侧面,我们根本不可能完全理解它的深度,就连给出个大致的理解也做不到。这就是原型的本质。原型构成了人性和人类体验的基础,还塑造了我们理解生活的方式,但我们却无法理解原型,因为它们庞大、有力且强效。

遗传学

原型的性质含糊不清，这就导致我们很难理解它，因此暂时换个方向会有所帮助。让我们试试从现代科学的视角来观察原型。具体来说，我们需要问一下自己：说真的，到底什么是原型？我们能将其握在手中吗？我们能将其放入唯物论模型来理解吗？

我在前文中将原型描绘成了某种形式的本能，那么通过询问"对非人类的动物来说，本能从哪里来？"这个问题，"到底什么是原型？"这个问题的答案也会逐渐明朗。非人类的动物的本能从何来呢？答案很清楚：它们的本能来自生物的细胞核内的DNA。大家可能还记得生物课上学过的知识，DNA是遗传密码，好比计算机编码中的0和1，或者字母表里的26个字母。DNA包含了四个名为碱基的"字母"，分别为胞嘧啶、鸟嘌呤、腺嘌呤和胸腺嘧啶，它们对应的缩写分别为C、G、A和T。

我们不难想象基因中包含构筑人的两只肺所需的信息，但赋予织布鸟筑巢技能的那项本能是如何由基因编码的呢？对我们来说，这个过程要更难想象一些。至于母亲原型那深不见底的深度，以及C、G、A和T这四种碱基如何通过编码来实现其深度，我们就更难想象了。

从某些方面来说，正是原型的非实体性质使得我们难以想象此种编码过程。我们对此拥有的最佳解释便是原型的浮现发生在脑细胞自行形成脑回路的过程中。尽管这个描述含糊不清，似乎什么都没解释，但是对同卵双胞胎的大量研究表明，我们可以通过遗传来继承父母的思维模式和行为模式。

同卵双胞胎有着相同的DNA。如果身为同卵双胞胎的两个人出生后在不同的家庭里被养大，我们便能确定地说，他们后来具备的相似性缘于先天的基因，而非后天的成长环境。两人若是有相同颜色的眼睛或头发，我们并不会感到惊讶。但你能想到他们会喝同一个牌子的啤酒，或者追求同

第一部分 无意识

样的事业吗？

在关于那些出生后就被分开的双胞胎的案例中，吉姆兄弟的案例相当引人注目。《国家地理》曾刊登过一篇文章来描述两人的经历：

> 吉姆·斯普林格和吉姆·刘易斯兄弟俩于1939年出生在美国俄亥俄州皮奎市。出生后，兄弟俩被送养，由不同的夫妇抚养长大。巧的是，两个人都被养父母取名为吉姆。1979年，四十岁的吉姆兄弟联系到了彼此。除了名字之外，他们还发现了一连串的相似点和巧合。两人的身高均为1.83米，体重均为82千克。在成长的过程中，两人都养过名为托伊的小狗，两人的家庭都在佛罗里达州的圣彼得海滩度过假。年轻时，两人都同名为琳达的女士结过婚，目前都已经离婚。他们的第二任妻子都叫贝蒂。他俩给儿子取的名字分别为詹姆斯·阿兰和詹姆斯·艾伦。此外，吉姆兄弟俩都兼任过治安官，都喜欢在家做些木工活，都有着严重的头疼毛病，都抽塞勒姆牌香烟，都喝米勒淡啤酒。尽管他俩的发型不一样，吉姆·斯普林格留着刘海，吉姆·刘易斯则把头发直直地往后梳，但他俩歪着嘴笑起来的样子简直一模一样，两人的声音也几乎没有区别。而且兄弟俩都承认他们会在家中的各个角落给妻子留下表达爱意的字条。

人们可能会想，这会不会是百万分之一的巧合？也许领养他们的家庭很相似？但是别的双胞胎身上也发生过类似的事。葆拉·伯恩斯坦和埃莉丝·沙因是在20世纪60年代至70年代间进行的一项秘密研究项目的其中一组对象。为了更好地理解基因和环境对人类发展分别有着什么样的贡献，该秘密研究项目将同卵双胞胎在婴儿期就分开，然后持续追踪双方的发展。葆拉和埃莉丝在三十五岁时重逢，她们发现彼此在阅读和音乐方面有着一致的偏好。两人在高中就读期间都担任过校报编辑，在大学期间都研究过电影，在毕业后都选择成为一名作家。如果C、G、A和T这四种碱基的编码可以决定某个人对音乐、啤酒和职业的选择，那么种种不可知的原型说不定同样可以做到这些事。

从生物学角度探索精神现象有一定的用处，但这种做法存在局限性。以"DNA 编码生成了脑活动的典型样式"的角度来理解原型的理论被称作还原论，因为这种理解方式将人类的体验简化成了分子之间的相互作用。这种方式剥除了主观成分，即这份体验给人的感觉。此种理解方式虽有其用途，但我们必须记住，正是主观感受决定了我们体验自身和世界的方式，也正是主观感受给我们做出的种种选择和生命中的定数带来了最为显著的影响。

当一名神经科学家描述流经大脑的电化学信号时，我们可能会忍不住打着哈欠说："这不算什么。"整个信号传输过程被简化成了微不足道的东西。然而，主观体验可以改变我们的人生。我们在陷入爱情之后有时会感到宛若新生，在信仰新的宗教后可能会放弃之前看重的一切，转而拥抱物质匮乏的生活，积极地为他人奉献和服务。体内充盈着勇气的士兵可能会毫不犹豫地冲上战场去拯救战友，对身边的机关枪发射的密密麻麻的子弹浑然不觉。发明家可能会被足以改变世界的灵感击中，艺术家可能会创作出美得令人惊叹的作品。圣灵体验会让人心醉神迷、陷入狂喜，还可能会改变人的一生。用脑回路的活动方式去解释圣灵体验，就好比对莫奈的《睡莲》进行颜色分布统计，并且将所得结果制成图表来解读作品之美。这么做很有意思，对某些情况的分析或许有用，但这种做法并不能让我们明白该画作为何能感动这么多人。

原型是人类共有的遗产，但其在不同个体身上会有不同的表达。原型构建了我们的思想，正如蓝图大致确定了建筑物的构造。蓝图中包含了人类对建筑物的构想，但建筑物的实际样貌则依赖于诸多因素，比如建筑工人的技艺和建造时使用的材料。原型的蓝图需要由每个人的具体经历来填充，于是每个人体验的原型独一无二。

遗传学使我们得以在唯物主义的模型内理解原型，但这个模型只提供了模糊的想法，用以解释大脑如何生成个人感受。想要更深层地理解原型，我们就需要不同的策略,一个可以将我们的视角从客观转向主观、从世俗转向超凡的策略。

象征表达了思绪无法触及之物

原型通常待在幕后,塑造着我们理解世界的方式,但它偶尔也会在喷发后登上意识的舞台。我们与原型的短暂相遇可能发生在梦里,也可能出现在圣灵体验之中。然而原型最为持久的喷发出现在艺术、文学和其他美学表达方式之中,这便是象征。

象征是桥梁,横跨意识世界和无意识世界之间的深渊。象征是感官可察觉之物,将我们与不可见的原型联结起来。象征可以是自然物,比如太阳、月亮和树。象征也可以是人造物,比如剑和盾。在前文中,我们提到过母亲原型的一些象征,比如地球、海洋以及杯碗等容器。

为了更好地理解象征,我们可以先将其同语言学里提及的符号做个对比。象征和符号截然不同。符号是通信单元,承载着明确的一对一的联系,将某个有形之物同表示这个有形之物的符号相连。举例来说,字母o、r、a、n、g、e 排在一起后的组合被用于表示橙子(orange)这种水果。当你读到 orange 的时候,你完全清楚这个词指代的含义,不会理解得过多或过少。表示麦当劳连锁餐厅的金拱门标志也是如此。看到金拱门标志时,你就能知道它的确切意思。符号通过其表示的对象来获得自身的意义,且这个对象是人们了解的事物。相反,象征通过原型来获得其意义,而人们并不了解原型。象征的意义和原型一样,因体量过大而无法被自我领悟。象征表达了思绪无法触及之物。(如图 8)

089

躁动的无意识

卡尔·古斯塔夫·荣格写下了关于"象征如何将意识和原型联结起来"的大量内容。发现病人的梦境中有象征出现之后,荣格开始研究象征在心理学中扮演的角色。那些通常出现在神话和艺术中的象征竟然出现在对这些领域毫不熟悉的病人的梦境中,这让荣格十分惊讶。荣格对此给出了结论:在梦境、幻象和深陷于宗教的狂热状态中,象征会自然而然地出现。荣格还进一步指出,我们可以在史前人类的遗迹中找到可识别的象征。这意味着象征和人类这个物种的历史一样悠久,也暗示着形成象征是人类的一项重要生物机能。

正如我在前文中提到过的那样,关于原型的体验会受到个体心理因素

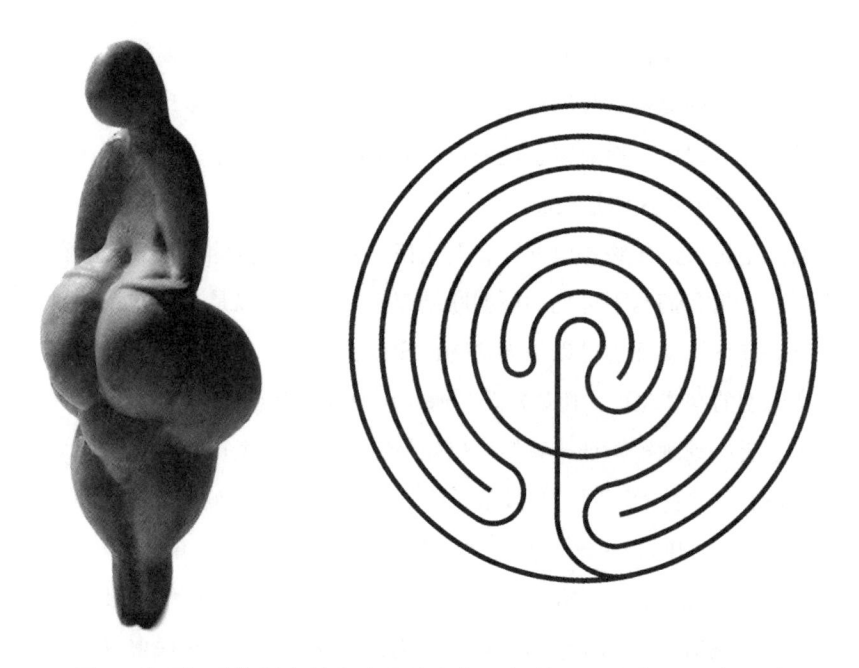

图8 左图:"莱斯皮格[1]的维纳斯"的复制品,这座小雕像有着两万五千年的历史,被认为象征着生育力;右图:塔普亚特,霍皮族[2]的象征,标志着母亲、孩子、脐带及生命的不同时期

---

1. 法国上加龙省的一个市镇。——编者注
2. 美国联邦政府承认的一个美洲原住民部落。

的影响。这就使得每一份关于原型的体验都是独一无二的。不同个体会有不同的关于原型的体验，相同个体在生命的不同时期也会有不同的关于原型的体验。对象征来说也是如此。尽管某个象征的主题是普遍的，但其具体意义对每一个人来说都不相同，在不同的时期，其意义也会发生变化。"这个象征的意义是什么？"我们无法给出答案，因为象征不具备固定的意义。我们必须在每一次与该象征的邂逅中自行去发现它的意义。这是符号和象征之间的另一处区别。在任意时间，在任意的人面前，符号的意义都是一样的，不会发生变化。任何熟悉金拱门标志的人都知道这个符号指的是麦当劳，其意义对不同的人没有变化。

在详细研究某个具体的象征之后，我们会更加清楚象征与原型之间的联系。结婚戒指象征着"终身相伴"这个原型。除了人类之外，某些动物也具有寻找唯一的终身伴侣的本能，比如天鹅和草原田鼠。人类当然会做出对伴侣不忠或离婚的行为，但其他奉行单配偶原则的动物有时也会抛弃伴侣，或者做出多配偶的行径。当原型从蓝图中来到现实中时，某种程度的退化便发生了，而象征却反映了原型的纯粹形态。我们无法说出结婚戒指的具体意义，正如我们无法说出任何一个象征的意义，但我们可以研究结婚戒指引起的某些联想，它们体现了"终身相伴"的原型。

结婚戒指通常由金子制成。同其他金属不一样，金子不会生锈，因此成了永恒不变的象征。此外，金子还能让我们联想到王室，而婚姻象征性地将新娘和新郎转变成了王后和国王。他们变成了家庭这个小王国里的两名统治者。信仰希腊正教的人们在结婚时会举办"加冕仪式"，牧师会在仪式中给两位新人戴上结婚王冠。在另外的传统中，人们有时会用新娘头饰来取代王冠。（如图9）

结婚戒指是圆环状的。这是永恒的另一个象征，因为圆就像乌洛波罗斯一样，既没有起点也没有终点。此外，圆还象征着神秘主义的超越，因为圆有无数的边，体现了完美和统一。

圆环可以将一块明确的空间包围起来，为其设置边界。这块地方可能是神圣之地，可能是安全之所，可能是只允许某些人合法进入的空间，还

图9 左图：信仰希腊正教的新郎和新娘在婚礼上头戴结婚王冠；右图：王冠状的新娘头饰

可能是像仙女环[1]那样不断变化的区域。但圆环也可以被用来清晰地标明具有冲突和危险的场所，比如拳击场地，比如圈套陷阱。结婚戒指不仅象征着两个人之间的关联，也像枷锁一样禁锢着佩戴者，宣告着佩戴者已经退出婚恋市场的事实。

我们需要记住的是，虽然在这些联想的帮助下，我们得以将结婚戒指的象征置入具体的环境和背景之中，但是这些联想并未告诉我们结婚戒指的意义是什么。要是我们能够精确地理解该象征的含义，它就不再是一个象征，而是变成了符号。我们无法有意识地领会象征的意义，而这一点正是象征的本质。

虽说结婚戒指可以引起上文中的这些联想，但对大部分人来说，结婚戒指仍然具备象征力量和圣灵特质。结婚戒指具备的情感属性，用言语怎样都不足以形容，而佩戴或不佩戴结婚戒指的感觉远远超越了金属与皮肤接触带来的感觉。弄丢了结婚戒指堪比某种灾难，算得上关于这段婚姻的一个坏兆头。如果一方弄丢了手上的戒指，双方心中都会泛起强烈的情感。

因此，结婚戒指既是符号，又是象征。我们可以用言语来描述它的一

---

1. 仙女环（fairy ring），又叫蘑菇圈，是位于多草区域的菌环。根据民间传说，这种蘑菇圈是由仙女跳舞形成的，故而得名。

部分意义，这部分的结婚戒指属于符号；它的其他意义我们无法言说，此时结婚戒指又成了象征。一个纯粹的象征是我们根本无法用语言来描述的，因为其意义与言语无关。倘若我们邂逅了纯粹的象征，走近它所象征的原型，我们的心中将会泛起无言的惊叹，灵魂的最深处也由此被触及。对不同的人来说，能成为象征的事物各不相同，但日落对许多人来说都是象征。想象一下，你的眼前出现了你所看过的最引人入胜的日落场景，此时你的心中会升起某种感觉，它会让你大概明白象征是如何起作用的。有时候，就算此时此刻的感受源于你的心灵深处，你还是会觉得自己好似正在看向另一个世界。

虽然象征的意义含糊不清，但与原型相比，它拥有更可能被自我觉察到的优势。象征创建了前往无意识的通道，使得原型的能量得以上涌，来到自我所处的位置。（如图10）在杂乱滥交的本能与相伴一生的本能相互竞争时，结婚戒指能让人更容易对抗前者、遵从后者。像国旗这样的爱国主义的象征能够赋予普通人以勇气，令其成为勇敢作战的士兵。象征是能量的变压器。通过象征，自我有机会获取储存在无意识里的能量。

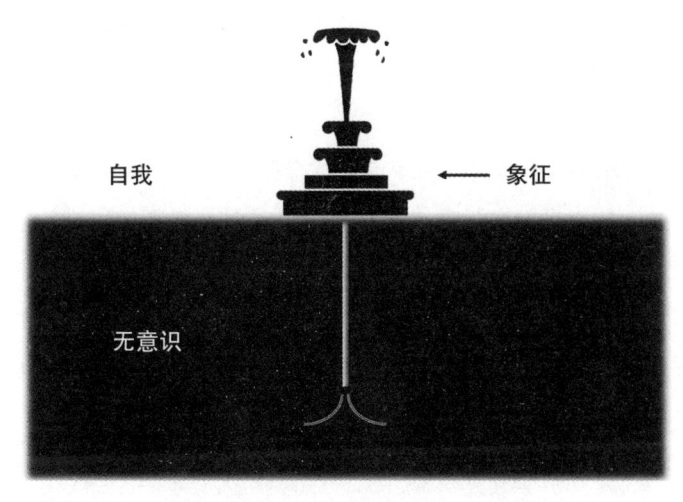

图10　象征是通往无意识的纽带

躁动的无意识

被无意识淹没

我们的自我若是吸收了来自无意识的材料，哪怕只吸收了一丁点，我们也能够收获更多的能量和激情，工作能力也会得到提升。我们若能将无意识完全合并到自我之中，两者的结合便会产生完整的个人。完整的个人将头脑中的方方面面尽数吸纳，荣格称其为"自性"。这是一个野心勃勃的目标，我们最好将其看作一种抱负或指导，而不是某种实际能做到的事情。话虽如此，在荣格看来，个人成长最为突出的特征便是头脑中的自我和无意识这两个部分的不断融合。他认为无意识中有一项特别的本能，它驱使着我们将自我和无意识合为一体。荣格将该本能命名为"超越功能"，因为它超越了将自我和无意识分割开来的界限。

来自瑞士的荣格学派的心理学家玛丽-路易丝·冯·弗朗兹[1]写道："当自我和无意识学会认识彼此、尊重彼此并帮助彼此时，一个人就会变得完整、统一、安定、快乐、活力十足。"虽然这种状态是值得我们追求的目标，但我们需要明白，通往该目标的路途上潜伏着种种危险。正如自我可能会扮演暴君，拒绝承认无意识这个角色那样，体量庞大的无意识或许会将意识淹没。（如图 11）荣格曾经写道："这就好比某人本来打算挖个自流井，却一不小心发现了一座火山。"

有一种精神疾病叫作"佛罗伦萨综合征"。到访这座意大利城市的人们被城内的无数举世闻名的艺术杰作淹没，顿时变得不知所措。这些作品中饱含着原型的象征。面对因头晕目眩和迷失方向而前来就医的游客时，当地的医护人员早就习以为常。"耶路撒冷综合征"也是一种类似的疾病，不过这种疾病更为严重。有些游客来到耶路撒冷后会患上以宗教为主题的精

---

1. 玛丽-路易丝·冯·弗朗兹（Marie-Louise von Franz, 1915—1998），因其对童话故事和炼金术手稿的心理学阐释而著名。

第一部分　无　意　识

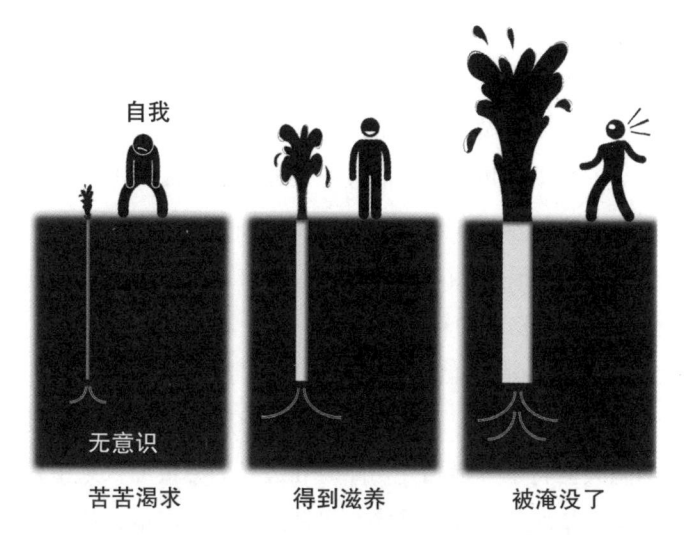

自我

无意识

苦苦渴求　　　得到滋养　　　被淹没了

图11　自我和无意识需要融合得恰到好处，这一点很重要
若融合过少，自我便会因为缺乏获取本能的内驱力的渠道而变得虚弱；若融合过多，自我便会在无意识的猛烈攻势下茫然无措，无力应对

神疾病，等他们离开这座城市之后，这种疾病往往就会自行消失。

在神话传说和其他故事里，被无意识的冲击影响神志的情况有时会通过象征手法得到表达。主人公或沉入海底，或被洪水冲走，或被囚于地牢之中。在现实生活中，人们若是被自己的无意识淹没，便可能进入长时间的如梦似幻的状态。他们会表现得心不在焉，似乎活在独属于自己的现实之中。让我们来看一个案例：某个二十多岁的年轻人被"不合时宜的白日梦"所困扰，只得去找医生寻求治疗。这位年轻人无法控制自己的幻想，不管现实生活中他正在做什么，他的幻想总是随时随地自行展开。在这些白日梦的影响下，他几乎没有办法维持社会关系，因为不管在什么时候，不管他跟谁在一起，他的思绪都可能会溜达到别处。有一次他去挪威旅行，前往某处峡湾探险，一路攀爬到了悬崖边。当他紧贴在悬崖边，被难以描述的壮美景象包围的时候，他却完全看不到眼前的一切，因为他的思绪又走远了，他又被困在了白日梦之中。当时的他在幻想中成了一名摇滚巨星，正在舞台上激情演出。

一个人若是被无意识淹没,他就可能会受到本能的过量影响,失去在有意识的深思熟虑之后做出选择的能力,甚至还会失去一部分人性,因为此时的他已与本性中动物的那一面过于接近。他可能会不由自主地产生愤怒的情绪和暴力的行为,可能会深陷在关于色欲和贪念的想法中无法自拔,还可能会被权力欲冲昏头脑。在神话传说和童话故事中,角色会变形为动物,用以象征这种人格上的转变。

被无意识淹没还可能会让人觉得自己成了超人,就好似被神灵附体了一样。在狂怒之火燃起后,被其支配的人会感到自己既强于人类又弱于人类。强烈的怒火会将某种横扫一切障碍和边界的力量灌入某个人体内,若是他完全听凭激情驱使,随意践踏并尽情践踏社会习俗,他就能获得强烈的愉悦感。然而,尽管他会觉得自己宛如天神,但他知道自己并非像人类那样在理性思考,而是在跟随本能行事,做出动物般的行为。兽性和神性在无意识的内部结合到了一起。在希腊神话中,半羊半神的萨堤尔便是此种结合的象征。

无意识强大而危险。我们不应当对其视而不见,但我们也不应当不加辨别地全盘接受,任其摆布。我们应当追求的是找到平衡,以一种不会淹没意识的方式将无意识的内含之物带到意识之中。成为一个完整的人或许是我们在一生中做过的最重要的事。要是你觉得这件事做起来很容易,没什么危险,那你就太天真了。正如弗朗兹所言:"哪里有珍珠,哪里就有怪物盘踞其上;哪里有金银财宝,哪里就有毒蛇将其围绕;哪里有生命之水,哪里就有雄狮警戒在旁。不冒风险,不用将自己置于变得贪婪、跌入黑暗、走向性格阴暗面的危险境地,就能轻松地形成自性,轻而易举地找到生命的意义,这样的事绝不可能发生。"

第一部分　无　意　识

个性化

如果你可以坦然地面对无意识的本能力量，不被其淹没，你就有机会将该力量与自我融合，逐渐形成自性，成为你理应成为的那个人。这种融合过程是令一个人成为独特个体的过程，因此荣格称之为"个性化"。在经历本能力量和自我的相融时，你会越来越不同于随大流的人群，变得越来越像你自己。

随大流的这群人在行事和思考方面都很相似。人失去个性的方式之一便是过分地忠于集体意识。集体意识由某个群体内的所有人有意识地共享的价值观、态度和看法组成。青少年组织的粉丝俱乐部便是其中的一个无害的例子，大家在俱乐部里穿得一致、谈吐相似、观点雷同。身处这样的一个同质群体之中会让人感到安全，在青春期有这样的需求是很普遍的，因为青少年在这个时期正经历着令人感到害怕的生理变化和心理变化，于是情感上的安全就显得难能可贵了。

然而，集体意识并非总是无害的。极权主义政权便是其中的一个黑暗的例子。当局传达的观点和信仰被群众不加批评地接受，广大群众有意识地保持着一致而趋同的态度，他们的精神、直觉和梦想全都被抑制了。人性的这些表现形式会扰乱秩序，因此它们是国家的敌人。

1963年，获得纽伯瑞奖的儿童文学作家马德琳·英格在发表获奖感言时，对丧失个性的危险提出了警告。她说："有一种力量正致力于以人类历史中前所未有的方式来规范这个世界，致力于对所有人进行管制。我更愿意这么表达：有一种力量正在把我们做成松糕，它运用统一的、标准的松糕模具，将每个人做成一模一样的松糕。"

差异化的缺乏还可能来自相反的方向，来自集体无意识。纯粹的本能都是相似的，倘若我们的行为完全由本能引导，我们便会返回动物本性。为了阐明无意识的本能如何淹没了我们的心灵、冲掉了我们的个性，荣格以古代的狄俄尼索斯式的纵欲狂欢为例。狄俄尼索斯是希腊神话里的酒神、繁殖之神和宗教狂热之神。在狄俄尼索斯节期间,崇拜者会表演仪式性的舞蹈,喝得酩酊大醉,献祭牲畜,并参与性爱混战。荣格声称处在这种状态下的人"除了纯粹的自然力之外什么都不是,他们是脱了缰绳的野马,是奔腾的湍流"。他这样写道:"在狄俄尼索斯节,希腊人被……剥夺了个性,他们的个体被拆解了,变成了集体的组件,与集体无意识达成了统一(这是因为每个人都放弃了自己原本的目标),与族群守护神或者说自然本身合为一体。"尽管他们失去了个性(也可能恰恰因为他们失去了个性),狄俄尼索斯式的纵欲狂欢相当受希腊人欢迎。人类的处境往往艰难,焦虑和犹疑常在。在此种境遇下,抓住机会沉沦,退回人类的天性,拥抱简单的生活,自然就充满了诱惑力。

唯有自我和无意识的结合才能够让我们拥有个性。在极权主义政权下,若是一名好公民在直觉的帮助下突然感到自己过去被告知的一切并不正确,或者想到了某个可能带来根本性变革的新想法,那么这名公民便变成了有个性的人。反之,如果酒神狄俄尼索斯的某位信徒在某次纵欲狂欢的仪式上开始理性思考,那么这位信徒立刻就从狂乱的人群中凸显了出来。

理性自我和动物本能的混合交织并不总是令人舒适的。纵观历史,众多哲学家都评论过人性的这种双重特性。我们是头脑和身体的结合,是灵魂和肉体的结合,是理性和本能的结合。在许多文学作品中,前者是好的,后者是坏的。智力脱离躯体存在的幻想相当常见。在美国作家库尔特·冯内古特[1]名为《灵魂出窍》的短篇小说中,一群人发现了脱离肉身的方式,过上了无形体的、纯意识的理想化生活。故事里最先发明了灵魂出窍技术的埃利斯·柯尼希瓦塞尔博士表示:"头脑是人类身上唯一有价值的东西。为什么我们非得让这个唯一有价值之物和包括皮肤、血液、毛发、肌肉、

---

1. 库尔特·冯内古特(Kurt Vonnegut,1922—2007),美国作家,作品包括《猫的摇篮》和《五号屠场》等。

第一部分 无 意 识

骨头等部分在内的皮囊捆绑在一起?"我们很容易就会产生蔑视自身的动物性的冲动,但这样的冲动是不对的。唯有接受自身动物性的这一面,并且使之成为同盟,我们才能够成为自己。

无意识是自我的平衡力。梦是无意识与自我交流的常见方式之一。弗朗兹谈道:"梦能够治愈、弥补、证实、批判或完善个体在有意识时表现出来的态度。"无意识带来了平衡感,这是一种健康的作用,但接受无意识带来的平衡感也可能会令人心生恐惧,因为这样一来自我就必须去面对陌生的观点和看法。和平主义者也许会梦到进攻的场景,战士则可能梦到投降的画面。这并不意味着人们必须成为自己的反面,但人们确实需要同自身的对立面和解,在想要进攻或投降的时刻,坚定地做出符合本心的选择。

自我和无意识这组互补的对立面之间存在的冲突和张力构成了另一个重要原型的基础。这个原型便是"冤家兄弟",即关系密切但互持敌意的两个人。古埃及神话里的塞特和奥西里斯兄弟俩[1]便是该原型在古代的例子。

到了现代,人们一眼就能认出伙伴电影中冤家兄弟的形象。《致命武器》《黑衣人》《辣手警花》都是典型的伙伴电影。在电影的开头,两位主角往往彼此憎恨,然而到了电影的中段,两个人便会意识到只有彼此协作才能达成自己的目标。到了电影的尾声,两人均已对彼此产生了浓烈的喜爱之情。许多浪漫喜剧的情节也与之类似。两位主人公一开始并不喜欢对方,随着剧情的推进,他们渐渐爱上了彼此,最终通过性爱或婚姻结合在一起。这一过程便是个性化的象征。

在人生中,我们的目标是成为真正的自己,形成自性。有时候,这意味着我们需要付出辛苦的劳动,同那些不可避免地挡在前进道路上的障碍搏斗。但有些时候,我们只需要抬起头,"在绝对的静谧中,望向星辰"。如果我们能听见无意识诉说的言语,我们就有机会拿出无意识的一小块,将其并入自我之中。如果我们能够找到某种方式来接纳隐藏在内

---

1. 奥西里斯是古埃及神话中的植物神、尼罗河水神,亦为阴间判官,为其弟塞特杀害。

心深处的力量，那么我们能够实现的目标将远超仅靠自我所能实现的目标。我们的内部存在着不曾被好好探索的深处，那里有着数不清的财富。

为了探索这些深处，我们必须进入非理性的领域。无意识思考的方式不一样，使用的语言也不一样。多年前，想要成为医生的人们在进入医学院之前必须先学习拉丁语。在学习使用医疗器械之前，他们必须先掌握医学的语言。个性化亦是如此。倘若我们想要在个性化的这条路上取得进展，倘若我们想学会使用必要的工具的方法，从而成为那个我们理应成为的完整的人，我们就必须学会一套新的语言。

学习新的语言不仅仅意味着词与词之间的简单替换。有的词很难被翻译。举例来说，拉丁语可以表达出来的某些内容会在被翻译为另外一门语言后丧失其完整的意思，因为每一门语言都包含着其理解世界的特定方式。和西方的语言相比，许多东方的语言具有更多对说话一方和聆听一方之间关系的微妙表达，还具有不同级别的礼节规范，即不同的词、前缀和动词词形变化，以此反映交谈对象不同的身份地位。在很多情况下，西方语言无法精确描述这些隐藏在不同级别的礼节规范之下的关系。无意识的语言也是如此。给出一长串释义并不能起到多大的效果，我们必须将自己沉浸到特定的文化之中。

学习无意识的语言意味着我们需要去熟悉魔法的传统。魔法故事在逻辑上往往讲不通，因为这些故事是通过象征和隐喻来传递想法的。魔法故事从来没有单一的意义，而是暗含着多种意义。因此，关于隐喻和象征的语言无法独自存在，它们必须经历每位倾听者的具体阐释。理性的交流往往传递着含义单一的信息。如果某人说"我的房子和我上班的地方大概相距3千米"，那么所有人对这句话所传递的信息都能拥有一致的理解。然而，听到故事里的两个孩子发现糖果屋时，我们就不太清楚作者究竟想传达怎样的信息了。每一个人对此都能给出属于自己的独特阐释。当我们越来越擅长阐释这类信息时，我们的无意识世界就会开始显露了。

开始探索无意识的词汇时，我们应该先从表面着手，观察无意识中最靠近敞亮的意识区域的部分。在那里，我们会发现阴影，它是一只黑暗的野兽，守卫着通往无意识的深层部分的入口。聚焦于个人对阴影的体验，我们便能较为容易地开始熟悉心理学方面的"暗物质"的基本特征。在望向魔法传统中的暗处之前，让我们先来看看存在于自身内部的黑暗。

阴影

我的手里握着一面镜子，镜中出现了另一张脸……我在梦里感觉到这是一张邪恶的脸庞，只要我直视其双眼，将其吓退，我便可以顺利地将其摆脱。我感觉自己几乎就要摆脱它了，但突然间我分心了片刻，这张脸庞随即烟消云散，然后我看到了自己的脸。

——比尔，《另一张脸》，来自国际梦境档案网，2013 年

第一部分　无意识

一项实验

在耶鲁大学里的一处位于地下的实验室中，两名参与研究的志愿者被领入了一间房间。随后，其中一人被绑到了电椅上。负责这项实验的科学家向两人说明，被绑在电椅上的这名志愿者是"学习者"，他的任务是记住一长串单词，将他绑住则是为了避免他中途逃跑。另一名志愿者是"教学者"，他的任务是将这些单词读出来，并且在每次"学习者"出错的时候实施一次电击。学习者每错一次，电击强度就会增加15伏，直到达到最大值450伏，而这是足以置人于死地的强度。科学家会让"教学者"亲自经受一次电击。强度虽然不大，但是足以让他知道接下来他将要在他人身上施加的痛苦是何种滋味。然后"教学者"会被带到另一个房间，在那里，他能听见"学习者"的声音，但无法看到对方。实验就此开始。

"学习者"开始一次次犯错，电击强度不断增加，痛苦的喊叫声响彻整个房间。到了第十次电击时，这名"学习者"开始苦苦哀求，希望"教学者"能放了他。但是"教学者"在科学家的鼓励下继续施加电击。电击强度一次大过一次，在"学习者"施加了最后一次电击后，隔壁的房间里再也没有传来声音。一片死寂。

这项实验发生于1961年，三个月前，纳粹战犯阿道夫·艾希曼接受了审判。当时，心理学家斯坦利·米尔格拉姆[1]正在研究邪恶的本质。确切地

---

1. 斯坦利·米尔格拉姆（Stanley Milgram, 1933—1984），美国社会心理学家，因其充满争议的服从性实验而著名，被认为是社会心理学史上最为重要的研究人员之一。

说，他想知道自己可以在多大程度上诱使普通人做出残酷的行为。实验的设定是假的。"学习者"是科学家请来的演员，电击也是假的。大部分参加研究的志愿者都摸清了其中的猫腻，但也有一些人没发现问题。在这些相信自己真的在伤害"学习者"的志愿者中，大约有三分之一的人没有停手，他们一路施加电击，直到电击强度达到最大值。这个比例比科学家预计的要高得多。科学家低估了普通人作恶的能力。

大部分人不仅低估了他人作恶的能力，也低估了自己作恶的能力。专门研究犯罪型精神错乱的专家罗伯特·西蒙将自己所写的书命名为《坏人作恶，好人做梦》。好人和坏人往往有着同样的冲动和念头，区别在于有些人选择将这些冲动付诸实践，而另一些人会努力对抗它们。

我们拥有向他人施加痛苦的欲望，诸如此类的原始冲动令人惊恐。有时候，这种欲望过于惊悚，超过了我们可以接受的范围。在这种时候，我们就会把这些无法接受的欲望放逐到无意识之中。它们由此隐藏起来，不再被人看到，但它们会一直伺机而动，随时可能闯出来。有时候，它们会让我们震惊不已。荣格将自性中的这些不被接受的部分称为"阴影"。

压抑

阴影是无意识的，所以我们看不到自己的阴影。然而，在他人身上看到阴影并不困难。当我们看到他人身上的阴影时，我们往往会惊讶于对方竟然一点都看不到。大部分人都认识这样的一类人，他们小气且度量狭窄，把身边的人搞得痛苦不堪。可与此同时，他们却绝对相信自己的道德优越性，认为自己很高尚。

第一部分　无　意　识

　　将自己无法接受的想法强行赶到意识之外的过程被称作"压抑"。我在前文中谈到过压抑这个概念。当时我提到某项研究的志愿者被告知不要去想性这件事，在此之后，虽然他们尽了最大的努力，但关于性的想法还是一次又一次地浮现在了他们的脑海之中。研究人员在那项实验中要求志愿者有意识地不去想那个令人不安的主题。除了有意识的压抑，人们也会在自己毫无意识的情况下压抑内心的一些想法。不管是有意识的压抑还是无意识的压抑，结果都是一样的：被压抑的冲动会以我们无法控制的方式突如其来地冒出来。

　　阴影扬起头的时候，我们可能会感到尴尬。你是否曾不假思索地说过一些刚说出口就让你后悔的话？你可能会问自己："这句话是从哪里来的？我怎么会说出这么不体贴的话？"你是否曾经意外弄坏了什么东西，却被人指责说你是故意这样做的？举例来说，有对夫妻正处于关系的动荡期。一天，妻子将车从车库开出来的时候，撞到了丈夫新买的跑车。妻子发誓这不过是个意外，但丈夫很生气，表示妻子前一天刚刚批评了他，说他买这辆车属于挥霍行为。

　　当事物令我们不适的时候，我们更有可能将其忘掉（这便是压抑在发挥作用）。当大脑中的某些部分产生了自我无法接受的想法时，冲突便产生了，这会让人进入不适的状态，而这种状态是必须被消除的。最容易的办法就是假装什么都没有发生，不去承认这种让人无法接受的想法曾经来过。相关的记忆就这样被刷洗掉了。

　　波恩大学的研究人员做了实验，将记忆被刷洗掉的这个过程展示了出来。研究人员通过一些手段使志愿者经历内心冲突，这时参加研究的志愿者便会难以记住自己在实验中做出了怎样的回应。研究人员在屏幕上展示出各种句子，然后要求志愿者说出他们脑海中首先冒出来的三个词。这算是一种自由联想。有些句子是无倾向的，比如"有时候我的情绪会受到天气的影响"。有些句子是负面的，但其中没有冲突，比如"如果我在赶赴重要约会时碰到堵车的情况，我就会感到恼火"。有些句子包含了冲突，比如"我只有在他人照顾我的时候才会感觉良好"，这个说法意图向志愿者展示一种情感方面的难题，即如何平衡想要被照顾的欲望和想要自给自足的渴望。研究人员一共向志愿者展示了二十四个句子，其中六句是没有倾向的，六句是负面的，十二句是有冲突的。完成了上述的实验之后，研究人员突然提出要给这些志愿者做一个回忆测验。研究人员再一次给志愿者看了刚才的那些句子，并且要求志愿者重复他们刚刚对句子进行自由联想时说过的词。

对无倾向的句子和负面的句子来说，回忆测验的结果几乎完全一致：志愿者在自由联想时说过的词被他们忘了大约45%。然而，当志愿者再次看到那些包含冲突信息的句子时，测验的结果发生了变化：他们忘掉的词达到了65%。此外，研究人员还在志愿者进行自由联想时测量了他们的皮肤电导水平。你可能会认为，比起想到被人照顾，志愿者肯定会在想到堵车时感觉更有压力。然而研究人员得到的结果并非如此。和看到包含负面信息的句子时的反应相比，志愿者在看到包含冲突信息的句子时会出更多的汗，说出自由联想时说过的词所花的时间也更久。他们的大脑里发生了某些事情，拖慢了他们回答的速度。研究人员认为，正是压抑这一过程耽误了志愿者，影响了他们回应的速度。用荣格的话来说就是，在压抑发挥作用时，志愿者感受到的冲突被推向了无意识，紧接着融入了阴影之中。

孪生恶魔

阴影位于被荣格称为"个体无意识"的区域。比起全体共享的原型，这是无意识中更靠近意识的区域。（如图12）阴影之所以更靠近意识，是因

第一部分　无　意　识

为阴影中包含的内容曾经在意识中出现过，只是后来遭到了压抑。有些我们以为自己已经忘了的回忆也位于个体无意识的区域。这些童年回忆和阴影一样，会在我们最意想不到的时候涌入意识之中。

当我们进入头脑中无意识的区域开启探索时，阴影是我们最先接近的区域。阴影就像是守门人，其后是原型所在的更为深层的无意识区域。想要进入原型所在的区域，我们就得先过了阴影这一关。更为确切地说，我们需要先将阴影并入我们的意识之中，接受阴影是自身的一部分，与之联合并获得掌控它的能力。跟原型一样，阴影也可能会支配我们，使我们做出不像我们自己的行为，让我们对此感到厌恶。但阴影就像神话中的神灵和魔鬼，可以赋予我们特别的力量，令我们变得强大、擅长忍耐、充满能量。学会运用阴影，对我们的成长来说必不可少。

意识

个体无意识　　　　　　　　　阴影

集体无意识

图12　阴影位于个体无意识的区域，其内容曾在意识中出现过，这与原型形成了对照。原型是人类的集体遗产

一个表面正常的人，内心却隐藏着邪恶的阴影，这是很常见的神话般的主题。罗伯特·路易斯·斯蒂文森[1]所著的《化身博士》便讲述了这样的一个故事。亨利·杰基尔博士是受人尊敬的医生，在世人眼中，他作风正派、乐善好施。但杰基尔博士还有轻佻且热衷于寻欢作乐的一面，只是他把这一面藏了起来。然而，他觉得这种行为有违诚实，为了卸下这份负担，

---

1. 罗伯特·路易斯·斯蒂文森（Robert Louis Stevenson, 1850—1894），英国小说家、诗人，其主要作品有《金银岛》《绑架》《化身博士》等。

杰基尔博士调制了一种药剂,将自己的灵魂一分为二,一半是好的部分,一半是坏的部分。坏的那一半灵魂催生了杰基尔的另一个自我,即凶残无比的爱德华·海德。

在当代文化中,孪生恶魔的主题十分普遍。(如图 13)举例来说,我们可以在肥皂剧和 DC 漫画里的比扎罗世界[1]中看到该主题的身影。有时候,这一主题甚至已经变成了某种笑话。但无论如何,这个主题能这么受欢迎,还是说明其在人类灵魂的内部引发了阵阵回响。

理解阴影的好办法之一就是观察自己身上的阴影。找到阴影存在的证据并不难。就拿施虐快感来举例吧,问问你自己,目睹他人遭受折磨的时候,你能获得多大程度的愉悦感?你可能会想,答案为"零"——你看到他人受苦完全不会感到开心。但如果你跟大部分人一样的话,那么这个答案根本就不成立。施虐快感很普遍,我们经常会尽情享受这种快感。

举例来说,动作片的结尾处经常会有反派失败的情节出现。但仅仅让反派死掉或将其送进监狱是不够的,为了给观众带来满足感,反派必须经历折磨。他的超级武器要被炸毁,他坚不可摧的领地要被夷为平地。在惨死的过程中,反派还要眼睁睁地看着自己一生的努力、自己的期望和梦想全部被碾碎——这些情节会给我们带来愉悦感。

对漫威影业出品的《铁拳侠》的一段描述说出了这类作品的典型特征:"铁拳侠的那些不共戴天的仇敌控制了他的生意,夺走了他的城市。他们以为他死了。他们很快就会大失所望。"铁拳侠的仇敌或许会感到失望,但观众可马上要激动坏了,主人公马上就要给这些仇敌带来他们应得的惩罚——起码要把他们暴揍一顿。

有些很受欢迎的儿童动画片里几乎全是施虐幻想,比如《猫和老鼠》。最极致的例子是《威利狼与哔哔鸟》,这部系列动画片没有任何重要的故事情节,只是不断地重复着施虐仪式,一次次让威利狼经受折磨。尽管这部

---

1. DC 漫画中的超级反派比扎罗的居住地。比扎罗作为超人的"镜像"被创造,一言一行与超人完全相反。

第一部分　无　意　识

图 13　有时阴影会被描绘为孪生恶魔
上图：派拉蒙影业在 1931 年出品的《化身博士》的海报；下图：《星际迷航》里的斯波克先生

动画片的内容比较单一，但哪怕是大人也会看得很开心。

看到他人受折磨会觉得爽，这种心情并不仅仅在我们观赏虚构作品的时候才会出现。若是我们在现实生活中产生了这种心情，我们会说这是 schadenfreude（德语，意为"幸灾乐祸"）。我们最有可能在什么时候感到幸灾乐祸呢？在某个道德败坏的人受到惩罚的时候。让我们产生施虐快感的对象是一个罪有应得的人，这一点十分重要。这样一来，平日里由意识设立的那道不准拥有施虐快感的禁令就获准解除了。我们得以两全其美。一

109

方面，我们满足了自己的施虐欲望；另一方面，我们能够继续觉得自己是正派人士，觉得自己站在了正义的这一方。

设立禁令非常有必要，因为我们的施虐欲很容易失控。古罗马时期的民众就很爱去竞技场看野兽将罪犯撕成碎片的场面，一边看一边高声欢呼。人类在设计刑具时简直创意无限，点子多到没边。如果把我们看动作片时产生的愉悦心情比作徐徐微风，那么观看血腥场景时产生的舒爽心情就像是狂野风暴，不过两者的风向是一致的。无意识的魔法世界是个黑暗之地，其中隐藏着许多陷阱。正如荣格所写的那样："任何经历过无意识现象的人都知道，在无视我们合乎逻辑的观念和道德价值时，无意识的'头脑'具备怎样让人毛发直立的非理性状态，还具备怎样令人震惊的冒失、莽撞和不依不饶的做法。"踏入其中的我们必须小心谨慎才行。

要想达成自身的和谐统一，我们就不应该像杰基尔博士那样去除无意识的冲动，而是应该将无意识融入意识之中，因为只有在意识的区域，我们才能够控制无意识。我们犹如航行在大海上，一边是否认自身黑暗面的斯库拉，另一边是完全陷入黑暗面的卡律布狄斯[1]。对此，我们只能谨慎航行，小心避开两边的险境。我们需要把无意识看作自身的一部分，但这只是第一步，因为在某样东西从无意识进入意识之后，这样东西就变了。我们在无意识中找到的东西往往原始、狂野且未经驯化，这种野蛮之物在进入意识之后便被赋予了人性。我们压制了它身上无法被管束的那些部分，从而得以动用它的力量，就跟驯马师将桀骜不驯的野马变成伙伴和帮手那样。无意识的施虐欲望可以成为有意识的刚毅品质，这种品质可以让我们在必要的时候有能力对他人施加伤害。

我们可以想象一下，一位负责开胸手术的外科医生拿着手术刀划开病人皮肤的场景。每个医学院都流传着这样的故事：某个医学生在第一次目睹这样的手术场景时直接晕倒了。不管是通过静脉注射的方式给病人打针，

---

1. 斯库拉（Scylla）和卡律布狄斯（Charybdis）是希腊神话中的海上女妖，分别住在墨西拿海峡的两边。斯库拉吞食船上的水手，卡律布狄斯则掀翻船只，船只经过时左右都是危险，因此"斯库拉和卡律布狄斯之间"（between Scylla and Charybdis）被用来表示"进退维谷"。

第一部分　无　意　识

还是给病人做身体检查时找出其确切的受伤位置，医生都不得不在病人身上施加疼痛。在执行这些操作的时候，医生最好能免于经历情感上的痛苦。大部分人应该都见过冷酷无情的医生，他们做得过头了。可是，如果一位医生在刚划开你的皮肤时就因为对疼痛感同身受而吓得退缩，而另一位医生拿着手术刀在你的皮肤上切来割去时，因为热爱做手术而感到越来越兴奋，你会倾向于选择哪一位医生？

为了帮助他人，我们有时必须在工作中向他人施加痛苦。各行各业的人都能举出相应的例子。大部分人都有过不得不将坏消息带给他人的经历。虽然我们无法避免需要向他人施加痛苦，但我们可以选用合适的办法来做这件事。找到最佳的办法并按照这种办法妥善行事，同样需要我们拥有刚毅的品质。

有些人在面对自身的黑暗面时很不自在，几乎到了动弹不得的地步。《华尔街日报》曾刊登过一则关于当代生活之磨难的新闻。在咖啡店买完咖啡付钱时，电子屏上会弹出提示，要求顾客选一下小费的金额。面对站在咖啡柜台后面，向自己递来一杯咖啡和一块松糕的服务员，大部分人都觉得不需要向其支付小费，但有些人就是很难出言拒绝。

> 点击了"20%的小费"这个选项的其中一位顾客表示："实在是太尴尬了。你在几个选项里按下了中间的那个，以免让后面排队的人觉得你太小气。"
>
> 他去跟生产该信用卡读卡器的公司投诉，对方回复道："你可以按写着'不支付小费'的那个选项。"
>
> 这位顾客说："我觉得我没有按下这个选项的能力。"

111

投射

倘若我们拒绝接受自己的阴影，这份阴影就可能会被投射到他人身上。天天都很愤怒却认为自己很理智的人并不少。这类人会觉得自己每一次发怒都是因为别人做错了事。正如人们熟悉的那句谚语所言："如果你认识的某个人是混蛋，那么这个人可能真是个混蛋。但如果你认识的每个人都是混蛋，那么真正的混蛋很可能是你。"

将自己不想要的特质投射到他人身上，能够让一个人更容易地否认自己具备该特质。精神污染无法原地消失，就好像它必须去到某个地方似的。一旦这种精神污染被扔出某人的内心世界，它便在这个人的外部世界里住下了。荣格写道："投射的后果是主体与其环境的分离，因为主体及其环境之间的关系不再真实，而是变得虚假。"当一个人开始投射时，真实便被扭曲了。你眼中的外部世界其实是你的内心世界的投影。

将不想要的特质投射出去还有助于人们压抑该特质。为了检测上述理论是否成立，研究人员招募了五十五位大学生作为志愿者，要求他们参加一项研究并给出反馈，以此判定他们的不诚实度。这些志愿者需要填写一份人格问卷，随后他们会拿到用封好的信封装着的总结报告。报告里给出的评分不是真的，但志愿者并不知情。在总分为100分的情况下，这些志愿者拿到的分数要么是42分，要么是92分，完全随机。报告的结尾附有对结果的叙述性说明。92分对应的说明是：

> 此人的不诚实度，或者说被压抑的内疚度，超出了正常范围。这表明此人有做出不诚实行为的风险，尤其是当其处于缺乏体系或监管的环境中时。

完成了上述的研究之后，这些志愿者需要参加一项不相关的实验，该

第一部分　无　意　识

实验旨在观察人们如何根据给出的信息来评价陌生人。志愿者们看了一段对某位大学新生的简单描述：该大学新生购买了一张唱片，将内容复制出来之后把唱片退了回去，声称自己买到的唱片是坏的，要求店主退钱。志愿者需要围绕十四个特质给该大学新生打分，其中包括"无聊的""聪明的""讨人喜欢的""懒惰的"等特质。

在这一长串特质之中，有三个特质是用于描述不诚实者的，它们分别是"欺诈的""偷窃的""撒谎的"。然而，只有半数志愿者需要针对这些不诚实特质给该大学新生打分。另一半志愿者拿到的评价表中没有与不诚实相关的这三个特质。因此，这些志愿者无法对新生翻录唱片的不诚实行为做出任何评价（后续结果证明这一点很重要）。

该实验要求这些志愿者做的最后一件事是填写问卷，给他们自己的各项特质打出分数。其中一项要求自评的特质便是不诚实度。让我们来看看结果到底如何。

研究人员分析的第一个问题是"那个虚假的不诚实度报告是否会影响志愿者评价翻录唱片者的方式"。答案是会的。比起那些在不诚实度得分中拿到42分的人，取得92分的那些人更倾向于谴责翻录唱片者。每个人多多少少都有点不诚实，这是我们生而为人的一部分。尽管研究人员运用了欺骗的手段，但他们迫使得分高的志愿者面对了某些和自身有关的东西，某些藏在表面之下且令人不快的东西，某些对许多人来说难以面对的东西。因此，他们做出了投射行为。

第二个问题是"谴责翻录唱片者是否会影响志愿者为自身的不诚实度打出的分数"。如果投射能够让我们更容易否认自己拥有某种不受欢迎的特质，那么在我们有机会谴责他人身上的该种特质时，我们会更加感觉不到自己也拥有该种特质。果然，在评价自己的不诚实度时，那些有机会为翻录唱片者的不诚实特质打分的志愿者觉得自己没那么不诚实。而那些评价表里没有与不诚实相关的特质，因此没有机会进行投射的志愿者，给自己打出了相对来说更高的分数。在投射缺席时，人们更容易看到自身的黑暗面。藏在阴影之中的那些被压抑的内容由此被人们认了出来。

有机会获得对阴影的控制并不是把阴影里的内容带到意识之中的唯一好处。我们拥有的意识总量并不是固定在某个数值上的。新生儿维持清醒状态的能力有限，一天之内的大部分时间都在睡觉。在成年人之中，不同的人保持清醒的能力也不同。正如我在前文中提到过的那样，有的人在一天中的大部分时间里都意识清醒、思维敏捷；有的人却整天恍恍惚惚，如在梦中，沉浸在自己的想法里，对周围的一切几乎无知无觉。每个人多多少少都经历过清醒程度的起伏波动。如果你是个夜猫子，那么你在晚上可能思维更为敏捷，在刚醒的时候则比较迷糊。如果你是习惯早起的那类人，那你可能在早晨比较清醒，到了晚上则容易犯困。我们在意识最为清醒的时候表现最佳（这时我们的幸福感往往也最强），因此我们越是意识清醒，就越可能效率高且感到满足。进入意识完全清醒的状态是需要耗费心理能量的，以乌洛波罗斯作为象征的无意识是心理能量之源，正如无意识是一切滋养和丰产之源。将无意识中的某些碎片并入意识之后，我们就获得了汲取无意识中的原始能量的机会，也提高了保持清醒和敏捷的能力。

藏在阴影里的内容无论如何都会表露自身。如果我们能经由意识来体验这部分内容，它们就不会动用其黑暗色彩来给我们身边的那些人涂抹颜色。阴影中包含着我们最糟糕的那些部分，我们若是将它们投射到他人身上，那么他人就会显得怀有敌意、令人害怕。如果我们将其投射到自己身上，也就是承认这些糟糕之处是我们自身的一部分，它们就会回到原来所在的位置，让他人显得更加友善、更加开放。周围的人变得更加和蔼可亲之后，我们也更愿意相信同他们的互动会有好的结果，更愿意相信会有好事因此发生。将阴影投射到自己身上能够唤醒我们，让我们把一切看得更清楚。第一次看到自身的阴影时，我们或许会感到羞愧难堪，但倘若我们勇敢地面对它，坚定地看向它，不移开视线，那我们将因此成为一个有丰富内核的人。

第一部分　无　意　识

平衡对立之物

　　20世纪70年代，一部名为《功夫》的电视剧十分流行，戴维·卡拉丹[1]在里面饰演虞官昌，一位年轻但武功高强的少林师傅。平日里，虞官昌谦逊内敛、言语温柔，闲暇时不是在冥想，就是在吹笛。好多集的情节都遵循了一个类似的套路：虞官昌被一帮恶棍折磨，面对辱骂和殴打，他顺服地接受，毫不抵抗。这些歹人不可避免地终于做过了头，恐吓了手无寸铁的人。于是虞官昌使出功夫，将他们打得落花流水。

　　这部电视剧将虞官昌在武功方面的自信和他在被人呼来喝去时的逆来顺受联系到了一起。想想《星球大战》里的欧比旺·克诺比吧。在酒吧里遇到醉汉闹事时，欧比旺乐意恭恭敬敬地对待这个家伙，因为他知道只要他拿出自己藏在斗篷里的光剑，他随时都可以将这个野蛮的家伙大卸八块。虞官昌隐藏的武功给了他自信和把握，令他在与他人相处时可以保持谦逊温和的态度，哪怕对方向他挑衅，他的态度依然不会改变。我们可以用温柔这个词来形容他。

　　这个词有一段颇有意思的历史。它最为著名的用法出现在《圣经·马太福音》的第五章第五节："温柔的人有福了，因为他们必承受地土。"这部分内容是由希腊语写成的，被翻译为"温柔"的是形容词praus。我们将温柔之人视作被动、消极且容易被控制的那种人，但praus一词暗含着更为复杂的意思，用于指代在施加力量和克制自我之间达到的一种平衡。在古希腊，该词常被用于描述经过训练用来打仗的那些战马。好的战马必须同时具备凶猛和克制的特质，既不能野蛮无节制，又不能胆怯没勇气。好的战马必须服从骑手的每一个指令，同时依然保持着凶猛无比的战斗力。

---

1. 戴维·卡拉丹（David Carradine，1936—2009），美国演员，其扮演过的知名角色包括电视剧《功夫》里的虞官昌和电影《杀死比尔》里的比尔。

古希腊哲学家亚里士多德在其所著的《尼各马可伦理学》中将 praus 认定为一种美德。亚里士多德把美德定义为在两个极端之间取其中。某种特质既不要太少，也不要太多，而是取中间位置。缺乏和过量都被认为是一种恶习。亚里士多德认为，在愤怒这个方面，拥有 praus 这种美德的人会取中间位置，让自己位于胆怯（缺乏愤怒）和好战（过度愤怒）这两种恶习之间。温柔的人，或者说拥有 praus 这种美德的人，他们并非从不生气，但也不会因为一丁点小事就火冒三丈。他们拥有因合适的缘由，在合适的时间，以合适的方式对合适的人表达愤怒的能力。他们的愤怒之情并未被抑制，不然他们就会陷入缺乏怒气的状态，变得胆怯不已。他们的愤怒之情被置于理性判断的控制之下。与之类似，若我们能将阴影的方方面面置于意识之中，我们便能获得平衡，在缺乏活力的理性和野蛮疯狂的本能这两个极端之间找到居中的位置。（如图 14）

图 14　将阴影融入意识之后，我们得以运用其力量来获取平衡

第一部分　无　意　识

利用阴影之能量

我们都知道阴影能够提供心理能量。打破规定会让人焦虑，但这么做往往也令人振奋。正如谚语所言："偷来的果子分外甜。"违反不合理的禁律会让我们觉得自己有点不好惹。偷偷爬上屋顶去欣赏原本看不到的风景，能够让我们在享受当下的震撼和刺激的同时，拥有意识更加清晰、注意力更加集中的大脑。

意识必须持续不断地战斗，以便让自己与无意识分隔开来。正如我在前文中提过的那样，保持高度警觉是需要耗费能量的。然而，当我们觉得自己是个不好惹的坏蛋时，保持警觉便毫不费力了。在这种时候，阴影驱力被自我接受，进入意识之中，身体和心灵的能量随之而来。

在我们打破规则的时候，阴影或许最乐意提供帮助，但在其他的情况下，阴影也会振奋我们的精神。来自某个研究型大学的一位医学科学家向我描述了他的一次发怒经历。他读到了同事所写的一篇论文，发现同事在论文中直接驳斥了他的研究结果，这让他顿时勃然大怒。在不到24小时的时间里，他就设计出了一项研究，证明这位同事的结论有一个严重的错误。设计此类研究在正常情况下需要耗费他好几周的时间，但这一次，在怒火力量的加持下，他所需的时间大大缩短了。（此外，设计研究也在无形之中帮助了他，让他没有直接带着怒火去找同事。要是他直接去了，只会适得其反。）这就像是他的阴影替他完成了全部的工作，他只需要舒舒服服坐好，什么都不做，然后静观其变即可。

在《星球大战》系列电影最初的三部电影中，我们看到了虚构作品是如何描绘此类情况的。众所周知，导演乔治·卢卡斯深受坎贝尔所著的《千面英雄》的影响，在这三部电影中加入了众多神话主题。达斯·维达这个角色相当于主人公卢克·天行者的阴影。在第二部电影中，卢克得知自己与这个原以为的敌手之间存在着密不可分的联系，因为维达是他的亲生父亲。这样一来，情况就变得复杂了。卢克不能简单地杀掉维达了事，而是得勉强接受他。这三部电影的高潮出现在第三部电影的结尾处，维达的身份发生了转变。他从卢克的敌人变成了卢克的盟友，并且杀死了邪恶皇帝这个真正的反派，而卢克则站在边上旁观。此时我们才意识到，卢克要做的事情并非打败皇帝，而是同维达做朋友。

这一情节出现在第三部电影的结尾，所以在某种程度上，卢克在整个故事的绝大部分篇幅里只能算是半个人。卢克和他的阴影（维达）是两个单独存在的人，彼此完全分离。这就使得卢克过于善良，甚至有点无趣，因此他当然也就算不上系列电影中最有趣的角色了。这份荣誉属于韩·索罗，一个更为复杂的、光明与黑暗兼具的角色。索罗在电影中被描绘为一个流氓。他是个走私犯，有时候还是个冷血杀手。在某一场戏中，他击杀了与他对峙的赏金猎人。这个情节过于黑暗，因此在《星球大战》后续的某次发行中，导演乔治·卢卡斯对此进行了重新剪辑，改成了索罗出于自卫才选择开枪（索罗的粉丝对这个改动并不满意）。

索罗接受自己的流氓身份，你永远不知道他接下来会怎么做。你猜不到他会抛弃你，还是会在你最需要他的时候出现，抑或是跟你一起飞入小行星带，害你送命。在个性化的过程中，自我和无意识联合了起来，这个人也就和其他人越来越不一样，由此变得不可预测。马德琳·英格会说，这个人越来越不像松糕了。其他明显表露出阴影面的虚构角色包括凯妮丝·艾佛丁[1]、杰克·斯帕罗[2]和"黑寡妇"娜塔莎·罗曼诺夫[3]，这些角色都比卢克·天行者更有意思、更有个性、更难捉摸。

将阴影融入意识或许能帮助我们变得更加完整，但是这种融合是有限制的。另一个充满神话主题的当代故事，即以哈利·波特为主角的系列故事，阐明了上述限制的本质。

我们可以看到，哈利·波特的阴影的不同方面被分散到了三个不同的

---

1. 凯妮丝·艾佛丁（Katniss Everdeen），《饥饿游戏》中的女主角。
2. 杰克·斯帕罗（Jack Sparrow），《加勒比海盗》中的男主角。
3. 娜塔莎·罗曼诺夫（Natasha Romanoff），漫威超级英雄，《黑寡妇》中的女主角。

第一部分　无　意　识

角色身上：西弗勒斯·斯内普、德拉科·马尔福、伏地魔。到了系列故事的结尾部分，哈利和马尔福已经救过彼此的性命。而哈利通过使用魔法看到了斯内普眼中的世界，终于将斯内普视作自己认识的最勇敢的人。马尔福和斯内普这两个角色所代表的阴影面是可以和哈利融合的。但是并非全部的阴影面都可以被驯服，哈利必须拒绝伏地魔身上的阴暗面，并且将其摧毁。

某样东西是真的很邪恶，还是仅仅看起来邪恶？因其还未经受意识驯服，所以我们判断起来并不容易。这个女巫真的是女巫吗，还是经过伪装的大自然母亲？邪恶的野兽真的是野兽吗，还是被施了魔法而变形的王子？谁能猜到维达会从皇帝手中救出卢克？我们需要分辨出阴影中可能帮助我们的那些部分，这一点至关重要，其重要程度堪比区分表面坏与真正坏的能力——将需要改变的表面邪恶与不可救药的真正邪恶区分开来的能力。

我们需要阴影（阴影中的那些可以被转化为帮手的部分）的原始能量来成功克服我们心中真正邪恶的部分。邓布利多是哈利所在的霍格沃茨魔法学校的校长，他反复强调若是没有黑巫师所在的斯莱特林学院的帮助，伏地魔就不可能被打败。如果邓布利多像杰基尔博士拆分出海德先生那样，将斯莱特林学院的师生驱逐出去，那么这些黑巫师便会加入伏地魔的阵营。但邓布利多接受了他们，这样一来，众多黑巫师（尽管并非全部的黑巫师）便成了他的盟友。我们很难知道阴影中的哪些部分是应该接受的，而哪些部分又是应该拒绝的。在做出正确的判断之前，我们肯定会犯一点错。找到真正的自我不仅需要勇气和力量，还需要冒险的意愿。要是你太害怕擦伤与碰伤，你永远都不可能学会骑车。要是你太害怕内心的恶魔，你可能永远都无法获得与生俱来的内在力量。

人类究竟是性本善（虽然并不完美）还是性本恶（虽然也能行善）？人们对此意见不一。或许最佳的答案是两者皆否。我们可以选择自己要大体上做个好人还是大体上做个坏人，但是在我们像大部分人那样选择了前者之后，我们也不该从此就转过头不看内心的邪恶面。如果我们否认内心的邪恶面的存在，我们就会在面对它的时候变得无能为力。接受黑暗中的那部分自己可以令我们变得强大，这样我们就有了力量去战胜黑暗面里无论如何都不能让我们接受的那些部分。和达斯·维达成为朋友，我们便拥有了摧毁邪恶皇帝的力量。

　　阴影或许让人害怕，但我们可以理解它。阴影和意识使用的是相同的语言，因其本身便由曾存在于意识之中但被我们拒绝的冲动、看法和感受构成。阴影之下是更深层次的无意识，那里有更多的宝藏，亦有更多的危险。更深层的无意识使用魔法的语言，而不是像阴影那样和意识使用一样的语言。为了充分理解人类的处境，找到那条引向真正自我的道路，我们得先稍稍熟悉一下魔法，理解我们应该如何使用魔法视角来看待生活。这是我们接下来要做的事。

第二部分

魔　法

童话故事

童话是集体无意识的心理过程中最纯粹、最简单的表达。

——玛丽－路易丝·冯·弗朗兹

第二部分　魔　法 ♥

爱因斯坦的建议

从前,一位过于担忧的女士前来咨询著名物理学家阿尔伯特·爱因斯坦。她想知道自己该如何抚养年幼的儿子,好让他成为一名杰出的科学家。她尤其想知道的是自己该给儿子读哪一类书。

"童话。"爱因斯坦毫不犹豫地回答。

"好的,那读完童话之后我该给他读什么?"这位母亲问道。

"更多的童话。"爱因斯坦说。

"读完这些书之后呢?"

"继续给他读更多的童话。"这位伟大的科学家一边回答,一边挥动着烟斗,好似巫师正在宣布漫长冒险后的美满结局。

没人知道这段对话是真实发生过的还是纯属虚构。1958年,《新墨西哥图书馆简报》最早报道了这段对话。就像每一则优秀的童话故事那样,随着时间的推移,这段对话不胫而走,演化出了许许多多不同的版本。在流传下来的爱因斯坦语录中有这样一句表述:"如果你想让你的孩子变得聪明,那就给他们读童话故事吧。如果你想让他们变得更加聪明,那就给他们读更多的童话故事吧。"这段对话十分受人欢迎,因此美国国会图书馆对其进行了溯源研究,但并未得出决定性的结论。我们至今都不知道这段对话是否真的发生过。

如果上述对话真的发生过,我们可能会想知道为何这位世界上最著名的科学家如此尊重童话故事。如果上述对话没有发生过,我们可能会想知道为什么人们会喜欢这则关于爱因斯坦褒奖童话的传闻,以至于它流行到变成了一则都市传说。在本小节的后续内容中,我会介绍一些临床研究,它们似乎能解释爱因斯坦为何在这则传闻中对童话故事如此热情。不管这则给孩子读童话的建议是真的出自这位著名的物理学家之口,还是从大众看法的土壤中自然而然地生根发芽,它的存在都暗示了童话故事在智力发展过程中的重要性。

众源文学

尽管童话故事在现代被认为是儿童文学,但它在传统上属于"家庭故事",不管什么年龄段的人都很爱听。这些故事往往由女性讲述,她们在纺纱或者做针线活的同时给别人讲故事。"讲故事"[1]这个说法便由此而来。

童话故事十分动人的原因之一在于,它们并不是由某个人单独写成的。童话发端于口述的传统,从一个讲述者传递给另一个讲述者。在每一次传递故事的过程中,讲述者都会添加或删除一些细节。由此,故事以一种类似自然选择的方式演变着、进化着。讲述者会根据不同的受众,对细节、主题和情节进行不同的增补或删减,有时候讲述者甚至都没意识到自己在这么做。倘若某处改动引起了一位听众的共鸣,这处改动便会留存下来,成为故事的一部分。这就像是在一次基因突变之后,某个生物由此获得了

---

1. 原文为 spin a yarn,直译为"纺纱"。

一项生存优势。若是某处改动并未打动听众,那这处改动在之后的讲述中就不会再出现了。这些故事的不同版本相互竞争,哪个版本最能唤起人们的感情,这个版本就流传得最广。

有些童话故事已流传了几千年,游历了半个世界。某个版本的《灰姑娘》源自9世纪的中国。另一个古希腊版本的《灰姑娘》可以一路追溯至公元前6世纪。童话故事跨越了文化和时间,在人们的心中引起共鸣,所有多余的内容都已被剥除,唯有构成好故事的基本要素留了下来。在童话故事里,我们用来理解世界的故事之蓝图,也就是原型,以最清澈、最纯粹的形式显现了出来。跨越时空的童话故事变成了集体无意识的更强、更有效的表现,而集体无意识正是我们共同的心理基础。

集体无意识要比个体无意识更深邃、更遥远,对意识来说,集体无意识也更为陌生。集体无意识对我们的主观体验和行为造成的影响,也就是它的魔法,要更加强大、更加危险,因为它可以轻易地吞没自我。作为人类在进化过程中留下的遗产,集体无意识乃大自然的心理力量之所在,是编入我们基因的原型。当我们与其接触时,我们会觉得自己好似同某个看不见也抓不着的强大之物扭打在一起。原型如同促使产妇分泌催产素的神经回路,激励着我们去执行其意图,还深深地影响着我们,贯穿了我们的一生。原型与自我看待世界的方式截然不同,它们采用的视角也完全不一样。但理解原型并且学会与其合作是一件至关重要的事,而在几千年内一直能引起听众共鸣的这些古老的童话故事可以帮得上忙。

正如所有无意识的产物那样,童话故事既有光明面也有黑暗面。童话故事的现代版本,诸如迪士尼改编的那些版本,倾向于强调故事中的光明面。但是更为传统的版本则包含了堪比恐怖片里的那些场景的黑暗面。《得州电锯杀人狂》这部电影是一场血淋淋的恐怖盛宴,其创作者表示他将影片想象成《汉泽尔与格莱特》的现代化版本。在童话故事《牧鹅姑娘》中,背叛了公主的侍女受到了这样的惩罚:"人们把她扔进内部插满尖钉的木桶中,然后用绳索绑住木桶,将绳索末端套在两匹白马身上。她被这两匹马拖着跑遍大街小巷,直到死掉。"

显然，并不是所有人都喜欢童话故事，对喜欢童话故事的人来说，每次少看一点，他们才能更好地享受这些故事。拿起一本童话集，一则则故事挨个往下读，这么做或许很诱人，但我们最好还是每次只读一则故事，然后让它慢慢起一会儿作用。童话故事与其他故事不一样，它们可以直接同无意识交谈。在童话故事的搅动和激发之下，无意识里的内容涌入意识的可能性增加了。读完这些童话故事之后，它们往往还能萦绕在你的心头许久。你可能会发现，好几天过去了，你还在想这则故事。有时候，你读过的童话故事甚至会以令人不适的方式闯入你的思绪。有些人不喜欢童话故事，因为这些故事会激起他们的恐惧感，让他们难以应对这种上涌的情绪。（倘若你有这样的感受，请尊重无意识对你的恳求，将童话集收起来吧。我们可以采用比童话故事更为柔和的方式来触及无意识。我会在后文中探索其中的一些方式。）

在后文中研究具体的童话故事时，我会采取荣格的视角，将童话故事理解为对个性化过程的描述。在这个过程中，自我和无意识合为一体，构成了"自性"。童话故事里的角色发现金银财宝或者生命之泉的情节，可以用于象征角色实现了个性化这个目标。不过此目标最为常见的象征还是一场成功的王室婚姻，以及两名角色自此过上的幸福快乐的生活。无意识的力量在这些故事里得到了拟人化，使得我们能够更好地理解它的性质，这样一来，我们就能学会让无意识的力量成为自我的势均力敌的伙伴，然后与之协作。

无意识令人恶心

西方世界里最著名的童话集是格林兄弟（雅各布·格林和威廉·格林）

第二部分 魔　法

根据他们收集的民间传说创作的《格林童话》。与其他的著名版本（例如由法国的多尔诺瓦夫人和夏尔·佩罗改编的版本）相比，《格林童话》更为黑暗，而这些文雅的改编版本让故事变得规范而妥帖，就像这些故事以略带讽刺的幽默态度同我们眨了眨眼，示意我们不用太把故事里的内容当回事。与之相反，《格林童话》则更加贴近原始且不加修饰的无意识的内容，因此也就更适合让我们拿来研究。《格林童话》不仅包含"他们从此过上了幸福快乐的生活"这样的情节，还描写了本能的原型中所含的暴力和野蛮。

《格林童话》是由德语写成的，我在这里选用玛格丽特·亨特在1884年出版的英译本来进行研究。我先从《格林童话》里的第一则故事《青蛙王子》说起。这则故事讲述了两个截然不同的角色在超越双方关系时所经历的困难，以及最终发生的魔法变形。《青蛙王子》能帮助我们更好地理解个性化这项任务。在个性化的过程中，自我和无意识学会了接纳彼此，它们渐渐融合，形成了自性这个统一体。

故事的开头是这样的：

> 很久以前，在许愿还有用的年代，有这么一位国王，他的几位女儿都很美丽。但是小女儿的美貌实在出众，就连见多识广的太阳本身，都会在每次照耀到她的脸庞时惊讶不已。

童话里的男主人公和女主人公往往是家里最小的孩子，此种现象有几种不同的解释。第一种解释认为这是对年幼孩子的鼓励。成长是困难的，与成年人以及家里的哥哥姐姐相比，最小的孩子可能会觉得自己没有力量。如果童话故事里最小的那个孩子赢了，而更年长的、更有力量的角色却输了，那么这些最小的孩子就能明白他们是重要的，只要拥有勇气、百折不挠，他们终能取得胜利。

在许多童话故事里，主人公不仅仅最为年幼，还最为愚蠢。他的绰号可能是"小傻瓜"。这就引向了第二种解释：作者选择这个孩子来当主人公，是为了提醒我们，接受无意识的提议并不是一种需要运用智力的行为。

尽管分析性的智力是自我最喜爱的工具，但童话里的小傻瓜们依靠的是善良的内心和信任他人的品质，而非自己的聪明才智。他们拥有的东西再少，也愿意将其分享出去。他们还会耐心地倾听有魔力的小动物给出的建议。

最年幼的孩子还可以用来象征意识。从进化的角度来看，意识是头脑中最晚发展出来的部分。同古老的无意识相比，意识还很年轻、还很弱小，可是我们不该因此看不起意识。尽管意识很弱小，但在这则故事里，意识被象征性地描述为主人公美丽的外表。不同于其他自然选择的产物，意识打开了我们的双眼，让我们看到生存和繁殖以外的东西。意识允许我们超越自己的生物性根源，让我们有能力去思考正义、美和真实等更为崇高的事物。

公主的美貌实在出众，就连太阳都会在照耀到她的脸庞时惊讶不已。回想一下，光象征着理性和意识，而太阳是最灿烂夺目的光源。从故事的开头部分，作者就提醒我们不要低估这位刚出场的人物。

故事继续往下发展：

> 国王的城堡附近有一片广阔的黑暗森林，其中有一棵古老的椴树，树底下有一口井。在天气暖和的时候，国王的小女儿会跑到森林里，在一座凉爽的喷泉边坐下来。在她觉得无聊的时候，她会带上一只金球，将它抛得高高的，然后再接住它。这只金球是她最喜爱的玩具。

城堡是由人类建造的，因此代表了意识。城堡的附近是"一片广阔的黑暗森林"，它古老而隐秘，由自然而非人类塑造而成。森林里到处都是野兽，充满了意想不到的危险。人们在森林里很容易迷路，不像在城市里那样，能够找到明确的道路。森林里有致命的危险，但森林里同样充满了生命。土壤、水和空气在变形之后成了活生生的动物，这便是乌洛波罗斯的象征。

公主进入这片森林之后，故事里出现了一座喷泉。喷泉将水从地面下

第二部分　魔　法

方输送到地面上方的光亮之中，象征着无意识和自我之间沟通交流的通道。在这则故事中，用于分隔自我和无意识的屏障较为轻薄。森林就在城堡附近，而且森林里有一座喷泉。种种迹象表明，在这则故事里，个性化的过程将会较为简单直接。

接下来进入故事的是一只金球。球体是自性的象征，因为球的形状代表了统一和完满。公主玩着玩着，一不小心将金球掉入了井中。她哭了起来。自性的象征落入了无意识的深处，这个现象有点奇怪。按理来说，自性是个统一体，应该同时包含自我和无意识。这个事件提供了一条线索，那就是金球并非公主真正的自性。金球是自性的幼稚版本，是公主的玩具，就像其他孩子玩洋娃娃时装作自己是洋娃娃的家长，给未来真正成为家长的自己做准备那样。公主正处于成长的过程之中，作为一个年幼的孩子，找到她的自性（金球）很简单，但它慢慢浸入了无意识中。公主必须努力，必须成长，才能将它赢回来。

一只青蛙听到了公主的哭声，提出可以帮公主取回金球。她的帮手为何会是一只青蛙？青蛙当然不是最尊贵的动物，这种动物黏黏糊糊、令人恶心。但这正是故事所需要的效果。一开始，我们厌恶无意识的内容——我们那臭烘烘、黏黏糊糊的动物性。故事中的青蛙在出场时"从水中伸出了蠢笨的丑脑袋"，而作者在整个故事中将青蛙的丑陋从头强调到尾。古老的无意识或许怀揣着敬畏，注视着年轻的自我那美丽的模样，但自我对无意识并没有这样的欣赏之情。获得完整性，成为我们想要成为的那个人，这是我们的心之所愿。但我们最初在无意识中找到的东西看起来很丑陋，而我们对此的第一反应是感到厌恶。

公主的帮手被描绘为青蛙的另一个原因在于，青蛙是两栖动物。青蛙既可以生活在地上，又可以生活在水下，跨越了两个世界。这就使得青蛙能够很好地象征"超越功能"，即朝着完整状态努力的那份内驱力。在完整状态中，自我的领域和无意识的领域融为一体，达成了统一。青蛙既不是只在水中生活的生物，也不是只在陆地上生活的动物，它同时具备两者的特质。青蛙不仅能够取回公主的玩具，也就是取回她较为幼稚的自性，还能够带着她找到真正的自性。

青蛙问她:"倘若我将你的玩具取回,你会给我什么?"人们不可能不做出牺牲就获得完整性。公主回答说她愿意给它任何东西。

"你想要什么我就给你什么,亲爱的青蛙,"公主说,"我愿意交出我的衣服、我的珍珠、我的宝石,甚至是我头上戴着的这顶金王冠。"

公主还未完全成熟,但她的回答显示了她天生的智慧。为了获得世界上最有价值的东西,也就是她真正的自性,公主知道她必须做好献出一切的准备。她就像《圣经·马太福音》里的买卖人——他为了购买重价的珠子而变卖了自己的一切所有物。然而,尽管公主的思路是对的,但她并没有完全明白自己得付出什么样的代价。青蛙拒绝了公主要送给它的那些东西,并且对她说:

> 我不喜欢你的衣服,不喜欢你的珍珠和宝石,不喜欢你的金王冠,但是倘若你愿意爱我,答应我的这些条件,让我成为你的伙伴,在你的小桌旁和你同坐,从你的小金盘里和你同吃,用你的小杯子和你共饮,在你的小床上和你同睡,那么我就会跳入井中,取回你的小金球。

获得完整性的代价是允许恶心的青蛙成为自己的伙伴。公主答应了青蛙的所有条件,于是青蛙跳入井中,然后衔着金球跳了出来。

在继续阅读这则故事之前,我们有必要停下来,仔细想想青蛙提出的这些要求,因为其中包含了一些奇怪的内容。除了提出要做公主的伙伴,青蛙还要求和公主做一些特定的事情,这会导致两者的亲密度远超单纯的伙伴关系。朋友一般不会同睡一张床,这更像是情侣会做的事。朋友不会用同一个餐盘,不会从同一个杯子里喝东西,哪怕是情侣都不会这么做。青蛙是在暗示它想要的关系远超伙伴关系,甚至远超恋人关系。通过描述双方会在未来同用餐盘和水杯的场景,青蛙暗示了这样的结局:它和公主将合二为一,成为一个单独的个体。

第二部分　魔　法

公主同意了青蛙的条件，但她在拿回金球后立即就对青蛙失去了兴趣，完全没有要遵守诺言的意思，迅速跑走了。公主对诺言的违背表露出她缺乏诚实和正直的品质。这确实是个需要解决的问题，因为自我只有先变得强大才能与无意识合并。在大部分童话故事中，主人公都会先经历一系列考验，显示出强大而稳定的自我，然后才能进入"从此过上了幸福快乐的生活"的统一状态。

第二天，国王一家正在用餐时，城堡的大门外响起了敲门声。

> 公主跑了过去，想瞧瞧是谁在外面。等她打开门之后，她看到门外是青蛙，于是她立刻砰地关上大门，急匆匆地跑回餐桌前重新坐下，脸上带着显然被吓到了的神情。国王清楚地听到她的心怦怦直跳，便问道："我的孩子，是什么令你如此害怕？难道城堡外面有一个巨人，想要掳走你？""啊，不是的，"公主回答道，"敲门的并不是巨人，而是一只令人恶心的青蛙。"

这个承担着超越功能的角色或许看起来渺小而可鄙，但是它简直像巨人一样可怕，因为我们知道它可能会颠覆我们的生活，并且彻底改变我们。

到了故事的这个部分，虽然公主正面临困难，但我们也不该低估可怜的青蛙正在经历的考验。对青蛙来说，进入国王一家用餐的大厅需要一些毅力。小小的青蛙不得不从林中一路跳到宫殿外，然后再一级级爬上宫殿外的台阶。在公主砰地关上大门，拒绝让它进来之后，它依然固执地留在原地，拒绝离开。超越功能不屈不挠，若是自我没能心甘情愿地同它合作，超越功能便会追着自我不放。

国王询问小女儿青蛙想要什么，公主坦白了自己曾做出的承诺。国王对她说："你必须遵守做出的承诺。把门打开，让它进来。"能够遵守承诺是理性自我的重要优势。理性自我根据普遍的规则来处理信息。与之相反，源自无意识和经验的处理方式将每件事作为单独的个体来看待，这就使得每一次的情况都独一无二。从这个角度来看，公主与青蛙在城堡里的关系已经不同于两者在井边的关系。然而，尽管地点和公主的感受都发生了变化，她还是必须遵守诺言。不管外界的细节如何变化，一些抽象的概念永远不会改变。公主必须锻炼自我的能力，让它能够根据这些抽象的概念来做出判断。

公主让青蛙进入城堡。青蛙跳到公主的椅子旁边，对她说："拎我起来，我要坐在你身边。"公主必须把让她感到恶心的无意识拎起来，与她平起平坐。在国王的鼓励下，公主照做了，准许青蛙与她一起用餐。等青蛙和她用完餐之后，公主将它带上楼，与它一同走进了她的卧室。她将青蛙放到了卧室的一个角落里，但是青蛙说它要躺在床上，和她躺在一起。

关于这个故事的后续情节，《格林童话》里的内容和其他更为流行的版本中的内容不一样。在人们更为熟悉的版本中，公主亲吻了青蛙，然后青蛙变成了王子。这个处理办法对推进故事来说非常完美，表现出公主学会了克服自己对无意识的嫌恶情感。但在《格林童话》中，后续的情节并不是这么发展的——在青蛙要求公主将其放到她的床上之后，"公主愤怒极了，她把青蛙拎起来，用尽全力将它狠狠摔到墙上"。

为什么公主有必要做出这种具有攻击性的行为？在故事的前半段里，国王不仅要求公主给青蛙打开城堡的大门，还在青蛙提出要与公主同坐的时候，命令她将青蛙拎起。在青蛙说自己累了的时候，国王要求公主将青蛙带到她位于楼上的卧室里。国王充当了某种"辅助自我"的角色，向公主解释了道德行为的理性规则之一："你不应当鄙视在你需要帮助时向你伸出过援手的人。"到这里为止，公主只是在外部的支持下才遵守了自己的诺言。孩童需要这样的支持，但自我最终需要学会自发行事，而这或许得先从反抗试图控制自我的权威开始。自我可能需要运用阴影的力量来完成这次反抗，就像公主将青蛙狠狠摔向墙壁时所做的那样。

不管公主出于何种理由这么做，她所展现出的原始进攻性具有彻底的转变作用。"从墙上摔下来的不是青蛙，而是一位国王的儿子，他有着漂亮而温柔的双眼。"得到解救的王子告诉公主，他之前被女巫变成了青蛙，只有公主有能力解除他身上的诅咒。只有你的自我才可以拎起你的无意识，

第二部分　魔　法

并且将其融入自我之中。虽然原型的蓝图是全人类共享的集体无意识的一部分，但每个人的蓝图都是独一无二的，而每一份蓝图都需要一个独一无二的自我来使其变得完整。

神奇的帮助

　　无意识具备强大的处理能力和本能的活力，可以成为我们的有力盟友。我们每个人都曾惊讶地发现自己拥有一些出乎意料的长处和能力，有时候，回顾过往的成就时，我们会疑惑于自己当初究竟是怎么做到的。无意识与自我联合之后，我们便能取得不可思议的成就，这些成就体现了我们惊人的精神力、强大的忍耐力和奇异的创造力。在生命中，没什么事情能像获得无意识的配合那样宝贵了。拥有魔力的小动物前来帮助主人公，使他们有能力去克服那些棘手的难题，这样的故事在童话集里十分常见。

　　有一则著名的故事与这种神奇的帮助有关。这则故事的名字是《鞋匠和精灵》。在故事的开头，贫穷的鞋匠眼看着就要饿死了："有这么一名鞋匠，由于一些外部的原因，他越来越穷困潦倒。到了现在，他手里只剩下足够做一双鞋的皮革，除此之外什么都没有了。"

　　神奇的帮助常常会来到那些需要帮助的人身边。那些富裕安逸的人认为他们的生活自给自足，因此拥有魔力的小动物很少会前去拜访他们。自我会尽可能地抵制无意识，避免与其接触。只有在我们陷入糟糕的处境，单凭自己的力量无法逃脱的时候，我们才会在绝望之下敞开自己，接受无意识给我们带来的影响。必要性不仅仅是创造之母，还是成长之母。

　　鞋匠拿出他仅剩的皮革，将其裁剪成片，以待第二天早上将其缝制成鞋，然后他就去睡了。等他醒来的时候，皮革已经变成了鞋子。这双鞋不是简单地被缝好了而已，故事中是这么描述的："鞋子被缝制得无比精妙，连一处缝错的地方都没有，就好像这双鞋注定要成为一件伟大的作品。"

有时候，无意识中的施动者会替我们把工作做完，而且它们往往会极为出色地完成这些任务，远超自我能达到的水平。在《格林童话》版本的《三根羽毛》中，一只丑陋的、生活在地下的蟾蜍拿出了"一枚戒指，上面镶嵌着闪闪发光的宝石，这枚戒指十分漂亮，世上根本没有手艺如此精湛的金匠"。在德国的民间传说中，矮人被描绘为生活在地下且矮小丑陋的生物。尽管它们的相貌粗鄙不堪，它们却往往是能工巧匠，可以打造出极为漂亮且有魔力的工艺品。或许自我会觉得无意识中的施动者看上去粗犷而野蛮，但这些施动者打造出的物件却优美而精妙。

《鞋匠和精灵》里的那双鞋制作得无比精美，买走这双鞋的顾客向鞋匠支付了高于平日价格的钱款。鞋匠拿着这笔钱买了制作两双鞋所需的皮革，留待第二天早上起来缝制鞋子。再一次，等他一觉醒来，他发现工作台上摆着两双已制作完毕的精美鞋子。同样的事情持续发生了一段时间，有天晚上鞋匠和妻子决定偷偷熬夜不睡，看看究竟是谁在帮忙。他们躲在房间的一个角落里，看到两个光着身子的小男人在工作台旁边坐下。这两个小男人连夜工作，直到把鞋子全部做完。

这两个小男人赤身裸体，就同动物总是赤身裸体一样。衣服与意识相连，而小男人是无意识的象征。在《圣经·创世记》中，我们能看到衣服和意识之间的联结。亚当和夏娃吃了分别善恶树上的果子之后眼界大开，他们随后做的第一件事便是给自己做了衣服蔽体。他们意识到了自己赤身裸体的状态。

鞋匠和妻子很同情这两个小男人，觉得他们没有衣服穿肯定很冷。妻子说："这两个小男人让我们变得富有，我们必须向他们表达心中的感激和谢意。"于是他们给两个小男人各做了一套衣服。在童话故事里，感激和牺牲常常是那些充满智慧的角色在面对他人的帮助或请求时做出的回应。有时候，主人公会跟由魔力高强的巫师假扮的乞丐分享食物。有时候，主人公会向陷入险境的动物伸出援手。在有些故事中，作者还会给主人公安排兄弟或姐妹的角色，让他们和主人公形成对比。主人公的兄弟姐妹冷漠而无情，而主人公却友善而慷慨。

这两个小男人看到衣服之后高兴坏了，他们立刻穿上了衣服，在鞋匠的作坊里尽情跳舞。此后，他们就再也没有来过了。对鞋匠和妻子的善举来说，失去小男人的帮助似乎并非好的回报，但故事的最后一句这么写道："鞋匠和妻子后来过上了事事顺心的日子，他们的店铺也一直生意兴隆。"通过给小男人送衣服，鞋匠令无意识具有了意识。鞋匠不再是被动地接受超自然帮助的人，那些曾隐匿在暗处的能力已经来到了光明之中，拥有了意识的外衣，变成了鞋匠自身所拥有的能力。此时的鞋匠已具备了小男人的制鞋技能，因此他的事业也就一切顺利了。

我们的动物性

在鞋匠在快要没饭吃的时候，有人替他把鞋子全都缝好了。得到这样的帮助当然很好，但得到了魔力的帮助后，主人公可以做到的事情远比缝制鞋子要多。童话故事里的主人公往往需要完成十分棘手的任务：将一座大山移走，或者去海底把珍珠取回。之前尝试完成这些任务的人全都失败了，他们受到了惩罚，要么被关起来，要么被处死。追求真正的自性绝不是什么稳妥而没有风险的事，可是一旦我们选择了稳妥，选择了不去承担风险，我们能收获的便只是停滞不前的状态。童话故事里还有一种对失败者的常见惩罚，那就是石化。主人公要么成长，要么被石化。

在试图完成困难到令人不知所措的任务的过程中，童话里的那些友善慷慨的角色往往会获得某种形式的、带有魔力的帮助。当我们处于背水一战的境地，面临着某种看似不可能完成的挑战时，我们常常会发现自己拥有某种原本不知道自己拥有的力量。这种力量赋予我们足够的能力，让我们得以成功冲出困难的重围。这些拥有魔力的帮手往往以动物的形态出现，它们大部分都是会说话的动物，这就使得它们既有人的一面，又有兽的一面，就像无意识的本能特性那样。这些前来帮忙的动物完成了对人类来说不可能完成的任务。在《格林童话》版本的《灰姑娘》中，女主人公的邪恶继母将一碗小扁豆撒到灰堆上，告诉灰姑娘，除非她能在两个小时内把灰堆里所有的小扁豆找出来，否则她就别想去参加舞会。随后，一群鸽子和斑鸠前来帮忙。（如图15）

魔法助手帮忙收集四散之物的主题不仅出现在《灰姑娘》中。在《蜂王》这则故事中，若是有人想解除城堡中被施加的诅咒，他就必须找到散落在森林里的上千颗珍珠。两位傲慢自负的王子前往寻找，他们失败了，被变成了石头。而最小也最笨的王子却连试都没有试一下。"找到这些珍珠实在是太难了，而且这个任务也太麻烦了！——他在一块石头上坐下来，然后开始哭。"但是，这位王子在之前的情节中救过一群蚂蚁，这群蚂蚁帮他一颗不落地找出了全部的珍珠，并把珍珠整整齐齐地堆好。或许人类的心中充满了碎片人格，如果自我能够与其隐藏的伙伴建立起良好的关系，那么这些碎片就能够被整合到一起，形成统一的整体。

有时候，主人公并没有采纳魔法动物提供的解决办法。心灵的不同部分之间需要花费一些时间才能建立信赖关系。《金鸟》这则故事里的角色便受到了这个问题的影响。故事中的三位王子离家去寻找一只有着神奇的金羽毛的鸟。在寻找鸟的路上，兄弟三人都遇到过一只会说话的狐狸。狐狸乞求王子不要射杀它，作为回报，它会为王子提供好的建议。大王子和二王子都拒绝了狐狸的提议，试图杀死它。但等最小的那位王子遇到狐狸的时候，生性善良的他说道："小狐狸，别担心，我不会伤害你。"

狐狸让年轻的王子坐到它的尾巴上，然后带着王子像风一样疾驰。狐

第二部分　魔　法

图15　在灰姑娘的继母给她布置了一个不可能完成的任务后，鸽子和斑鸠纷纷飞来帮忙。画家描绘了这些野生的鸟帮忙时混乱又高效的画面（亚历山大·齐克，《灰姑娘》，1896）

狸和王子一路飞奔，来到了一个小村庄里。这里有两家客栈，它们坐落在道路两旁。其中一家客栈灯火通明，热闹非凡，里面的人们正在欢度时光。而另一家客栈又破又暗。狐狸告诉年轻的王子要选破的那家客栈过夜。虽然大王子和二王子曾经试图杀死狐狸，但狐狸依然给他们提供了同样的建议。不过，他们觉得狐狸是在胡说八道。

大王子想："要是我放着那家好客栈不住，选择去那家破烂简陋的客栈，那我岂不是一个大傻子？"因此他住进了那家热闹欢腾的客栈，过起了放纵狂欢的日子，忘记了金鸟，忘记了父亲，也忘记了狐狸的所有好忠告。

聪明的两位哥哥对狐狸的忠告嗤之以鼻："愚蠢的动物怎么可能给出高明的建议呢？"但是三兄弟中头脑简单的那位小王子按照狐狸的建议做了，因此他并未像两位哥哥那样被困在灯火辉煌的客栈里。

第二天早上，狐狸向小王子讲述了关于金鸟所在的城堡的信息。狐狸说，小王子可以在那个城堡内找到被关在木笼子里的金鸟，木笼子旁边有一只金笼子，但是他无论如何都不该把金鸟从木笼子里取出，放到金笼子中。尽管小王子在前一天晚上听从了狐狸的建议，但是这一次他没有听。他合情合理地断定："如果我把这只美丽的鸟留在丑陋普通的木笼子里，那么这肯定是愚蠢荒诞的行为。"由于小王子没有听取狐狸的忠告，他被抓获并被判了死刑。不过拥有了金鸟的国王告诉小王子，如果小王子能带回来一匹跑得比风还快的金马，那么国王就可以免他一死。

这个任务看起来根本无法完成，小王子很是气馁。但他在寻找金马的路上再一次遇到了前来提供帮助的狐狸。狐狸说："你瞧瞧，你之所以会遇到这些事，是因为你不听我的话。不过，请你勇敢，我会为你提供帮助，告诉你获取金马的方法。"狐狸告诉了他具体的操作办法，并警告他，在他找到金马后，他会发现金马旁边有一副普通马鞍和一副金马鞍，而他必须给金马装上普通马鞍。小王子又一次没有听狐狸的话，他心想："好马配好鞍，金马配金鞍。倘若我用了普通马鞍，那么对这只美丽的动物来说，岂不是太可惜了吗？"于是他再次被捕，并且又一次被判了死刑。这一次，拥有了金马的国王表示，小王子若想免于一死，就得找到住在金城堡里的美丽公主，并将她带回来。

小王子想要给金马配上金鞍，这种愿望同他想要把金鸟装进金笼子里的愿望一样，具有逻辑上的合理性。自我喜欢事物井然有序的样子，喜欢让每样东西都在它该在的地方。但无意识并不是这样起作用的。狐狸想让小王子知道意识并不能独立存在。金子与太阳有关联，而太阳是意

第二部分 魔法

识的象征。金马鞍和金鸟笼或许看起来美妙绝伦，但小王子若是给它们配上金马和金鸟，就会导致失调的局面。金鸟笼和金马鞍并不能创造必要的平衡。

狐狸厌烦了总是不听劝告的小王子，对他说："我真应该不再管你，放任你遇上坏事。"但它还是告诉了小王子应该怎么做。小王子还是没听，第三次被关押，第三次处于被判死刑的威胁之下。他的最后一项任务是移走挡住国王视野的一座大山。小王子拿了个铲子，挖了整整七天，但是根本没有一丁点效果。这一次，狐狸没再费心给他提出忠告，而是干脆替小王子完成了任务。小王子一觉醒来，发现大山已被移走。这是一个转折点，从此小王子开始听从狐狸的建议，然后一切都好转起来。他拥有了金鸟和金马，救出了两个哥哥，迎娶了公主。

自我难以接受人性的动物面所拥有的某种智慧。在心灵的不同部分得以和谐共处之前，它们之间不可避免地会存在分歧和冲突。但这样的状态也是合理的，它们并非从一开始就必须保持融洽的关系。想要一步到位地解决问题，这样的期待本就脱离现实。狐狸被一次次不听劝告的小王子搞得十分懊恼，但狐狸并没有就此抛弃他。成长需要重复，一个人在成功之前会经历很多次失败。但这并不是说失败就不会带来痛苦。小王子每一次不听劝告后都被关押并被判处了死刑。失败有时候会让我们觉得自己走进了死胡同，找不到任何出口。但倘若我们不放弃，坚持下去，我们就会得到帮助，获得更多机会，最终走向成功。

狐狸向小王子提出的最后一个请求十分出人意料。小王子和公主成婚，变成了王位继承人。多年后的某一天，正在林中走着的小王子突然遇到了狐狸。狐狸乞求小王子一枪打死自己，然后把自己的脑袋和爪子剁下来。很多年以前，狐狸曾向他提出过相同的请求，当时小王子拒绝了。他认为，狐狸给自己提供过这么多帮助，倘若他真的一枪打死它并将它的脑袋和爪子剁下来，那他未免太残忍了，而且这也算不上对狐狸的回报。但是这一次，小王子按狐狸的要求做了。在他开枪打死狐狸并将它的脑袋和爪子剁下来之后，狐狸变成了人形。原来这只狐狸是公主的哥哥。他在多年前遭到了邪恶咒语的诅咒，现在终于得救了。个性化的第一步是与动物本能建立起和睦的关系，但是我们必须将动物本能从暗处拎上来，使之拥有人性，才能真正完成个性化。无意识必须成为自我，狐狸必须被杀死，这样它才有机会重生为人。

这已经是我们第二次看到童话里的主人公对友善的动物做出暴力的举动了。起初，我们将《青蛙王子》里的公主把青蛙狠狠摔向墙壁的攻击行为解读为一种维护自身独立性的方式。现在我们了解到，我们还可以用其他方式来看待这种攻击行为。要是我们想让无意识的内容变得人性化，自我这一方就必须做出一定程度的暴力举动。无意识的内容无法以其天然形式融入自我，它必须经由改造才能与自我和谐共存。随着我们对魔法传统的研究不断深入，我们发现这些故事越来越强调友善与柔和，越来越强调要对自性那古老而隐秘的组成部分保持同情。但是任何改变都会破坏旧有的存在方式，因此以暴力作为隐喻是合适的。使用暴力的行为还表明了人类对力量的需求。驯服原始本能并不容易，高度发展的自我力量必不可少。不过暴力这个隐喻有其限度，因为这类暴力建立的并不是一组对立关系。由动物变回人形的这些角色总是对主人公充满感激，而暴力行为引出的这次转变则令其与主人公的关系更加密切。

当无意识过于强大时

动物性帮助我们完成了那些仅凭自我无法完成的任务，但动物性也能吞没我们。我们把动物性的力量融入自我的能力是有限的。动物性一旦过量，就可能带来失败和毁灭。主角被自己还没能力掌握的力量吞没是常见

第二部分　魔　法

的神话主题。在迪士尼动画片《魔法师的学徒》中，米老鼠试图用魔法师的巫术取水，但米老鼠很快就控制不住它召唤出来的这股力量了。

在能够安全地使用魔法力量之前，童话里的角色必须先对自身进行训练。这些角色常常需要接受纪律训练，让自我能够更有效地管理自身与无意识的关系，就像骑手学习如何驾驭马匹一样。在日常生活中，我们可以从忍耐沮丧、调节情绪、抵抗冲动等方面的能力看出一个人自我力量的高低。那些缺乏自我力量的人面临着被本能吞没后失去部分人性的危险。我们在童话《小哥哥和小妹妹》中可以看到此种转变。这则故事对比了小哥哥和小妹妹的自我力量，前者弱小，后者强大。在故事的开头，小哥哥和小妹妹被残忍的继母赶出了家门。被迫离开熟悉的环境之后，他们发现自己不知不觉间来到了森林深处。

故事的第二部分围绕小哥哥的口渴展开。小哥哥想喝溪水，但他们的继母是一名女巫，她已经对林中的所有小溪施下了邪恶的咒语。小哥哥和小妹妹来到第一条小溪边，小溪告诉小妹妹，只要有人喝了这条小溪里的水，这个人就会变成一只老虎。小妹妹苦苦哀求小哥哥不要喝溪水，不然"你就会变成一只野兽，将我撕得粉碎"。小哥哥克制住了自己，表示会等待下一次能够喝水的机会。两人来到第二条小溪边，小溪告诉小妹妹，只要有人喝了这条小溪里的水，这个人就会变成一匹狼。小妹妹表达了自己的恐惧，她怕小哥哥会变成狼吃了她。小哥哥听后再一次忍住了。但是等他们来到第三条小溪边之后，尽管小溪告诉小妹妹这里的溪水会把人变成鹿，但小哥哥再也没办法克制自己对溪水的渴望了。

从某些方面来说，《小哥哥和小妹妹》是《金鸟》的反面。在《金鸟》这则故事中，主人公必须学会听从他的本能。而在《小哥哥和小妹妹》中，小哥哥必须学会对抗自己的本能。我们在现实生活中面临的问题是既要在某些时候学着听从本能，又要在另一些时候试着抵抗本能。有些时候，我们会过分纵容来自无意识的本能，在这种时候，自我若想维持完整的人性，就必须学会对抗这些本能。有些时候，我们不明智地忽视了本能，在这种时候，自我得学会把纯理性的判断放到一边，与古老的搭档联合起来。我们需要根据具体情况随机应变，在接受本能冲动和对抗本能冲动之间灵活地做出选择。在《小哥哥和小妹妹》中，溪水被施了魔法，因此两位主人公必须抑制对溪水的渴望。我们必须先搞明白任务是什么（服从还是抵抗），在此之后，我们才能专心投入，集中精力去完成该做的事情。而每一个人每次面临的情况都是不同的。

小哥哥的任务是表现出约束力。他拥有的自我力量不如小妹妹，但是通过两次对诱惑的成功抵抗，小哥哥起码避免了变成猛兽之后吃掉小妹妹的命运，只是变成了一头不会伤人的小鹿。

小妹妹看到小哥哥变成动物后哭了，许诺永远不会离开他。她解下自己的腰带，将其套到小鹿的脖子上。然后她捡来一些芦苇，用这些芦苇编了一条绳子，将这条绳子固定到小鹿脖子上套着的那条腰带上。从某个角度来看，她对待小哥哥的方式似乎并不友善。通过给小哥哥套上项圈和绳子，小妹妹正在剥夺他的自由。但是换个角度看的话，小妹妹迈出了帮助小哥哥重获人性的第一步，她开始尝试着驯服野生动物。这就像鞋匠和妻子给小男人缝制衣服一样。衣服让小男人获得了足够的人性，得以让无意识融入有意识的自我，而小妹妹的项圈和绳子将小鹿从纯自然的状态中拎出，并将其送入与自我更为密切的关系之中。

小妹妹是帮助小哥哥的合适人选。她完善的自我力量不仅让她有能力抵抗具有魔力的溪水的诱惑，还使她能够与自己的无意识建立起和谐的关系。在这个故事里，小妹妹的无意识是以森林里的自然元素作为象征的。她听懂了溪水传递的信息，获得了警告，知晓了"喝下溪水就会失去人性"这一事实。这份自我力量还使她有能力驯服变成了小鹿的小哥哥，在带着爱意对待它的同时，强有力地管束它。

在安托万·德·圣埃克苏佩里所著的《小王子》中，驯服野生动物的主题同样扮演了重要的角色。小王子在造访了若干个星球之后来到了地球上，在这里，他遇到了狐狸，狐狸要求小王子驯服它。狐狸解释说，没被驯服过的自己同世界上的任何一只狐狸都没有区别，荣格可能会用"别无二致"来形容这样的状态。但若是有人驯服了它，那么它就变成了独一无二的个体：

　　对我来说，你不过是个小男孩，跟千千万万个别的小男孩没什么两样。我对你没有需求，你对我也没有需求。对你来说，我不过是只狐狸，跟千千万万只别的狐狸不存在任何区别。但是倘若你驯服了我，那么我们就会需要彼此。你对我来说就是整个世界上独一无二的存在。我对你来说也是一样。

　　驯服一只野生动物不仅能使它变得独特，还令它拥有了温柔的特质，变得既凶猛又顺从。动物本能保留了其力量，但这份本能已被自我看到，于是自我便可以与之合作。驯服过程将原始而野蛮的本能从无意识的暗处拎了出来，使之能够被自我所解读。狐狸告诉小王子："人只有在驯服一种生物之后才能真正理解它。"

为什么我们要读童话？

　　既然我们已经明白众多童话故事的核心主题是个性化，那我们还有必要花时间去一则则阅读这些故事吗？这么辛苦地逐篇读下去还有意义吗？我再一次想到了沃尔特·惠特曼的那首诗——《当我聆听博学的天文学者》。研究图表和数学公式是一回事，"在绝对的静谧中，望向星辰"是另一回事。知性地阐释童话故事和真的去阅读童话故事并不是一件事。而两者之所以不同，是因为故事影响大脑的方式有几分特别。

　　故事的重要性首先体现在童年时期。心理学家提出了一种理论，认为儿童可能是通过听故事来学习道德行为的，而不是通过理解抽象规则来学习道德行为的。规则是经过归纳和概括的文本，让孩子去理解并运用这些规则可能会有难度。相反，故事通过角色来说明道德准则，孩子很容易对这些角色产生认同感。在孩子面临具体的道德难题时（比如打碎盘子后是否要说实话），爱看《冰雪奇缘》这部电影的孩子不会问自己"根据道德准则，我应该怎么做？"，而是会问自己"安娜会怎么做？"。孩子运用经验来处理问题，而非运用理性的规则来处理问题。

对角色产生认同感是一个复杂的过程，孩子需要认真地体会主人公在故事中经历的考验与磨炼。孩子既要运用智力去理解故事的意思，又要运用情感去理解主人公的内心感受。从这个角度来看，角色后续的成长很像听故事的孩子的道德觉醒过程，因为只从智力层面去理解个性化的过程远远不够。荣格学派的学者约兰德·雅各比[1]说过："只有情感体验才能够释放我们的内心，只有情感体验才能带来必要的变革和能量的转变。"

情感体验和知性理解不同。正如荣格所说的那样："两者之间的区别大概相当于'在教科书里读到一种严重疾病'和'真的得了这种疾病'之间的区别。"故事位于知性理解和真实的情感体验之间的某个地方。听故事的时候，我们通过他人的经历来间接感受这些事件。故事中的角色体会到的痛苦和喜悦等情绪让我们感同身受。故事带给我们的远远不仅是客观的事实和纯粹且知性的阐释。故事带着我们进入了情感体验的领域，而荣格将情感体验视作成长过程中不可或缺的要素。

阅读故事的时候，我们体验到的间接感受会有多真实呢？从神经科学的角度来说，答案是非常真实。倾听故事的时候，你的大脑会和故事里的主人公的大脑有同样的反应。如果你正在倾听的故事里有人在拼命奔跑，想要躲开袭击者的攻击，那么你的大脑中负责协调奔跑的回路就会被激活。如果故事中有人正在遭受疼痛，那么你大脑中被激活的就是处理疼痛的回路。出于这个原因，当你的朋友向你诉说他有次绊了一跤，导致膝盖往后

---

1. 约兰德·雅各比（Jolande Jacobi，1890—1973），匈牙利心理学家，荣格的长期助手。

第二部分 魔 法

弯的经历时,你会猛地退缩一下。来自帕尔马大学的精神生物学教授维托里奥·加莱塞认为,在我们聆听一段故事的时候,我们的大脑会产生"生理层面的体验,而非仅仅停留在精神层面的体验。我们能实际体会到他人的思想、动向、情感、直觉和生活经验"。

这个现象被描述为讲故事的人和听众之间的"心灵融合",更正式的说法是"神经夹带"。研究人员扫描了正在交谈的两个人的大脑,他们发现在一个人讲述自己经历过的一段往事时,另一个人的大脑和讲述者的大脑里出现了同样的活动。这种神经夹带只会在有人讲故事的时候出现,除此之外的任何口头交流都不会引发这种现象。故事影响人类大脑的方式是其他事物无法复制的,正因如此,仅仅阅读童话故事的情节概述是不够的,我们必须阅读童话故事本身。

故事还能帮助我们更好地读懂他人的心思,而这会让我们在群体中有更好的表现。读心常被描述为一种超自然现象,但我们其实一直都在读心,只不过我们将其称作"设身处地站在别人的立场上思考",或者更简单地称其为"同理心"。要是我们想知道别人在想什么,最明显的线索往往藏在这个人的表情中,其中围绕着眼睛的区域尤其能提供信息。眼睛的表现能力很强,心理学家甚至会仅仅给你展示某人眼睛的照片,然后要求你选出其中传递出的情绪,以此评估你在推断他人精神状态方面的能力。这个测验被称作"眼神读心测验"。(如图16)

一组研究人员要求86名志愿者阅读一篇短文,随后对他们进行眼神读心测验。其中一半的志愿者拿到的是虚构短文,另一半志愿者拿到的是非虚构短文,研究人员发现,在测验前阅读了虚构短文的那一半志愿者,在眼神读心测验中获得的分数明显更高。故事提高了我们理解他人感受的能力,从而提升了我们在人际互动方面的表现。换句话说,故事增强了我们的同理心。

其他研究已经证实,故事对同理心的促进程度与人们阅读故事时的沉浸程度有直接关联。人们越被故事吸引,他们的同理心提升的幅度就越大。有时候你在阅读过程中只看到了文字,有时候你读着读着脑海中就开始浮

躁动的无意识

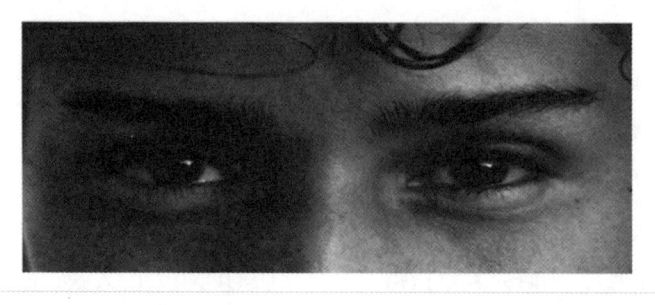

| 打趣的 | 安慰的 |
| 恼火的 | 厌倦的 |

图16 "眼神读心测验"的样题（你能仅仅通过这张照片里的眼神判断出他的情绪吗？）

现各种画面，并且将故事里发生的事件一一描绘出来。研究人员利用这个现象，根据志愿者头脑中影像的活跃度来判定他们在读故事时的沉浸程度。研究人员还发现，志愿者越是被故事吸引，他们就越能共情故事里的角色。这种作用还会影响志愿者在现实世界里的举动。作为实验的一部分，其中一名研究人员会"不小心"把笔掉到地上，然后观察志愿者是否会帮他捡起这支笔。研究人员发现，"志愿者是否被故事吸引"与"志愿者是否做出了帮忙捡笔的举动"之间存在显著的关联。

我们可以通过观察某个人血液中催产素含量的变化，来深入了解故事是通过什么样的机制来鼓励人们做出无私行为的。催产素是一种使我们将注意力集中在社会关系上的激素，如果我们对某则故事投注了情感，我们的体内就会分泌更多此种激素。在一项研究中，志愿者需要观看关于一个身患晚期脑癌的孩子的视频。研究人员发现，这些志愿者越是担忧视频中的孩子，他们体内的催产素水平就越高。催产素的水平提高之后，这些志愿者在现实世界中也会产生更强的助人意愿，研究人员通过观察这些志愿者愿意自掏腰包捐多少钱给圣裘德儿童研究医院来判定这种关联性。

读故事的时候，我们离开了自己的头脑，进入了故事中的各个角色的

146

第二部分　魔　法

头脑之中。（如图17）我们有了另外的视角去看待事物，这激励我们将他人的幸福放在自身的幸福之上，使我们成为更有用的社会成员。与此同时，阅读故事对作为个体的我们也有好处。布赖恩·斯特姆是北卡罗来纳大学查珀尔希尔分校的信息和图书馆学学院的一名教授，他认为人们一旦陶醉在故事之中，也即"迷失"在书里，他们的意识状态就会发生变化。为了更好地理解沉浸于故事之中是一种怎样的体验，斯特姆教授展开了一项研究。作为该研究的一部分，他参加了一些讲故事的活动，在活动现场采访了一些人。这些受访者形容自己"身临其境"，来到了另外的地方："我不再是坐在帐篷里听别人讲故事的那个人了……我来到了那些树林里，我看到了那些动物，这一切都是真的。"

人们比较了阅读引起的意识状态的改变与冥想能造成的效果。我们可以通过阅读来获得冥想能够提供给我们的一部分好处：压力减少了，自尊提升了，抑郁的概率降低了。根据英国的一项针对成年人阅读习惯的全国调查，"平均来说，经常看书的人对生活更为满意，更加开心，也更能感到自己的事业是有价值的"。研究人员并非最近才得出这个结论，人类在几千年前就已经知道阅读对健康有好处了。世界上已知最早的图书馆属于古埃及法老拉美西斯二世，其统治时期在公元前13世纪，根据该图书馆的大门上刻着的铭文，此地乃"灵魂的治愈之所"。

阅读虚构故事的经历甚至可以与神秘体验相提并论。有时候，我们会觉得作家笔下塑造的世界比平常的现实世界更为真实。讲故事的高手会利用神话主题来激活无意识，而神话里的这些原型角色和事件有时会过于引人入胜、扣人心弦，这就导致在我们将书放到一边之后，与书里的世界相比，日常的现实世界会显得黯然失色。

童话故事含有魔法元素，所以童话故事比其他故事更厉害。我们可能会忍不住思索这个问题：除了帮助我们更好地与他人相连，童话故事是否还有别的功能？我们已经知道魔法是无意识的语言，那么我们能否证明童话故事还能帮助自我与无意识相连？苏博茨基是前文中出现过的一名心理学家，他用"加大赌注"的方式向我们展示了成年人的魔法思维。他着手

147

躁动的无意识

图17 听故事可以让意识进入类似出神的状态
(《爱丽丝梦游仙境》,乔治·邓洛普·莱斯利绘画作品,1879)

开展了一项研究,用以评估这种联结的其中一个组成部分——创造力。我们也可以称其为"头脑想出新颖的办法,去解决有意识的推理所无法解决的那些问题的能力"。苏博茨基发现,与观看了不包含魔法元素的电影片段的那些孩子相比,观看了含有魔法元素的电影片段的那些孩子更具创造力。参与此项研究的两组孩子都观看了一则电影片段,但只有一组孩子观看的电影片段里有魔法出现。结果证明,有没有魔法出现带来了很大的差别。

为了开展这项实验,苏博茨基准备了两段十五分钟长的电影片段,片段选自电影《哈利·波特与贤者之石》(这部电影在美国播出的时候,和原著一起改名为《哈利·波特与魔法石》)。他找了一组评判人员,这些人并不知道实验的目的。苏博茨基让评判小组确保这两段电影片段在情感基调、节奏、情节的丰富性上保持一致,它们唯一的区别就是其中一段电影片段包含魔法场景，另一段电影片段则没有。在孩子们观看电影片段前和观看电影片段后，苏博茨基会分别根据若干衡量创造力的标准对他们进行一次创造力评估。观看电影片段前，两组孩童的创造力评估结果没有区别。观看电影片段后，观看了含有魔法场景的电影片段的那组孩子获得了明显更高的平均得分。在某些测量标准下，魔法组的平均得分比非魔法组的平均得分的两倍还要高。

带有创造性的思考通常意味着探索各种可能解决问题的方法，然后把问题成功解决了。这种思考方式被称作"发散性思考"。发散性思考是自发的、自由流动的、杂乱无章的，无意识的思考过程正是如此。相反，"收敛性思考"则按照自我的逻辑行事，试图找到唯一的正确答案。发散思考问题的能力并不依赖在智力测试中衡量的那种智力，而是存在于那些充满好奇心、做事坚持不懈的人身上，在那些对不符合常规的行为保持开放心态的人身上，在那些愿意冒险的人身上。基于苏博茨基的研究，我们现在可以再补充一句：发散思考问题的能力也存在于那些常常阅读魔法故事的人身上。

发散性思考是很有价值的技能。拥有这种思考方式的儿童在成年后更能获得创造性的成果，例如获得奖项、发明专利、发表文章等。或许这就是为什么传闻中爱因斯坦会认为，若是我们想让孩子在长大后为科学发展做出重要贡献，最好的办法就是给他们读童话故事。

全世界的人都喜爱童话故事，这些来源广泛的故事给我们带来了深刻的影响。孩童时期的我们热爱童话，长大后我们一直记着这些童话。童话之所以有着如此强大的影响力，是因为这些故事在演变了几百年或者上千年之后已经成为高度精练、极其有力的文本，诉说着在自我和无意识的联合不断增强的过程中产生的各种奇妙的事件。

我们渴望理解那些强烈影响着我们的生活的不可控力量，在这样的需求下，童话故事应运而生，但童话故事并非唯一由此产生的魔法传统。在信徒们的眼中，有些魔法艺术不仅描述了那些不可控力量带来的影响，还是可以创造财富或发现世上的隐藏真理的力量之源。虽然我们现在明白曾经的一些魔法传统只不过是徒劳的尝试，但其依然具有很大的价值。通过研究这些魔法传统，我们可以获得知识，但这些知识并非与外部世界有关，而是与我们自身有关。锁在我们内心深处的宝藏等待着被发掘的那一天。

炼金术

投射将世界变成了一个人自身的未知面的复制品。

——卡尔·古斯塔夫·荣格

化学和魔法

大部分现代学者都不太关心炼金术这个默默无闻的知识分支。在现代学者眼中，炼金术不过是迷信的集合，一些对化学反应性质的明显错误的解读。关于炼金术的作品往往怪诞离奇，读起来更像是神话故事而不是科学论文。很多相关的作品已经遗失，而留存下来的作品往往也很难解读，这是因为炼金术士当初写这些文章时就故意写得晦涩不明。他们将暗号、隐喻和谜题写在文中，保证自己所写的内容只有炼金术士才能看懂。

炼金术可以被分为三个互有重叠的分支：实用炼金术、炼金嬗变术（将像铅这样的贱金属变成金子）和哲学炼金术。从事实用炼金术的炼金术士采用的研究方法类似于现代化学家采用的研究方法，这些炼金术士试图想出办法来制造墨水、染料、合金、香水等贵重日用品。

致力于研究炼金嬗变术的炼金术士在三类炼金术士中最为著名。他们之中的许多人诚实地研究着化学的艺术。但是嬗变术这个分支吸引了各路江湖骗子，他们的主要工作就是骗取有钱人的钱财。自从有了这个类别之后，炼金术这个行当便蒙上了一层欺诈行骗的阴影，而这层阴影使其信徒有时候不得不在暗中继续秘密地做实验。

变铅为金的想法或许看着古怪，但其背后的理论从直觉上来说是有些道理的，而且这个理论与现代自然科学所基于的理论也并没有多大的不同。炼金术士认为所有实物都由两个部分构成：一是形式，二是质料。质料使得物体具有实体，形式则赋予物体以颜色、形状、质地等具体属性。一切

第二部分　魔　法

物体隐含的根本质料是一样的，而形式为每一个物体赋予了独特性。一个物体想要存在，形式和质料缺一不可。你无法单单拥有质料，因为你不可能拥有一个没有任何属性的实物。没有物体可以不具备形状、质地、颜色和重量。纯粹的形式也无法独自存在，形式是非实体的，它没有躯体，只是一个构想。一个物体的存在需要形式和质料相互结合。

虽然形式和质料是构成一个实物时必不可缺的角色，两者有着同等的重要性，但人类理解两者的能力并不一样。自我可以理解形式，因为自我习惯了处理抽象概念，但自我无法理解被古代哲学家称为"原始质料"的未分化的质料。自我无法理解质料，因为自我无法想象没有形式的东西。你或许可以想象一滴黑色的液体，但黑色是颜色，一滴液体是形状，两者都能为质料赋予形式。对自我来说，质料是比形式更深层的谜。如果你注意到英语中的 matter（质料）来源于拉丁语里的 mater（母亲），那你就会明白为何质料会是如此神秘、如此不可解释的一个谜了。质料是伟大的母亲原型的表现形式，该原型则从集体无意识的深处向人类施加影响。

所有实物都由质料和形式构成，这种理论究竟如何让炼金术士产生了变铅为金的想法？他们认为，既然一切物体都由同样的质料（原始质料）构成，那么按理来说下列做法是可行的：将铅的基础形式（贱金属形式）从其质料上剥除，然后将金的贵金属形式添加到质料上。炼金术士努力寻找办法，试图将实物的"灵魂"（其形式）与"躯体"（其质料）分离开来，再将这个"灵魂"与另一个"躯体"结合，使一种实物转变为另一种实物。想想从元素碳到钻石的转变吧，两者的质料相同，但形式大相径庭，这就导致前者是没什么价值的东西，而后者是贵重的宝石。在没有氧气的环境下加热钻石，可以驱离它在炼金术意义上的形式，将其变回元素碳。

铅和金或许并不像元素碳和钻石那样来自同一种实物，但两者确实共享相同的原始质料，这是一项被认可的科学事实。现代化学家认为，一切物体都由质子、电子和中子构成。理论上来说，我们可以通过改变原子核里的质子数量来变铅为金。铅原子核含有 82 个质子，金原子核含有 79 个质子。炼金术士之所以没办法变铅为金，是因为他们无法凭借化学反应来改变原子核内的质子数量。

以区分形式和质料的方式来理解这个世界,这一主题也在其他魔法传统中反复出现。这就带领我们来到了炼金术的第三个分支——哲学炼金术,该分支与对魔法和无意识的研究关系最紧密。这个分支之所以叫哲学炼金术,是因为它通过对炼金术现象的研究来探查大自然的秘密。哲学炼金术士的研究意图是找到由贱到贵、由短暂到永恒的转变中蕴含的秘密,这种秘密不仅与金属有关,也与整个世界有关。他们试图解开物质的秘密,这样就可以将理性和自然相结合,借助神秘的转变将世界变得高贵。

我们很难确切地知道哲学炼金术士的脑子里在想什么。正如炼金术的大部分方面一样,哲学炼金术士的思考过程和他们的最终目标都笼罩在一片迷雾之中。尽管如此,我们却不难想象为何这些炼金术士会认为化学反应可以很好地象征转变。当两个化学物质发生反应的时候,某种与我们习以为常的现象所不同的情况就会出现。在通常情况下,将两个物体混合在一起之后,我们可以在混合物身上看到两个物体原本的某些属性,比如我们能看到倒入咖啡里的奶油。而另一方面,化学反应创造出了新的东西,这种东西与化学反应前的原有物可能已全然不同。巴西尔·瓦伦丁是一名15世纪的哲学炼金术士,他描述了将灰色的金属锑转变成黄色的透明玻璃的步骤。如果你在网上搜索"化学魔法",你就会看到许多关于液体变色、冰里喷火、固体腾空的有趣视频。

哲学炼金术士的转变理论基于恩培多克勒的研究结果。恩培多克勒是一位生活在公元前5世纪的哲学家,他提出化学反应发生在爱和冲突的影响之下。有了爱,两种实物得以合体并构成新的东西(这种拟人方式类似于现代科学中形容某些化学物质之间具有亲和性的说法)。与之相反,若是原本合二为一的物体有了内部的冲突,这个物体就会分成两个部分,恢复到原本的样貌。爱和冲突分别被称作 eros(厄洛斯)和 logos(逻各斯),前者也是希腊神话里的爱神的名字,后者是英语中 logic(逻辑)这个词的词源。英语中表示学科的后缀"-logy"也源自于此,biology(生物学)这个

第二部分 魔 法

词就含有上述后缀。逻各斯与分析思维有关。

厄洛斯和逻各斯不仅将化学反应拟人化，还给我们提供了又一对关于无意识和自我的象征。厄洛斯与无意识相关联，是非理性的、与情绪有关的。它对身心皆有影响，不受我们的自主控制。厄洛斯还反映了无意识的"联结行为"，即运用交感巫术法则将事物联结起来的行为。逻各斯与自我相关联，是理性的，受到我们的自主控制。逻各斯是自我理解世界时常用的工具。荣格用"心灵连通"来描述厄洛斯，用"客观兴趣"来描述逻各斯。厄洛斯与直觉、认可、单纯的存在有关，逻各斯则同生产效率、确定目标、知性主义、对世界产生影响等事项有关。

回想沃尔特·惠特曼的诗句"在绝对的静谧中，望向星辰"时，或许我们可以这样看待他对星辰的神秘理解：这是一种可以用厄洛斯来描述的关联。我们会在分析某样东西时与之保持一定的距离，我们的研究对象与我们之间有着明显的分界线。倘若我们停止分析，开始单纯地欣赏某样东西，清晰的分界线便会渐渐模糊。天空中的星辰住进了我们的心里，给我们留下了印象。这份印象尚未被分析所解剖，因而得以保留完整，在我们心中成为原版星辰的复制品。这样一来，天空中挂着的星辰与脑海里留下的印象经由交感相似律联系到了一起。

大家或许还记得，我曾在前文中提过，荣格认为魔法传统及其基于的故事是对无意识的描述。荣格对哲学炼金术士的研究尤为感兴趣，他认为哲学炼金术士所做的化学变换研究是某种对个性化过程的隐喻。个性化是心理变换，是由自我和无意识的超然结合而造成的。

荣格对这些研究的兴趣源自他某天在无意间翻开了一本关于炼金术的古书。他惊讶地发现病人描述过的曾在他们梦中出现过的许多主题和象征都出现在这本古书中。荣格和他的病人们都不熟悉这些主题和象征。他开始急切地四处寻找或有名或罕见的炼金术手抄本。

荣格找到的其中一份炼金术手抄本是由巴西尔·瓦伦丁所写的《十二把钥匙》。该手抄本提供了一个例子，让我们得以看到炼金术士是如何利用象征手法来描述自己所面对的化学反应的：

找一匹饥肠辘辘的灰狼。灰狼，按其名字，臣服于寻衅好斗的战神马尔斯，按其血统，乃年长的农神萨图尔努斯之子，生活在世界的溪谷之中或高山之上，是一种极度饥饿的生物。将国王的尸体扔到灰狼面前，灰狼可以将其吃掉，获得营养。等它吃完国王之后，生一把大火，将它扔进火焰之中。待其烧尽之时，国王便能获得救赎。（如图18）

劳伦斯·普林西佩是约翰斯·霍普金斯大学的化学教授，他认为这段话描写的是提纯金子的方法。金是比喻意义上的金属之王。狼是辉锑矿，一种灰色的矿物，锑的硫化物。按普林西佩的说法，这种矿物保持着"饥肠辘辘"的状态，因为它会在高温熔化时以"令人屏息的惊人速度"熔解其他金属。将待提纯的金子加到熔化的辉锑矿中，金子里含有的杂质便会与辉锑矿中的硫结合，冒出表面，而金与锑会形成耀眼的白色合金。将合金放到火上加热，锑便会被分离出来，剩下的纯金便是瓦伦丁所说的"获得救赎的国王"。

普林西佩认为，用拟人的手法来描述化学反应物，不过是一种保证炼金术的奥秘不被外人所知的方法。只有具备了破解这些谜语所需的背景知识的人，才能明白谜语中真正想要传递的信息。不过，荣格将炼金术作品解读为对原型的表达。我们在刚才那一段短短的炼金术引文中能找到若干种原型：王权、掠食性动物、死亡、浴火重生。

荣格将这些主题视作集体无意识的表现形式。这些主题在炼金术中颇为重要，因为炼金术士将无意识的想法投射到了他们所从事的化学工作上。这样一来，炼金的艺术就变成了对无意识的内容的探索，炼金的配方就象征着自我（比喻意义上的炼金术士）为了让无意识的内容进入意识而不得不付出的努力。

第二部分 魔 法

图 18 炼金术寓意画，以象征手法将提纯金子的过程画了出来
手上拿着镰刀的老人是萨图尔努斯，人们常将其与铅联系到一起。和饥肠辘辘的狼（辉锑矿）一样，萨图尔努斯也正在被火焰灼烧，因为铅是人们挖出的金矿中常见的杂质（《巴西尔·瓦伦丁的第一把钥匙》，1678）

再谈投射

我曾在前文中提到过投射，当时我提及了将自身的阴影投射到他人身上所引发的结果，即虚伪和否认。这是一种具体且危险的投射形式，不过我们还可以从更为广泛的意义上去理解投射。人们感知到现实后，通过投

157

躁动的无意识

射将现实调整并塑造成能够反映自身无意识的模样。荣格曾这样写道:"投射将世界变成了一个人自身的未知面的复制品。"

想要理解投射是如何工作的,我们可以看一个简单的视错觉例子。(如图 19)

图 19 灰色方块错觉
尽管方块 A 和方块 B 的亮度看起来不同,但两者的亮度其实是一样的。我们可以通过在两个方块中增加连接的部分来看出这一点

正如我们讨论过的那样,在来自感官的所有数据中,能够进入意识的那部分数据是被高度处理之后的版本。在意识体验到信号之前,无意识的脑回路会先把这些数据翻译成头脑里的意识区域能够处理的样式。在这个过程中,无意识的脑回路还会将自己的解读添加在这些数据上。翻译和解读导致了投射的出现。无意识决定了感官接收到的数据究竟传递了怎样的信息,而你察觉到的便是这样的信息,而非真实信息的精准的复制品。

看看上面的图片中左边的部分吧。倘若你跟大部分人一样,那么你会觉得方块 A 的颜色比方块 B 的颜色暗。两者之间的亮度差异似乎是毋庸置疑的。但是右图证明了这两个方块的亮度完全一致。这种投射简直是太令人信服了,哪怕有了右图中两个方块之间的连接部分作为辅助,我们仍可能会觉得两者的亮度并不相同。将图片里除了这两个方块之外的其他地方全都用手遮住之后,我们才能看出两者的亮度其实一模一样。

第二部分 魔 法

方块 B 的颜色之所以看起来亮一些,是因为它处于圆柱体的阴影之中。当物体处于阴影之中的时候,它的颜色会比原本的颜色要暗一些,因此我们的大脑在这里做了一个校正。大脑的设想是这样的:这个方块处于阴影之中,所以它的真实颜色肯定要比它目前显示出来的颜色更亮。

古希腊哲学中有一个用于描述此类主观感觉体验的词。这个词是 phantasiai,意为来自感官的原始数据与对该数据含义的判定的结合体。因此,方块 B 的 phantasiai 便是眼睛记录的亮度经过"校正"后的样子。"校正"的标准便是大脑做出的判断:方块 B 的真实颜色肯定更亮,因为圆柱体的阴影降低了其亮度。从语言学上来说,phantasiai 与 phantom(梦幻之物)和 fantasy(虚幻的想法)这两个词有关。梦幻之物和虚幻的想法都没有现实基础,因此 phantasiai 这个词是在提醒我们,我们观察到的事物与客观世界里真实存在的事物或许是不同的东西。我们认为的客观现实在很多时候只不过是无意识的先入为主的成见。在这种影响比较小的时候,其中的区别只是亮度上的些微校正。但是在这种影响比较大的时候,phantasiai 可以赋予这个世界以各种原型的力量。

如果你将一张硬纸板剪成 V 字形,并且用光源从上方照射硬纸板,那么它便会在地面上投出 V 字形的阴影。在这种阴影从左向右移动时,位于地面上的小鸡不会有什么反应,但是等到这种阴影从后往前移动时,关于掠食者(鹰)原型的投射便会被激活,小鸡随即发狂发癫。有时候,投射用微妙且不易察觉的方式调整着我们的世界,它可能会创造出一种视错觉,也可能会赋予自然现象以情感内涵。举例来说,阴云密布的天空会给人一种阴郁忧伤的感觉。但倘若投射激活了原型,我们便可能产生惊骇或狂喜的情绪,甚至可能会彻底地重新审视自己的生活。

有些原型会以我们可以预料到的方式被激活。拿个橡胶蛇到朋友面前晃一下,你就能激起他脑中的掠食者原型。但对那些反映了某个人所独有的特点的原型来说,其激活方式就不那么明显了。总而言之,事物越是陌生,就越能唤起我们的投射。观察你不熟悉的东西时,你必须花更多的时间去想象它的构造,而你的个性会直接影响它在你脑海中产生的投射。焦

159

躁动的无意识

虑的人往往会在周围的事物上投射危险，因此他们常常会觉得陌生的环境和人很危险。相反，社交达人会在他人身上投射仁慈和友善，因此他们会很喜欢认识新的人。

含糊不清的东西也容易引起投射，因为我们的大脑会将缺失的部分补上。倘若我们在暴风雪后走出门外，看到每一根树枝上都盖着一层厚厚的雪，我们便会觉得眼前的景象要比平日里的样子更具有魔力。大雪将我们熟悉的景象覆盖住，引起我们的原型投射，进而在这种景象中注入了魔法。出于同样的原因，黑漆漆的房间比灯火通明的房间更令人毛骨悚然。看怪兽电影的时候，我们往往直到影片快要结束的时候才有机会好好看清楚怪兽的样子。导演知道看不见的怪兽要比看得见的怪兽更吓人，因为我们的无意识（它也是噩梦的来源）在看不清怪兽的时候便会产生投射，其效果远超任何特效。月光和烛光能产生与黑暗相反的效果，它们会令某个场景更有吸引力、更诱人，因为月光和烛光会促使我们产生神秘投射和浪漫投射。

投射会引发意识的非日常状态。当我们凝视冬日的第一场雪时，威廉·詹姆斯所说的环绕在理性意识周围的那层犹如蝉翼般轻薄的屏障便被穿透了。在那么几个片刻，一阵魔法袭来，改变了你四周的世界。黑暗的影厅里也会发生类似的事情。当模糊且虚幻的威胁在银幕上快速穿梭时，世界变了，它不再是我们通勤上班途中的那个世界，也不再是我们从小超市的货架上拿下一盒牛奶时的那个世界了。

不管是黑漆漆的、令人毛骨悚然的房间，还是如同被施了魔法的下雪天，它们都将我们从司空见惯的日常生活中拎了出来，使我们的意识进入了微妙改变后的状态。理想男性和理想女性的原型形象投射更具有戏剧性，这种投射能够让普通人看起来好似男神和女神，因此人们会患上被称为"坠入爱河"的暂时性精神失常，让意识产生长达数月的非寻常状态。投射可以为大部分东西注入来自无意识的活力。荣格学派的心理学家玛丽-路易丝·冯·弗朗兹是这样描述投射在学习过程中的效果的：

第二部分　魔　法

面对自己不爱的学科时，你不会遇到投射的情况，也就是说，你与这个学科无法产生任何关联。如果你此时不得不学习这门学科，它对你来说不会有任何意义，也无法与你的力比多（来自无意识的心理能量）相连。于是你不得不非常艰苦地学习，就为了能通过考试，但你往往在啃了十分钟书之后已经把刚才学的内容全都忘了。相反，若是你对所学的内容非常感兴趣，也就是说你会对这些内容产生投射，那么你就会变得感性，能够快速且轻松地学到非常多的知识。这就是教和学的全部秘密。一旦你入迷了，投射现象就会发生。

日常投射不像阴影投射那样总是坏的，它既有坏的一面，也有好的一面。通过产生被称为厄洛斯的情感联结，日常投射赋予了四周之物引起我们兴趣的力量，这显然是好的一面。在日常投射的作用下，我们得以在外部的世界里与自己的无意识相遇，有机会将无意识中的一部分内容融入自我，在个性化的道路上不断前行。坏的一面在于，日常投射扭曲了我们四周的人和物，导致了失真的结果。我们看不到这些人和物的真实模样，能看到的只是我们自身的隐藏面庞的写照（这是荣格的表达方式）。失真可能会让我们做出糟糕的决定，也可能会导致我们与周围的人产生不必要的冲突，比如焦虑的人会在陌生人身上投射敌意，这是一个由厄洛斯搭建的无意识联结带来负面影响的例子。

厄洛斯是一个通常被用来表示爱欲的词，用它来描述对负面内容的投射似乎有点奇怪。但在荣格心理学中，厄洛斯被用来描述并非由意识主动选择的情感联结，不管这种联结是好还是坏。举例来说，当我们对某个人产生憎恶的情绪时，这个人就拥有了可以施加在我们身上的力量——激怒我们的力量。当这个人惹恼我们的时候，他可能是有意的，也可能是无意的。在无意识的施动者行事时，这个惹恼我们的人可能对此完全不知情。这个人要比那些我们不在意的人更能占据我们的心思，我们对发生在他身上的事情会有更为强烈的情感反应。某种纽带（厄洛斯）已经形成，且难以切断。

161

相当

投射创建的联结不仅存在于人与人之间，还存在于自然之物和心理体验之间。向雷电投射威严和力量的原型时，我们的内心世界和外部世界便产生了联结。此类富于幻想的联结随处可见。在相似律的作用之下，金子成了国王，辉锑矿成了狼。

在炼金术中，相似律被称为"相当"。一句箴言最为清晰地表达了相似律的内容："如上，同下。"赫耳墨斯·特里斯墨吉斯忒斯的翡翠石板上刻着最为著名的炼金术文本，上述箴言便是由这份炼金术文本的其中一句话浓缩而来的："下与上相似，上与下相当，一物的奇迹由此实现。"对其最初的阐释是这样的：宏观世界（宇宙）里发生的事情与微观世界（个人）内部发生的事情相符，反之亦然。我们可以在占星术中非常清楚地看到这一点。按照占星术的说法，某人出生时众恒星与众行星的位置会影响这个人的性格以及他一生的命运。上文中的"一物"意义不明，但是这个"一"的概念在炼金术里非常重要。神秘格言"合众为一"是"往来相当"的基础。如果全部的事物都在一个巨大的统一体中来回流动，那么它们必定都以某种隐藏的方式相互联结。

现在我们已经明白，所有的原型都拥有光明面和黑暗面，众神既赐福又诅咒。另一组在原型中找到了统一的两重性是"地"与"天"。"地"指的是地下或地里之物，洞穴和生活在地下的动物是其原型的象征物，总而言之，地球上的万物都是它的原型的象征物。"天"指的是向上之物，小鸟、星辰与天使可象征其原型。

我们可以拿维纳斯来举例子。女神维纳斯是爱欲原型的化身，其影响力（将行星神与人类体验相联结的往来联系）既包含地之元素，亦包含天之元素。维纳斯身上象征着地的一面包含了肉体欲望，象征着天的一面则包含着将心爱之人的幸福放在自身幸福之上的无私之爱。自我可能会认为，在维纳斯身上，天的一面要比地的一面更高等，但两者都必不可少。若是没有地的一面，自我根本没有机会来到这个世界上，更不可能有机会做出孰优孰劣的评价了。原型之中天地两面的联合统一是"如上，同下"的又一则证明。高和低合二为一。

四要素

乍看之下，炼金术士的化学理论似乎陈旧而过时。但倘若我们凑近了仔细看，我们就会发现这些理论遍布在我们的文化里，甚至渗入了我们所说的语言之中。炼金术士的理论基于我们能够凭直觉想到的心理学事实，这就使其永不过时。倘若我们暂且放下怀疑，更多地将这些理论视作故事而非科学理论，我们便获得了欣赏其持久价值的能力。深入研究其中的三个理论之后，我们也会更了解无意识的思维模式。这三个理论分别是：炼金术士认为的万物的基本成分——四要素；古典行星及其关联金属；两个重要的炼金术过程——循环和联合。

先来看看四要素吧，它们分别是土、水、气、火。（如图20）人们认为，"万物皆由这四种要素构成"的理论源自恩培多克勒。这四种要素大致相当于现代化学中的四种自然存在的物态——固态、液态、气态、等离子体[1]。然而，跟现代化学家所理解的物态不同，每一种要素都有源自哲学思辨的象征意义，或者说源自无意识的内容的投射的象征意义。

土地与重、稳、向下等特质有关，因为重物会掉落。土地与母亲原型

---

[1] 等离子体（plasma），由离子、电子和未经电离的中性粒子所组成的物态。

（比如"大地母亲"的说法）相关联，在我们谈到丰饶多产和繁殖生育时，两者之间的关联尤为明显。我们用来感知物质世界的肉体和感官同样与土地相连。

水代表了所有的液体。我们认为水是一种容纳性要素，因其具备吞没和支撑的特性。和土地一样，水也与母亲原型相连。水具有流动性，因此我们还会把水与情感联系在一起。在英语语境中，我们可以在一些习语里找到水和情感之间的联系。这些习语将人描绘为容纳流水般情感的容器，例如"她体内情感满溢""他把自己对她的情感一股脑倒了出来""他将自己的情感装入了瓶中"。此外，我们也会说"一股焦虑""涌出的解脱""泛滥的情感"。生命从水中开始，一切生物都离不开水，因此，水还代表了生命。在童话故事和神话故事中，我们有时候会遇到一种被称作"生命之水"的魔法物质，这种水能够让生物康复，获得新生。神话般的"青春之泉"便是其中的一个例子。

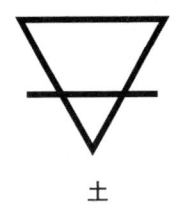

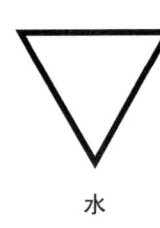

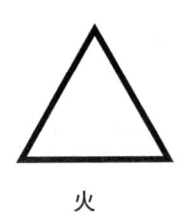

土　　水　　气　　火

图20　四要素在炼金术中对应的符号

从水中向上而行，我们遇到的下一个要素是气。人们将气与智力和精神联系起来，它们是并非实体的存在。气没有固定的形状，因此它可以填充或包围其他物体，这反映了智力容纳数量不限的、各不相同的观点和思想的能力。气还能穿入某些物体，接触到这些物体内部的本质。智力可以让我们从一个想法跳到另一个想法，正如气能够以风的形式从一个地方飞到另一个地方。气是精神的象征。希伯来语中的 ruach 一词可以表示"风""呼吸""精神""思想"。英语中的 psyche（精神，心灵）源自希腊语中的 psūkhein（呼吸）。在某些宗教传统中，造物之神将气吹入人们的鼻孔，以此唤醒他们，使他们进入有意识的状态。

最后一个要素是火。人们将火同移动和变化联系在一起。除此之外，火与气一样，让人联想到向上的趋势。在炼金术中，火产生的热常被用于开启化学反应，因此火让人联想到转变。出于类似的原因，人们还将火与灵感的火花（改变人生轨迹的新想法）以及将脑子里的灵感转变为足以影响外部世界的实践所需的热情联系起来。转变由两部分构成，一是旧的事物死去，二是新的事物诞生。转变既具有破坏性，也具有创造性。在银色的金属钠与黄绿色的氯气发生化学反应之后，两者均会消失，白色的食盐随之诞生。当威廉·华兹华斯[1]写下"孩童是成人之父"时，他描述的也是类似的事情。在人生之路上，我们会经历数不清的转变。每一次转变结束之后，旧的自我都会死去，新的自我都会诞生。那些抵抗这些转变的人，那些紧紧抓着破烂不堪的废旧之物不肯放手的人，将自己放到了与这项生命规则相对立的位置。有时候，超越功能会导致一场大的灾难。毁掉一个人珍视的一切，是为了强迫他回到迈向成熟的道路之上。倘若事情发展到了无法挽救的地步，我们会说"推倒重来吧"。在神话中，这个过程以凤凰涅槃为象征。凤凰在衰老之后浴火燃烧，重生为雏鸟。我们在提纯金子的炼金术配方中看到了反映这个过程的内容：被狼吞食的国王借助着火的力量得到了重生和净化。

气象征着灵魂中善于思考的方面，而火象征着灵魂中赋予生命的方面。灵魂不仅会深思熟虑，还是一团火花，能将无生命之物转化成一个可移动的物体，一个能够追求目标和欲望的物体。火是能量和行动的代名词。

这四种要素，或者按照今日的说法，这四种物态，对我们在物质世界里的体验至关重要。因此，使用这四种物质的状态作为隐喻的表达方式十

---

1. 威廉·华兹华斯（William Wordsworth，1770—1850），英国浪漫主义诗人，一生中的大多数时间居住在湖区，作品灵感多来源于此。

分常见，例如"稳固的表现""流利的发言""热情洋溢的性格""煽动性的讲话"。化学是日常生活的诗歌。每一个状态都有属于其自身的性格，是发生在人类的大脑内部，发生在肉体和心理之间的一次炼金术反应。

通过想象物体所具有的人格，投射赋予世界以生命。投射使我们能够看见无意识的施动者，并且可以更容易地理解它们。由无意识投射而来的最为复杂的人格，大概要属古代神话里的众多男神和女神的人格了。众神的神性特质使他们远在凡人之上，但他们的影响力却不局限于天空。他们的灵魂不仅栖居于行星和星座之上，还出现在地球物质的内部，尤其频繁地出现在金属之中。这样一来，他们的灵魂就处在炼金术士可以接触到的范围之内了。炼金术士将众男神和众女神的象征放在他们的瓶瓶罐罐里熔化、煮沸，向其祷告，盼望能够揭晓众神的奥秘，从而利用众神的力量。

古典行星及其关联金属

英语中的 planet（行星）来源于古希腊语中的 planasthai（漫游）。行星之所以被称为"漫游者"，是因为以背景恒星的位置作为参考时，这些行星的位置始终在改变。尽管夜空中的繁星似乎在绕着地球运转，但这些星星之间的相对位置保持不变，因此古人将其称为"恒星"。古人认为恒星和行星附着在围绕地球旋转的巨大透明球面上。而附有恒星的透明球面则是最外层的球面。

古人所说的行星是那些肉眼可见的行星：月球、水星、金星、太阳、火星、木星和土星。在英文语境中，上述古典行星的名字来源于七位神的名字[1]，古人认为这七位神支配着凡人的头脑。尽管现代天文学家不把太阳和月球归为行星，但是太阳和月球符合古人对行星的定义和要求，因为太阳和月球是在空中移动的，而非原地不动的。比如说，太阳会随着四季变换从北移到南，再从南移到北。

行星的排列顺序取决于其在天空中完整走上一圈所需的时间。除了月球和太阳之外，古人定义的那些行星在空中完整绕一圈的时间，大致等同于现代科学中的这些行星绕太阳一周的时间。古人不知道太空几乎是真空的，所以他们假设行星和恒星在天空中飞驰而过时会发出某种声音。他们认为每一颗星球都拥有属于自己的独特音色，这些声音全都合在一起之后便构成了"天体之音"。根据古人的理论，我们之所以听不到"天体之音"，是因为我们已经习惯了这种声音。自我们出生的那一刻起，"天体之音"就一直回荡在我们耳边，因此这种声音就像空调的嗡嗡声那样消失在了背景之中，不会被我们所察觉到。

每一颗行星都与一位男神或女神相关联，关联神赋予了该行星属于自己的特征。每一颗行星还同地球上的一种金属相关联，关联金属与该行星有着相同的属性。（如图21）金星对应的金属是铜，铜的质地相对较软，颜色为略带粉红的橙色，使人联想到晒黑的皮肤。火星对应的金属为铁，铁尤为适合制作在战争中使用的武器。行星和金属之间的这种关联清晰地体现了那句箴言的含义："如上，同下。"炼金术士认为，同一种精神会注入有关联的双方之中。行星或神所具有的特质，同样出现在其所对应的金属之中。

众行星不仅以各不相同的特质决定了地球上众多金属的属性，还影响了人类的心灵。从心理学的角度来看，行星神是无意识的内部施动者的化身。和所有无意识的内容一样，这些行星神既有光明的一面，也有黑暗的一面。他们借助情绪、激情、欲望等大量手段，有时伸出援手，有时进行破坏。但这些行星神不仅仅是各项属性相加之后的产物。他们将自身的对立面包含进

---

1. 这些古典行星对应的神的名字分别是露娜、墨丘利、维纳斯、索尔、马尔斯、朱庇特、萨图尔努斯。——编者注

躁动的无意识

月球	水星	金星	太阳	火星	木星	土星
☾	☿	♀	☉	♂	♃	♄
银	汞	铜	金	铁	锡	铅

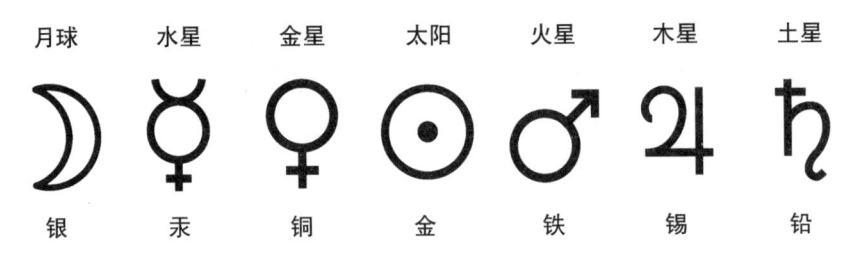

图 21　古典行星在炼金术中对应的符号及其对应金属

来之后，依然能给人一种连贯一致的印象。举例来说，马尔斯既被注入了无限制的狂怒，却也有着军事般的纪律；高贵庄严的众神之王朱庇特是公正的守护神，会惩罚那些破坏由神圣誓言建立起的信赖的人，但与此同时，朱庇特也是热情快活的节庆之神，甚至还是放纵享乐之神。这些行星神具有原型的特质，这就使得他们大于自身各个部分相加之后的总和。

我在本书的附录部分对这些行星神一一进行了描述。在这里，我只讨论其中的两位行星神，那就是墨丘利和索尔。墨丘利和索尔都代表了意识的原型。（原型通常与无意识而非意识相关，然而，作为全人类共享的心理基石的一部分，意识也有其自身的原型蓝图。）

在英语中，水星、其行星神和其对应金属（汞）共享同一个名字，那就是mercury[1]。三者相互之间都有关联。墨丘利敏捷、狡猾、雄辩、老练而有策略，是适应之神、变化之神、智力之神、语言之神。（如图22）汞还被称作"水银"（quicksilver，瞬息万变的银），因为它是如银般闪亮的液体。如同其他液体那样，汞也可以呈现出任意形状，这反映了语言能够描绘几乎一切存在之物的能力。汞被搅动后会裂成很多滴较小的液体，然后立刻连成新的形状。生机勃勃的汞具有将其他物体从自身的表面上反射出去的能力，还具有千变万化的裂开再重新连接的能力，这就使其成为智力和语言的恰当象征，而语言是智者表达自己思想的方式。

墨丘利管辖着那些裂开又重新连接之物，因此他变成了炼金术士的守

---

1. 用于描述水星和其行星神时，Mercury 的首字母需要大写。——编者注

第二部分　魔　法

图 22　墨丘利，戴着翅膀的众神之信使

护神。古希腊人将该神称作"赫耳墨斯"，所以炼金术有时候也被称作"赫耳墨斯之术"。

　　语言既能带来成效，亦能造成破坏。汞的表面上闪烁着反射光，但汞同时还是光滑的、躲躲闪闪的、有毒的。语言可以展现真理，但语言也可以反映不存在之物，比如编造的故事和谎言。因此墨丘利还扮演了诡诈的骗子的角色，并且变成了小偷的守护神。意识能够提供的进化优势之一，是让身体较为弱小的灵长目动物学会使用火、绳、杠杆等工具和各种技术，从而有能力智胜大自然。现代的耕种手段使得人类可以在沙漠里种出粮食。人类开采了油，在冬日里让油燃烧，从而给屋子带来温暖。人类发现了电，在太阳下山后，依然有办法获得光照。有意识的自我就像一个诡诈的骗子，四处搜寻那些隐藏的知识，找到后便对其加以利用，按照对自己有好处的方式将自然秩序打破。有意识的自我就像一个小偷，从大母神那里想拿什么就拿什么，丝毫不管她是否同意。

躁动的无意识

化身为罗马神索尔的太阳象征着逻辑和理性思维。（如图23）太阳对应的金属是不会被腐蚀的金。月球使人联想到变化多端的情绪，太阳则象征着永恒不变的理性。在古希腊众神之中，与太阳相关的神是阿波罗。最重要的阿波罗神庙位于德尔斐，其入口处刻着的"认识你自己"或许是哲学历史上最著名的箴言了。"认识你自己"也是古希腊哲学家苏格拉底在生活中的指导原则。他认为自己对大部分话题都知之甚少，因为他觉得在对自己缺乏了解的情况下就去研究其他事物是一种荒谬的做法。荣格同样认为充分获取关于自身的知识是自我的首要任务。代表着意识的太阳必须将其光芒照进我们头脑里的原始的暗处。

图23　罗伯特·弗卢德的《两个宇宙》中的太阳图案（1617）

炼金术士将他们操作的那些化学反应视作天神的爱、冲突和神圣转变在人间的表现形式。他们认为，行星神的灵魂就栖居在开启化学反应所需的这些金属内部。神将自身的优点赐予了金属，比如力量和光泽，神也将自身的缺点赋予了金属，比如易被腐蚀的特性和毒性。从荣格学派的精神分析的角度来看，与炼金术相关的众神是集体无意识的原型，他们从头脑内部向人类施加着影响力。关于这些男神和女神的种种故事让我们更加了解自己，也让我们更加了解驱使我们前行的、位于我们体内的这些力量。无意识并非成分单一的存在，其中有着各种各样的角色。这些角色有其个性，有着强大的力量和无与伦比的美。但这些角色也很危险，关于众神的古老神话并未粉饰这一点，弑母、弑父、杀婴、食人、乱伦、折磨等大量且可怕的主题出现在其中。这些神话很可怕，但它们同时也妙不可言。

循环和联合：劳作与爱

炼金术士熟悉许多今日的化学家使用的方法，包括蒸馏、发酵和使用溶剂。这些实用的方法伴随着颇具哲学气息的操作过程。荣格对其中的两种操作过程尤为感兴趣，它们就是循环和联合。

循环是指反复处理炼金术原料的过程。炼金术士认为这种操作很有必要，不然他们就无法得到想要的结果。弗朗兹是这样描述循环及其与心理转变的关联的：

原始质料必须经历持续不断的冲洗和精炼，因此整个工作流程的第一步便是反复蒸馏、冲洗和清洁。有的炼金术文本里要求将上述操作重复九次，有的文本里要求重复操作十五次，还有的文本里要求重复操作十年。这真是相当漫长的一个步骤，有时候，这就意味着对同一个问题的方方面面进行无尽无休的演练。这就是为什么在炼金术文本中，作者总是在暗示该项操作可以持续很

躁动的无意识

长的一段时间。我们需要没完没了地重复做同一件事，就好像我们会不幸地一次次陷入各种不正常的状态中，久久无法将问题解决，不得不一次又一次地审视这个步骤。

引领我们走向转变的那类成长总是需要许许多多次失败的尝试。以戒烟为例，人们平均需要尝试十次，才能真正做到长期戒烟。正如马克·吐温所说的那样："戒烟是世界上最容易不过的事了。我之所以对此有所了解，是因为这件事我已做过成千上万次。"托马斯·爱迪生在研发白炽灯泡的时候就经历了这种关于循环的挑战。想找到不会瞬间烧坏的灯丝几乎是不可能的事，但爱迪生没有放弃，将一次次的循环磨炼从头坚持到了尾。他说："我没有失败。我只是找到了一万种行不通的方法。"

人类需要不断重复同样的挑战，一次次犯下同样的错误，然后才能获得持久的成长，这样的主题在宗教里很常见。转世的信念在佛教和印度教中格外强烈，但古希腊人、古罗马人、古克尔特人和古条顿人同样具有此种信念。基督教神学虽然不支持转世的说法，但天主教徒相信炼狱的存在，他们认为，离世之人需要先在炼狱中完成净化，再进入天堂。但丁在他的《神曲》中将炼狱描绘成一座山的形态。（如图24）亡灵们一圈圈地绕着山向上攀爬，每爬完一圈，就克服了七宗罪的其中一项。

有些大教堂的中殿内含有迷宫，象征着走出罪行、迈向救赎之旅。（如图25）当你刚刚迈入迷宫时，你会有一种自己在直接朝着中心走去的感觉。我们会在刚刚遇到一个难题的时候觉得这个问题不难解决，只要改变自己的行为，做出理性的选择，我们便能走向成功。在大部分情况下，我们会在一开始迅速前进，但很快我们就会开始倒退。我们在现实生活中面临的情况也是这样，迷宫里的朝圣者会发现脚下的这条路正带着自己往目标的反方向前进。迷宫中没有捷径。要是我们想走到中心，我们就需要把迷宫的东南西北这四个方向都走一遍。

一旦我们认识到自己生活中的循环，我们就能看到他人生活中的循环。这种认识相当重要，在基督教里，它甚至变成了一种在道德上必须履行的

第二部分　魔　法

图 24　但丁的炼狱令人想到循环，我们可以在山顶找到关于联合（互补的对立之物合为一体）的象征
(《但丁的〈神曲〉》，多梅尼科·迪·米切利诺作品，1465）

责任。在《圣经·马太福音》中，彼得问耶稣："主啊，我弟兄得罪我，我当饶恕他几次呢？到七次可以吗？"耶稣说："我对你说：不是到七次，乃是到七十个七次。"

我们在《金鸟》这则故事中看到了循环在童话里的样子。年轻的王子一次又一次地对狐狸的话置若罔闻，每一次都落得被判死刑的下场。狐狸虽被惹恼但保有耐心，从未就此放弃王子，总是愿意再给他一次机会。1993年上映的喜剧电影《土拨鼠之日》讲述了一则关于循环的现代故事。比尔·默里在电影中饰演一名自私自利、愤世嫉俗的男子，他不得不一遍又一遍地重复过同一天，直到他学会了爱和同情，才终于摆脱了这种处境。

循环常常涉及一个人为了得到成长而付出的内在努力，但循环也适用于我们生活的这个世界。传奇的命运之轮便是其象征。命运之轮从不停止

173

图 25　恩典座堂的内部含有迷宫

转动，它随机地给我们这些凡人带来好运或厄运。我们无法掌控命运之轮，唯一可做的事情便是平静地接受这种永恒的转动。这种平静地接受生活里的起起伏伏的态度在佛教和斯多葛学派中扮演了最为重要的角色。

　　循环结束后，最后一步便是联合，对立的双方走向了统一。在荣格看来，这一过程象征着个性化。人们认为某些反应物是阳性的，而另一些反应物则是阴性的。不过，在不同的背景下，某个反应物的性质并不确定，就算它现在是阳性的，换个背景之后它可能就变成阴性的了。酸在通常情况下是阳性的，因为酸会腐蚀其他物质，看起来就像是在战斗和进攻。与之相反，人们认为银是阴性的，因为它具备光滑和美的特质。银容易失去光泽的特点反映了它的易变性，而在那个时候的人看来，易变性是情绪变化多端的女性所拥有的一种特质，与他们眼中稳定而理性的男性气概相反。

第二部分 魔 法

联合是这两种对立特质的结合。在炼金术图示中，这种结合以性、婚姻和阴阳人为象征。阴阳人即雌雄同体的人，这样的人不可思议、令人敬畏，既是男性，亦为女性。（如图26）

在许多神话中，原始人类都被描绘为阴阳人，用以表现一种完整统一的状态。柏拉图在他所写的《会饮篇》中讨论了爱之本质。在这本书中，诗人阿里斯托芬向大家讲述了一则关于远古时期的阴阳人的神话。这种雌雄同体的阴阳人十分强大，他们爬到了天界，对众神发起了攻击。为了保护众神，也为了教训人类，让他们摆正位置，宙斯将这些阴阳人砍成了两半。阿里斯托芬认为，浪漫爱便是被宙斯砍成两半的阴和阳对彼此的渴望，这反映了他们想要回到完整统一的初始状态的愿望。

在印度神话中，身为男性的湿婆和身为女性的帕尔瓦蒂共同组成了阿尔达纳里什瓦拉神，该神象征着宇宙中的阳性力量和阴性力量的结合。这样的结合让我们回想起乌洛波罗斯，因为这场神圣结合产生了整个宇宙，代表了大自然永恒的繁殖力量。阴阳两性一经分割，乌洛波罗斯便丧失了这种自我繁殖的力量。

英语中的hermaphrodite（阴阳人）这个词是由两位希腊神的名字经过合并和变形而构成的，这两位希腊神的名字是Hermes（赫耳墨斯）和Aphrodite（阿芙洛狄忒），分别对应着罗马神墨丘利和维纳斯。墨丘利象征着逻各斯——客观的、分析性的思维，维纳斯则象征着厄洛斯——因入迷而导致的、由欲望所驱使的那种与世界的主观关联。

在炼金术配方中，联合会产生一种被称作"苦水"的神秘圣水。苦水之所以苦，是因为我们与无意识的最初接触并不愉快。将注意力转向无意识时，我们首先遇到的便是自己的阴影。同样地，公主在初遇青蛙时觉得青蛙令人恶心。在个性化的起始阶段，我们获得的对自身的洞悉并不总会让人觉得备感荣幸。我们必须面对"苦涩的事实"，而这份苦涩可不会始终让人感到愉快和放松，有时候它会令我们泄气到不再继续追求对自我的了解。但倘若我们坚持不懈，我们便会实现最终目标。在炼金术里，最终目标便是以贤者之石作为象征的。

图26 阴阳人有着强大的力量，因为他们具备完整性

阴阳人手中的 Y 代表了大自然的本质存在，即阴阳双全。尽管阴阳人的传说来自异教神话，但是这张图中有一名教皇，说明作画者有意将阴阳人描绘为一名信仰天主教的人（迈克尔·马耶尔所绘的《金色祭坛的象征》，版画，1617）

最终目的地

试图做出贤者之石的努力被称作 magnum opus，即"伟大的工作"。贤者之石（实际上，炼金术士将其描述为液态或粉状的物体）拥有将贱金属变为贵金属的能力，它还是长生不老药，拥有使人返老还童的力量，象征着完美、启迪和极乐。荣格认为，贤者之石是自性的象征。

第二部分 魔 法

将石头视作毕生目标的象征有点出人意料。石头通常没什么价值，我们并不会重视它。石头躺在地上，人们踩之踢之。除了躺在那里，石头什么都不做。为何这种卑微之物是这一至高目标的象征呢？在那些用石头来象征永恒的物件（例如纪念碑和墓碑）中，弗朗兹看到了一丝线索。与之类似，上帝以"十诫"的形式所说的永恒的言语被刻在了石版之上。《圣经》中运用石头的另一个著名的例子出现在《圣经·启示录》中，上帝声称他将赐予那些坚定的人以一块白石，"石上写着新名，除了那领受的以外，没有人能认识"。石头在这里有着双重象征，既象征了永恒，又象征了个性化。

静止不动的石头还可以象征人生的骚动和混乱中的平静与安宁。弗朗兹声称，经历了大量的搏斗与苦难之后，我们有时候会得到拨云见日的结果，为了解决难题而付出的疯狂的努力被静悄悄的安宁所取代。

精神科医生常常在那些试图戒掉药物滥用的人身上看到这种转变。前来寻求治疗的药物滥用者时常怀着矛盾的心情。他们之所以来寻求治疗，是因为他们认识到自己的生活已走上歧途。一方面，他们知道药物在伤害自己的身心，必须做点什么来寻求改变；另一方面，他们又不想失去药物带来的一些好处。很多时候，这些人除了药物之外什么都没有了。在多年的药物滥用之下，他们早已丧失了其他兴趣，家庭生活也乱成一团，药物成了他们仅剩的安慰，因此他们无法想象离开药物后的生活会是什么样。我的一位同事就被她的病人这样问过："如果有人告诉你，你必须放弃自己的职业生涯，你会是什么感觉？这就是我想到要戒掉可卡因时的心情。"他们挣扎着想要找到一种两全的办法，既为他们保住药物带来的愉悦感，又让他们的生活重回正轨。不过他们早晚会意识到这是不可能发生的事情。他们的生活必须以几乎无法想象的方式发生改变。出乎意料地，他们在此时获得了平静。在他们最惧怕的事情成为现实之后，他们找到了平静和安宁，就像是变成了一动不动的石头。接受培训的时候，成瘾专家被告知过要等待病人来到这种静止的状态。因为这意味着转折点要来了，专家可以将对病人的治疗从讨论阶段转移到行动阶段了。

"伟大的工作"的起点是原始质料，一种较为低贱的物质。正如一则古老的炼金术格言所说的那样，用来制作贤者之石的材料"价格低廉，随处可见"。另一则格言则表示"材料出现在污物和垃圾之中"。炼金术士与《青蛙王子》里的公主并没有太大的区别。初次接触远古的无意识会令自我感到恶心，但是通过努力和长久的坚持，这个一开始看起来丑陋的东西在变形后成了极具价值之物。对公主来说，这种极具价值之物是她的真爱；对炼金术士来说，这种极具价值之物是贤者之石。

克服对心灵原始面的下意识的厌恶并不容易，但个性化正是从这个举动开始的。无意识的内容通过个性化进入了自我，以便其受到光亮的照射，变得更有人性。荣格引用了炼金术士莫里埃努斯的话："接受粪堆里被人踩过的污物吧，如果你不这么做，你在登高时便会没了台阶，从而摔个四仰八叉。"如果你拒绝了看似低劣之物，那你也就失去了站立所需之基底，无法走向更高的地方。

人类是自己的炼金术士，但我们"炼金"的方法同古人的方法并不相同。心理学告诉我们，投射将世界抹上了无意识的颜色。控制人类命运的行星神住进了人类的心灵深处，关于宇宙的炼金术箴言"如上，同下"来到了个人层面：如内，同外。

我们在这一小节中探讨的童话故事聚焦于原型的"地"这个方面，我们与大地的关联，以及我们本能的动物性。炼金术将栖居在地球上的金属内部的"地"之灵魂与行星神相连，以此带着我们一路向上。在下一小节中，我们会继续向上之旅，超越原型的"地"这一面的表现形式，离开动物，离开金属，来到数字那高深精妙的抽象概念之中徜徉与遨游。

神秘数字

数学是语言,上帝用其书写了宇宙。

——伽利略·伽利莱

哲学和直觉

与童话故事和炼金术学问里出现的原型叙事相比，数字或许显得枯燥无味、干巴巴的。但是宇宙中的神秘整数揭示了一则力量不逊于任何神话的故事。这是一则关于个性化的故事，带着我们从与自然无法区分的统一状态，走向了自性的各个方面被全然整合的神秘状态。

与童话故事相似，关于神秘数字的故事已流传了几千年，并随着时间的流逝不断演变。不过，关于神秘数字的故事与童话故事是两种不同的故事，后者主要激起的是情感，前者则通过哲学来获取其神秘意义，而哲学基于理性。

当童话故事切中要害的时候，当我们知道故事中含有某些重要的东西的时候，我们会感觉一切都豁然开朗。与之相反，哲学并不那么在乎感觉，它更在乎理性、审慎和深思熟虑。但哪怕是最为理性的哲学都建立在非理性的直觉之上，而非理性的直觉是无意识的产物。正如炼金术士莫里埃努斯提醒我们的那样，没有低处，我们就无法到达高处。

有一点很重要，我们需要记在心里：非理性和错误是两码事。非理性的看法来源于非理性的思考过程，而非理性的思考过程有着巨大的价值，因为并非所有的问题都能用理性的方法来解决。此外，正如我在前文中所说的那样，头脑中的非理性部分拥有庞大的信息处理能力，可以帮助我们解决那些对意识来说过于复杂的问题。在很多情况下，这些未被看见的过程成为理性的深思熟虑的出发点。比如说，关于公正的直觉告诉我们杀人和偷盗是错误的，而理性则将这份直觉扩充成堆满法律手稿的图书馆。

直觉的源头是隐藏的，所以古人编出了各种各样的故事来解释我们如何获得了这些内部的知识。柏拉图等古代哲学家认为，人类在出生的时候就已拥有知识，而学习是一种重新记起这些知识的方式。他们认为人类的灵魂在人类出生之前穿越了七颗行星各自附着的球面，然后才降临到地球上。在这个过程中，人类从每一颗行星中获取了知识。在直觉出现的时候，我们实际上是在取用来自这些行星的知识。

与童话故事相比，数字的神秘意义或许没有包含那么浓烈的情感，但我们从中找到的思想依然影响着我们思考的方式。关于数字的各种说法之所以流传了那么久，在众多文化中出现过，还吸引了许许多多的研究，是因为它们建立在我们共享的原型蓝图之上。不同的文化中关于数字意义的解读并不总是一致的，有时候这些解读会彼此矛盾，这也是不可避免的情况，但其中隐含的根本主题是相似的。研究数字的时候，我们会涉及不同来源的神秘传统，这样一来，我们便可以从多个视角来理解原型。

数字与大自然

数字变成了原型之戏剧的舞台，这并不出人意料。数字具有一些内在的魔力，看起来简直蕴含了宇宙的众多奥秘。

在通常情况下，我们通过科学实验来推进对世界的了解。研究人员先逐步提出关于某样东西的运行方式的理论，然后检验这项理论，看看是否能得到预期的结果。比如，医学科学家先假设某种用来治疗精神分裂症的药物或许对抑郁症也有效，然后设计出一项实验，该实验可以弄明白这个假设是否正确。

除此之外，我们还可以通过其他方式来了解世界，这个方式便是数字。数学家可以在纸上研究公式，发现超越符号之物。他们坐在房间里，除了笔和纸，以及他们的思想，别的什么都没有了。但他们就这样发现了人类从前并未知晓的关于物质世界的真理。希格斯玻色子是一种近期被观察到的基本粒子，最初是通过数学手段被发现的。在此之后，过了几十年，直到人类造出了大型强子对撞机，科学家才最终检测到了真正的希格斯玻色子。这个粒子之前从未被人看到过，它的各项性质与通过数学手段推断出来的性质几乎完全匹配。

物质世界为何会如此忠实地遵循着抽象数字的规律？科学家们对此开展过一场激烈的讨论，但是关于这一切究竟如何发生，又为何会发生，他们并未得出一致意见。诺贝尔物理学奖得主、物理学家尤金·维格纳[1]写了篇题为《数学在自然科学中不合理的有效性》的论文。在该论文中，维格纳写道："用数学语言来阐述物理规律竟然如此合适，这个奇迹是一份绝妙的礼物。我们理解不了它，也配不上它。"

我们没办法解释这份礼物。维格纳在第二次世界大战期间参与了曼哈顿计划，是一位坚定且冷静的科学家，但他却选择引用诺贝尔文学奖得主、数学家兼哲学家伯特兰·罗素[2]的话作为论文的开篇，这就为我们将数字作为某种神秘之物来理解创造了条件：

> 人们认为数学既包含真实，又具备至高之美，这种看法是正确的。这种至高之美清冷而简朴，犹如雕塑之美。它没有深入人

---

1. 尤金·维格纳（Eugene Wigner，1902—1995），理论物理学家，对数学物理学亦有贡献，1963年因其"在原子核和基本粒子理论上的贡献，尤其是对基本对称性原理的发现与应用"获得诺贝尔物理学奖。
2. 伯特兰·罗素（Bertrand Russell，1872—1970），英国哲学家、逻辑学家、数学家，1950年获得诺贝尔文学奖。

类的本性软弱之处，没有绘画和音乐那绚丽辉煌的装点之物，只是纯粹，纯粹到令人叹为观止。它拥有最伟大的艺术才可能展现出的绝对完美。我们必然能够在数学中找到真正的愉快、极度的兴奋和幸福、超越人类的感觉（这是至高的卓越的试金石），正如我们必然能够在诗歌中找到这些东西一样。

数学是现代科学的框架，是人类意识之花。花朵的成长离不开泥土，数字也是一样，它扎根于人类的无意识的深处。如同原型故事那样，数字蕴含着多种多样的意义，既有关于宇宙的意义，也有关于个人的意义。数字给我们提供了一扇窗口，让我们得以窥见无意识如何理解宇宙以及我们在宇宙中的位置。

作为神秘实体的数字

尽管我在前文中提到许多传统都赋予了数字以神秘含义，但是这个小节的内容将主要聚焦在源于毕达哥拉斯学派的一些想法上面。毕达哥拉斯是一位古希腊的哲学家兼数学家，他相信数字是真实存在的东西，而不仅仅是用来表示物体数量的便捷途径。他认为，世界上不仅有两个苹果、两个盘子、两个人，数字"二"本身就是真实存在的。它并非纸上的墨水，并非用来描绘"二"的线条。它是"二"这个概念，独立于用其表达数量的物体，独立于其对应的书面形式。

将数字"二"认定为实物或许显得奇怪，但是毕达哥拉斯等古代哲学家认为，由思想构成的非物质世界要比由物体构成的自然世界更真实。关于

躁动的无意识

这个观念的最为著名的例子要属柏拉图的洞穴之喻。柏拉图认为，那些看起来真实的物体不过是投射在洞穴墙壁上的影子，这些物体是思想领域内的真正存在的模糊表现。

认为思想比物体更真实的哲学家观察到世上的某些东西是完美的，而其他东西并不完美，在某种程度上，他们的理论正是基于此等观察结果。拿直线举例，当我们在脑海里想象一条直线的时候，它是完美的。但如果我们尝试在纸上画一条直线，它便是不完美的。哪怕你用尺子来画，画出来的直线也不可能是完美的直线，因为纸张并不完美，而且构成墨水的分子本身还会跳跃并颠簸。构想是完美的，而每一次的构想在物质世界中的实践都是不完美的。

这些哲学家还注意到，物质世界里的一切都处于持续不断的变化之中。古希腊哲学家赫拉克利特指出，你不可能两次踏入同一条河流。哪怕只过去了一秒，现在的河流也已不是刚才的河流了。同样的道理也适用于橙子。一只橙子肯定处在逐渐成熟、逐渐腐烂、归于尘土的道路上。物质世界里的一切都处在变成另外的东西的过程中，正因如此，物质世界被称为"变世界"。而抽象概念是恒定不变的，比如关于线的概念。古代哲学家将不变的抽象概念同物质相对比，将概念世界称为"定世界"。

在古代哲学家看来，不完美的、分解中的物质世界劣于完美的、永恒的概念世界。这种看法并不奇怪。来自杰拉什的希腊哲学家尼科马库斯在其《算术概论》中这样描述道：

（数字）是非物质的、永恒的，它没有终点。维持不变是它的本性，它依从自身的本质而存在。每一个数字都应该被称作真实存在的事物，而那些卷入了诞生与毁灭、生长与缩减的（自然界中的物体）……则处在持续不断的变动之中。尽管这些物体被称作实物……但根据性质来看，它们却并非真实存在的物体，因为它们在哪怕最短暂的时间段内都无法保持在相同的状态之下，而

第二部分 魔 法

是始终在各式各样的变化中穿梭。

另一位哲学家普罗提诺写道:"数字的存在先于一切被数字所描述的物体的存在。种种感官对象不过是让灵魂回想起了数字的概念。"回想这个词很重要,因为它表明了普罗提诺的看法,那就是灵魂与数字曾经有过更加直接的联结。我们与原型接触的时候也会有这种感觉,就好像原型是某些我们早就知道的东西。

如果我们将数字作为"游荡的实体"(脱离其限定的物体而独立存在之物)来理解,数字与讲述关于超自然灵魂的故事的魔法传统就产生了联结。如同古代神话里的众神那样,不同的数字有着不同的特征和个性。从神秘主义的角度来理解数字,是人类心灵的隐秘房间的另一个入口。

从魔法的角度来看,最重要的数字是整数一到十。这十个数字描绘了一个宇宙中的进程,讲述了出生、成长、死亡、超越然后回到统一的故事。在许多古代传统中,一切都从"一"开始,从万物的起点和终点(乌洛波罗斯)开始。"二"是灾难性的分离,将"一"撕开,为多样性做好了准备,让"一"成了"多"。"三"是第一个关于灵魂的数字,赋予了不可知的原始质料以可理解的形式。"三"是火花,令物质迸发生命。"四"是关于物质的数字。"三"与"四"的组合,即"形式"和"质料"的组合,使得因"一"裂开而出现的种种物体有机会区分彼此、获得身份。"五"是关于人类意识的数字,"六"是关于人类在物质世界中前进的数字,"七"是关于内在成长的数字。"八"带着我们进入超越理性的神秘世界,"九"是旅程的最终段,带着我们来到"十"这个神圣的数字。"十"是被毕达哥拉斯学派崇拜的数字,同时拥抱统一和关于神秘超越的多样性。

躁动的无意识

一：全部

"一"是统一的原型。"一"就是"全"。"一"是一开始就存在的事物，它包含天地万物。一切都源于"一"，一切也将回归到"一"。在宇宙诞生的那一刻，在大爆炸发生的时候，宇宙是以单一的点而存在的。除了那个无穷小到接近于零的点之外，宇宙中什么都没有。这个无限小的点包含了全部，容纳了一切。

乌洛波罗斯是"一"的其中一个象征。在我们还未醒来、还未拥有意识的时候，我们与大自然是一体的。最终，在我们死去之后，我们又会回到大母神之中。光灭了，我们与大自然再次形成统一的整体。在炼金术士克莱奥帕特拉撰写的一份手稿之中，我们可以看到一幅较为著名的关于乌洛波罗斯的图像。图中写着"ἓν τὸ πᾶν"，即古希腊语中的"合众为一"。（如图27）

图27 10世纪的炼金术手稿中的乌洛波罗斯插图，复制自3世纪的炼金术士克莱奥帕特拉的作品

第二部分　魔　法

"一"对人类有着不可思议的神秘吸引力。"一"对思想的所有领域都有影响，其中最为明显的领域是宗教和哲学。你或许听过这么一则笑话：一个佛门僧人告诉卖热狗的小贩"我要一份加所有小料的热狗"[1]。自然科学家同样感受到了"一"的引力，渴望建立一个统一的理论，以此解释所有的观察结果。在物理学中，名字平淡无奇的"标准模型"将宇宙中接近无限数量的东西简化成了一小批基本粒子的组合。哈里·克利夫[2]是一名粒子物理学家，他试图在欧洲核子研究中心的大型强子对撞机中寻找新物理学的征兆。他是这样描述此项搜寻的："物理学家心中存有某种执念，那就是统一所有事物，将种种复杂的现象简化为单一的基础现象。"有些人相信弦理论或许可以引领我们找到这种终极的单一之物（振动的弦），它孕育了万物。

二：大胆

"二"象征分离的原型。"二"打破了"一"那永恒的完美状态。出于这个原因，毕达哥拉斯学派将其命名为"大胆"。"二"还代表了意识的浮现。意识从无意识之中脱离出来，这是一种对包罗万象的乌洛波罗斯的反叛。意识就像说出"我不愿服侍上帝"的路西法一样，挣脱了对大自然的未经思考的服从状态，努力打造了属于自己的王国，一个以沉思和选择为特色的王国。在神话中，这个醒来之后进入意识状态的过程，这个从无意识的大

---

1. 原文是"Make me one with everything."，既可以理解为"我要一份加所有小料的热狗"，也可以理解为佛教理念"让我与万物合为一体"。这则笑话还有后续。僧人拿到热狗后，等着小贩找钱，小贩说了句"Change comes from within."。这里再次出现双关，既可以表示"找给你的钱在里面"，也可以理解为"变化从内而来"。僧人只好离开。但在别的版本中，僧人随即掏出一把枪，小贩表示"你这是要做什么？"，僧人答了一句"This is my inner piece."。这里第三次出现双关，既可以理解为"这是我内在的平静"，也可以理解为"这是我藏在衣服里面的家伙"。
2. 哈里·克利夫（Harry Cliff），剑桥大学的粒子物理学家，2015年在TED做了题为《我们走到物理的尽头了吗？》的演讲，著有《如何从头开始做一个苹果派》。

自然或者说宇宙母亲中脱离出来的过程，有时候会被描绘为将乌洛波罗斯杀死的过程，其中的乌洛波罗斯常常以龙的形式出现。（如图 28）

图 28　在这幅插图中，象征着无意识的龙是暗色的，象征着意识的主人公则被其金色的盔甲、环绕其头部的光环和太阳所照亮
（安杰洛斯·阿科坦托斯绘制的《马背上屠龙的圣乔治》，约 1425）

《圣经》中关于亚当和夏娃的故事也描绘了意识的觉醒过程。在人类堕落之前，世界上只有善和统一，亚当和夏娃并不需要同自身内部的邪恶面做斗争。他们本能地、毫不费力地就能保持善良，他们的意志与上帝的旨意是一致的。

吃下分别善恶树上的果子之后，亚当和夏娃才开始意识到两重性的存在。至此，他们具备了看到两面而非一面的能力。他们不得不做出选择，

第二部分　魔　法

因为统一的状态已经被折断。基督教教义将亚当和夏娃偷吃禁果的行为称为"原罪",因为此乃反叛的行为。但亚当和夏娃的这项行为也被称作 felix culpa,拉丁语中的"幸运的罪过"。人们之所以用"幸运的"来描述他俩的行为,是因为这一举动引出了上帝化身为耶稣来到人间的奇迹。我们还能以另一种方式将其看作幸运的举动。这则故事告诉我们,亚当和夏娃的此等行为给了人类选择善或恶的能力。这项能力可被视作授予了人类高贵的头衔。选择与人为善远比在不知不觉中做善事要难。通过从无意识的完美转变为有意识的不完美,人类的堕落在某种意义上构成了一种道德进化。

意识觉醒导致的心灵分裂既有正面的特质,也有负面的特质。尽管人类在获得道德责任之后得到了提升,变成了更高级别的存在,但我们通常从负面角度来理解两重性,正如我们在"阴一套阳一套""说一套做一套""两面派"等说法中看到的那样。在埃德蒙·斯宾塞的史诗《仙后》中,善良的公主名为尤娜(Una),邪恶的女巫叫作杜艾莎(Duessa)。两人的名字分别由数字"一"和"二"演变而来[1]。杜艾莎的主要特点是表里不一。她总在欺骗,真实的她和表现出来的她是两个不同的个体。而尤娜的外在形象和内在形象是完全一致的。

正如我们在关于阴影的那个小节里看到的那样,"二"不仅象征冲突,还代表平衡。"二"是朝着互补两极的分裂:男与女,日与夜,太阳与月球,物质与精神。原型会将对立的事物统一起来,这也是原型无法被自我理解的部分原因。在对立之物被分开之后,难以理解的混乱变成了易懂的秩序。"一"超出了理性自我可以接受的程度。理性需要两重性。

我们可以这样解读《圣经·创世记》里出现的创世神话:上帝通过分离对立之物的方式,从混乱中创造出了秩序。"神说:'要有光。'就有了光。神看光是好的,就把光暗分开了。……神说:'诸水之间要有空气,将水分为上下。'……神说:'天上要有光体,可以分昼夜。'"

让我们离开宇宙,看看两重性在个体层面扮演的角色。这样一来,我

---

[1]. 拉丁语里的"一"和"二"分别为 unus 和 duo。

们就会发现，分离从我们出生的那一刻就开始了。我们离开母亲的子宫——如同乌洛波罗斯般自给自足的天堂，进入相对孤立的冰冷世界。经历了出生时的这次分离之后，婴儿逐渐形成了意识，此时第二次分离开始了。自我脱离了其本能的起源处。正如我在前文中提到过的那样，成长的过程就是自我不断增强的过程。随着孩子逐渐成熟，他们学会了先思考再行动。他们被教导要压制本能，要控制情绪，要获得理性思考那令人生畏的能力。

但是通过增强自我而获取的对环境的操控力，是以失去赋予生命以魅力的魔法作为代价的。正如苏博茨基在他儿子身上观察到的那样，我们不再感到大自然对我们有特定的兴趣了。我们与自身的起源（深层的、非理性的无意识）之间的关联被切断了。这样一来，我们就产生了想要回到统一和谐的极致快乐中的强烈渴望。我们可以通过睡眠来进入无意识的状态，也可以通过醉酒来变得神志不清。我们渴望逃离冲突，躲避复杂，摆脱人类需要面对的种种矛盾，从而恢复到"一"的简单状态。但是我们没办法回头，我们只能向前走。

三：爱

"三"象征联系、灵魂和理解的原型。"三"是对"一"发出的第一个回音。"二"将统一的"一"分割成两个对立之物。"三"将这两个对立之物结合起来，重新产生联系。"三"会带来联合并创造出统一，所以被毕达哥拉斯学派称为"爱"，而恩培多克勒则用"爱"来描述两种反应物结合后生成某种新的东西（第三种东西）这样的化学反应。当两个人坠入爱河时（这条爱河便是将两人相连的第三个实体），他们可能会感到彼此渐渐相融，合并成了单一的整体。爱愈合了让神话中的阴阳人备受折磨的分裂状态。在某种程度上，"三"为"二"的可怕分裂提供了正当理由。比起盲目且无意识的乌洛波罗斯所具备的统一状态，因爱而恢复的统一是更高层级的统一。

第二部分 魔 法

在西方文化中，关于"三"的内在统一的最有名的例子是基督教的三位一体：一个上帝，三个位格。除此之外，"三"还在其他方面象征了整体性。我们会说开端、中段和结尾，会说出生、活着和死亡，会说早晨、中午和晚上。"三"还是理解的开始。从"三"开始，样式出现了。正如伊恩·弗莱明在他的其中一本以詹姆斯·邦德为主角的惊险小说里所写的那样："一次是偶然，两次是巧合，三次是敌方行动。"

与"三"相关的几何图形是三角形。在希腊字母表里，三角形表示字母delta（Δ），这就让人联想到divinity（神性）。维奥蒂亚[1]的居民运用这个三角形的字母，将众神之王宙斯的希腊名字从Zeus改为了Deus，后者变成了拉丁语里表示"神"的通用词，也是英语单词deity（神）的源头。"三"是关于神圣灵魂的数字。

一个点是统一的存在，两个点决定一条线的位置。三角形与点和线不同，它是能够围起一块区域的第一个几何图形，因而可以被称作形状。我们也可以换一种说法，将三角形称为第一个拥有形状的数字。炼金术士将形状看作某种精神或灵魂。"灵魂"这个词在这里的用法和它在今天的用法不同。在现代，相信世界上有灵魂的人们在谈到灵魂时，指的仅仅是人类的灵魂，或许还包括一些动物的灵魂。但是在古代，灵魂的概念有着更为广泛的应用。

在最广泛的意义下，万物皆有灵魂，因为一切事物都拥有形状，都能够将原始质料变成具体的东西。正是精神，或者说思想，给原始质料注入了特征和意义。

较为狭义的灵魂被用来区分有生命的生物和无生命的物体。灵魂赋予无生命的物体以火花，使其变成了活物。在现代的化学反应式中，希腊字母Δ表示热或火，是促使化学反应启动的诱发因子。在物理学中，Δ表示任何形式的变化，被用于区分静态环境与动态环境。

---

1. 维奥蒂亚（Boeotia），希腊的中希腊大区的一个州，在雅典的西北方。

四：物质

在思想（形状）出现之后，物质也跟上来了。物质赋予思想以有形的存在。"四"是物质世界的原型的象征。数字"四"之所以让人联想到物质，是因为古人的四要素：土、水、气、火。按照几何学的说法，第四个点带着我们离开了三角形构成的二维平面，来到了四面体形成的三维空间。在二维的三角形的上方放置一个点之后，我们第一次见识到了立体图形。（如图29）通过"四"，我们进入了具有物质的世界。

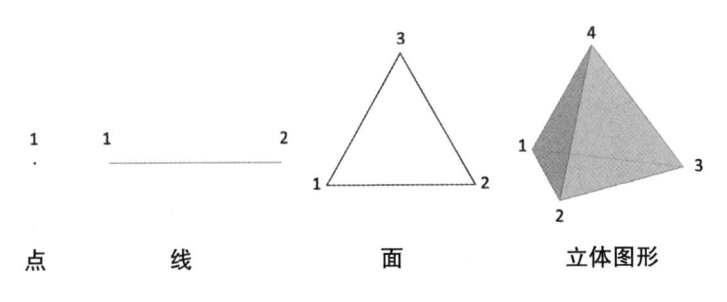

图 29　四个点才能构成立体图形

"四"是关于物质的数字，象征着稳定性。"四"与完整性、公平和正义相关联。英语中的 a square deal（公平交易）中的 square（公平的）一词也可以表示"四方的"。指南针上有东南西北这四个方向，一年有春夏秋冬这四个季节。正方形有四条长度相等的边，是几何学中的稳定性的代表。曼荼罗象征着统一和完整，它建立在正方形和其他四边形的基础之上。（如图30）

除了信仰、希望和爱这三项包含着我们与神明的关系的天界美德，古典时代还有公正、坚韧、克己和智慧这四项基本美德，它们聚焦于我们与尘世的关系。

"四"是稳定之所。我们从"点"一路来到了"立体图形"，从几何学的角度来看，我们已经走到头了，没有再往上的空间了。我们看到了物质世界的基本四要素，我们走过了地面上的四个方向，见识了一年里的四个

图 30 不知名的西藏艺术家创作的《金刚界曼荼罗》，19 世纪

季节。我们依赖方形的稳定性和完整性，但我们尚未实现目标。什么事物可以推动我们前进？什么事物可以打破密实且稳定的"四"，将我们从中带出？

五：精髓

"五"象征了人类灵魂（精髓）的原型。英语中的 quintessence（精髓）来源于拉丁语中的 quinta essentia（第五要素）。它是存在于四种物质要素之外的神圣物质。在英语中，"第五要素"指的是一样东西最好、最纯、最浓缩的要素。

在某种程度上，"五"令人回想起关于灵魂的数字"三"，但两者亦有区别。"三"是物质中的灵魂，是赋予无生命之物以生命的火花。"五"则将灵魂带到了下一个层级，这个层级的灵魂意识到了自身。"五"是人类的数字。"三"对统一有着强烈的回响，而"五"则没有这种反应。"五"距离"二"的分裂更近。"五"将有意识之灵魂与无意识之物质相结合，创造出了某种奇怪的新东西——被唤醒之后拥有意识的动物。

人类拥有五种感官，每一只手拥有五根手指。此外，我们还有四肢加一个脑袋，使人回想起四种物质要素加上"第五要素"。因此，五芒星，即五角星，是人类的象征。（如图31）五芒星上下颠倒时可以作为魔鬼的象征，用于代表堕落的人类，但它也可以有灵魂降入物质的积极象征意义，用于强调有意识的灵魂和自然物质的奇特联合，这正是人类的境况。

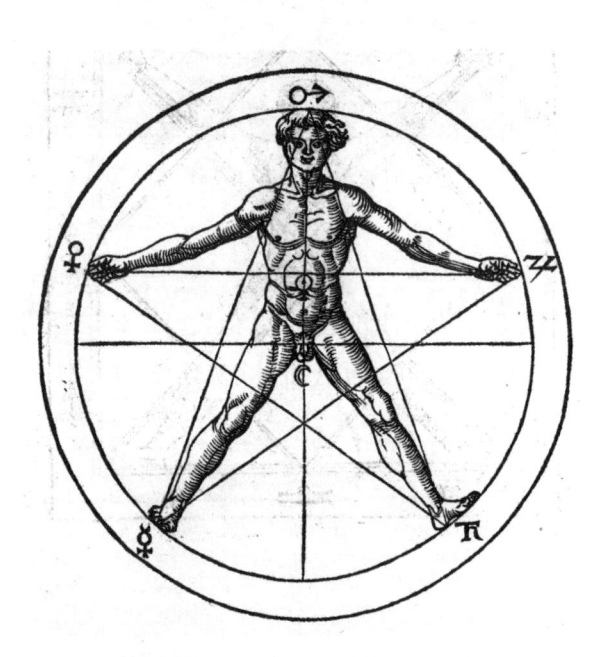

图31 海因里希·科尔内留斯·阿格里帕所绘的《五芒星与人体》，15世纪

另一个与数字"五"相关联的重要形状是"梅花形五点排列",即一个核心要素在中央,四个附属要素在四周的排列方式。(如图32)"梅花形五点排列"强调了赋予物质四要素以灵魂的要素,即第五要素。十字形同样是"梅花形五点排列"。虽然我们往往将十字形看作由四个点构成的图形,但在中世纪,十字形被认为由五个点构成,因为十字交叉处亦被算作一个点。这个十字交叉处是十字形的精髓,常常作为局势紧张之地、冲突所在地、变化发生地的象征,有时也代表了这个世界的宇宙中心。

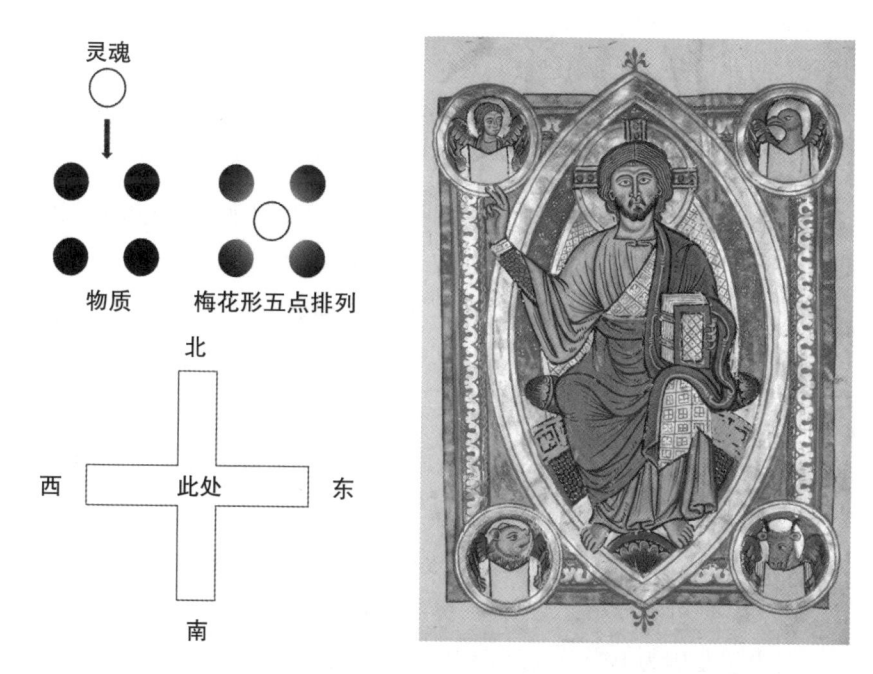

图32 左图:五点排列示例;右图:被四位福音作者的图像环绕着的耶稣

六:人间天堂

"六"代表了物质方面的完美。在"五"这个层级,我们提到人类既有头脑又有身体——灵魂进入了物质。头脑在好与坏之间做出判断,身体

195

对物质世界产生影响。做出判断（头脑）与根据此判断行事的能力（身体）的结合，赋予了人类通过富有成效的工作来改变世界的力量。人类用自己的身体不断塑造着物质世界，直到这个世界与头脑判定为好的东西相符。未开垦的荒地变成了令人愉悦的花园，于是我们到达了"六"——人间天堂。

"六"属于毕达哥拉斯学派口中的完满数，也就是其本身等于其全部真因子[1]之和。对数字6来说，$1+2+3=1×2×3$。"六"是最小的完满数，也是前十个整数中唯一的完满数。完满数很稀少。尽管现代数学家可以使用强大的计算机，但目前已被发现的完满数仅有五十个。"六"之后的下一个完满数是"二十八"[2]。第五十个完满数，也就是迄今为止被发现的最大的完满数，是 $2^{74207280}×(2^{74207281}-1)$，这是个 44,677,235 位数。

作为一个完满数，"六"代表了和谐与美，因此人们将其与维纳斯联系起来。"六"还代表了阳性和阴性的结合。朝下的三角形象征阴性，朝上的三角形代表阳性。若将这两个三角形合并，便会得到六芒星，即六角星。我们可以看到，此种形态的"六"是"三"的回响。"三"源于两重性的统一，因此"六"亦是"一"的回响。六芒星变成了炼金术的象征，因为它代表了大宇宙（朝上的三角形所象征的世界）和小宇宙（朝下的三角形所代表的人类）的联合。如上，同下。

《圣经·创世记》告诉我们，上帝用六天的时间创造了世界。创造完毕后，"神看着一切所造的都甚好"。奥古斯丁写道："六是个本身就完美的数字。这并不是因为上帝用六天的时间创造了万物，而是反过来。上帝之所以用六天的时间创造了万物，是因为六这个数字是完美的。"哪怕是这位被封为圣徒的教会圣师[3]，都难以抵抗"六"的诱惑力，做出了上帝本人都臣服

---

1. 因子是一个常见的数学名词，用于描述自然数 a 和自然数 b 之间的整除关系。若 b 可以被 a 整除，则 b 是 a 的倍数，a 是 b 的因子。真因子是指一个自然数除了自身之外的因子。——编者注
2. 28 的真因子有 1、2、4、7、14，这五个数相加正好是 28。
3. 基督教教会给予在神学或教义的发展上有卓越成就的学者及圣徒的一种头衔。——编者注

第二部分　魔　法

于"六"之魅力的判断。

在犹太传统中，六芒星被称为"大卫之星"，此处的大卫指的是古以色列人的国王。按照基督教教义，大卫王是耶稣在人间的前身。大卫的六芒星形既可被看作其统治之完美的代表，又可被视作其王国的尘世特性与天国的精神特性之间形成的对照（耶稣引人注目地拒绝世俗权力）。在其他情形下，朝上的三角形更多地代表了奋力向上的质料，而朝下的三角形则象征了向下来到尘世的灵魂（形式）。六芒星将两者合为一体。（如图33）

"六"也能让人产生负面的联想。在《圣经·启示录》中，六百六十六是兽的数目。许多学者曾苦苦思索其中的内涵。诠释这个数字的方式有许多种，至于究竟哪一种是正确的（如果其中有正确答案的话），人们并未得出一致的看法。其中一种可能正确的诠释方法，是通过人间天堂的视角来观察该数字。按照基督教教义，魔鬼是公认的尘世王子。据说魔鬼用物质方面的消遣和娱乐来诱惑他的受害者们，使他们的注意力远离天赐的精神世界。

我们同样不清楚"六"为何要重复三次。一部分人认为，这不过是对"三位一体"的邪恶嘲弄。根据另一种可能正确的观点，这代表了物质享受的完美状态在成倍增加后，会过火到令人作呕的程度。

在奥尔德斯·赫胥黎的反乌托邦小说《美丽新世界》中，我们看到了人间天堂的消极面。科学、技术和社会工程创造了表面上完美的社会，开开心心地接受灌输的公民在这里生活着。每个人的一切需求都能得到满足，然而每个人都是国家的奴隶。比起可能出现的暴政的危险，赫胥黎更担忧的是，种种琐碎且无价值的小满足或许会将我们心中更为崇高的渴求冲刷干净。

我们再一次来到了停滞地带，我们在"六"这里很容易被卡住。在人们获得了物质方面的完美之后，在人们来到了一切需求都被满足、任何物质愉悦均可获得的人间天堂之后，还有什么能够诱使人们继续往前迈进呢？人们该如何逃脱这个安全而封闭的六面体可能会构成的牢笼呢？

图 33 在这幅敬奉神灵时使用的神秘图示中，我们看到了象征完整性的正方形。我们也看到了五点排列：神坐在中间，代表了启迪物质世界的第五要素。我们还看到了六芒星，它标志着对立之物的完美联合（15 世纪，未知艺术家）

七：转变

"七"是魔法数字，是代表转变的原型数字。"三"象征了灵魂最简单的形式，赋予了无生命之物以生命。"五"是觉察到自身的有意识的灵魂。而"七"这个灵魂已然意识到了某种比自身更崇高的东西。

"七"邀请我们抬头看，看向超越人间的存在。当古人抬头仰望夜空时，他们看到了七颗行星，嵌在各自附着的巨大球面之中。众行星的层级引出了"七重天"这一表述，它被视作最高的幸福状态。在中世纪，人们认为达到完美需要经历七个步骤，与"七重天"的表述相对应。数字"七"引领着我们去转变、去成长。抬头看的时候，我们看到了某种高于自身的东

第二部分　魔　法

西，一种我们未能达到的完美和理想状态。这让我们渴望着变得比现在的自己更好。正如19世纪的神秘主义者乔治·麦克唐纳所写的那样："想要改善的本能告诉我，我必须超越目前的自身。"

上帝用六天的时间创造了世界，然后将第七天腾出来，作为休息日。在休息日，人们可以将思绪从平淡无奇的世俗工作中移开，转而思忖更为崇高的事情。罗马天主教会认可七项圣礼，它们象征了基督徒一生中的若干转折点。三种天国美德和四种基本美德为我们提供了七条成长之路。然而，精神的转变并非总能朝着积极的方向。在七种美德之外，还有七宗罪（傲慢、贪婪、色欲、嫉妒、暴食、暴怒、懒惰）——自信、抱负、欲望等品德发展到了具有毁灭性的极端。

世上存在着某种比我们更崇高的东西，正是这样的想法带着我们突破了"六"的人间天堂。享乐主义带来的愉悦确实很好，但这些东西无法满足人类对完整性的渴望。在《奥德赛》这部描绘特洛伊战争之后奥德修斯的漫长回家路的史诗作品之中，我们可以看到这样一段情节：奥德修斯和手下的将士被风吹离了航线，来到了食莲者之地。根据描述，食莲者会食用忘忧果，忘忧果十分美味，任何人一经品尝，便会进入极度幸福的状态，将回家之事彻底抛到脑后。奥德修斯拒绝屈从于这些愉悦之事，逼着他的将士们继续踏上回家之路。随后，他来到了喀尔刻的岛屿。喀尔刻是一位美丽的女神，也是一位会魔法的女巫。她爱上了奥德修斯。奥德修斯虽与她在岛上共同度过了一年的时光，尽情享受了美食和美酒，但回家的渴望最终还是占了上风。就连与女神共度一生的美好愿景都不足以动摇他迈向终极目标的脚步。

"六"的完美带来了静止和停滞，"七"的活力则提供了驱动力，令我们走在通往完整性的道路上。这是一条艰难之路，时常令人痛苦。为了成就新的自己，我们必须允许旧的自己死去，就像浴火燃烧的凤凰那样。一个孩子有朝一日必会长成一个独立的成年人，旧的身份必须先死去，新的身份才有可能出现。依赖于他人、需要被他人照顾的状态，必须转变为自主自立、能够照顾他人的状态，这种转变常常令人痛苦。哪怕只是微不足道的转变，比如戒掉睡前吃冰激凌的习惯，都能给人一种自身的一小块死掉了的感觉。死掉的这一小块便是习惯于接受这份令人愉悦的放纵的自己。

　　成为物质和精神的不完美结合（同时具备动物性和神性的喀迈拉[1]）使人不舒服。奥德修斯的故事反映了这样一种普遍的感受：我们需要找到回家之路，我们还未走到我们所属的地方。正如荣格所写的那样："我们的心里感到一阵火热，某种隐秘的不安啃咬着我们存在的根基。"我们本能地知道，这趟旅程是关于转变的旅程。我们还未到达我们应该到达的地方，我们还未成为我们想成为的那个人。"七"象征了这条艰难之路，这条走向完整和完美的道路。

八：超越

　　人类的大脑无法理解"一"。我们想理解"二"和"三"也不容易，它们代表的概念太宽泛了。至于"四""五""六"和"七"，我们理解起来就容易了许多。但等我们来到"八"的领域，我们就再一次来到了超出人类的普通理解水平的地方。"八"是超越。

　　"八"与回归相联系，但这里的回归将要带着我们前往更高的层级。一周有七天，第八天让我们来到新一周的周一。西方音乐里的音阶包含七个音符。第八个音符回到了第一个音符，但是频率增加了一倍。在中世纪，洗礼盆是八边形的，这象征着受洗者获得了更高一级的新生。耶稣的复活发生在安息日之后的那一天，这是过去那一周的第八天，也是新一周的第一天。复活节庆典共庆祝八天，被称作"复活节八日庆典"。

　　更高一级的"八"与我们习惯的世俗世界不同。我在前文中讲过一则占星术神话：我们的灵魂在降临到地球的这一路上会穿过七颗行星所附着的七层球面，每穿过一层球面就获得一种来自对应行星的特点。马克罗比乌斯是生活在5世纪的一位罗马学者，他认为人类的灵魂从土星获得了沉思

---

1. 希腊神话中拥有狮头、羊身和蛇尾的吐火怪物。

的能力，从木星获得了决策的能力，从火星得到了勇气和胆量，等等。根据以炼金术为主题的《赫耳墨斯文集》中的内容，人死之后，其灵魂会反向经历这一旅程，从地球出发，不断上升，穿越这七颗行星所附着的球面，并将最初从这些行星处获取的美德与缺陷一一奉还。最终，等所有的世俗特质都被除去之后，人的灵魂越过了七重天，来到了恒星所附着的球面，到达了宁静之所。谈到在通往个人成长的道路上剥去种种非必要之物的重要性时，中国的哲学家老子这么写道："为学日益，为道日损[1]。"

最能描述现代社会特征的数字是"六"。我们平时专注于处理物质世界里的问题，尤其是资源短缺的问题。通过对科技的运用，我们正朝着建造一个所有物质需求都能得到满足的人间天堂迈进。大部分人在"七"这个级别生活着。我们抬头仰望，意识到世上有比自身更完美的存在，不管这个存在是神明还是理想典范。我们渴望令自己变得更好，但如果想达到"八"之超越，我们就需要用一生的时间去成长、去体验。

开悟之人的言论，往往以解决悖论、统一对立之物为特征。除此之外，他们的言语中还有着对这个世界不加评头论足的全然接纳。我在这里给出一段禅语作为例证：

> 春色无高下，
> 花枝自短长。
>
> 凡夫若知，即是圣人；
> 圣人若知，即是凡夫。

通过"八"，我们现在达到了可以达到的最稳定状态：恒星所附着的球面的平和与安宁。还有什么样的力量足够强大，强大到可以将我们从这种稳定的状态中拉出，推动我们踏上旅程的最后一段？

---

1. 出自老子《道德经》第四十八章。

九：黎明前的黑暗

恒星所附着的球面之外是什么？当我们抬头仰望天空时，我们可以看到的最远的边界之外是什么？在神话中的第八层球面之外，一切尽是黑暗。"九"是终结。"九"是基本整数序列里的最后一个整数。"九"是死亡。

米克特兰是阿兹特克神话里的冥界，共有九层。希腊神话里的冥界哈得斯被斯提克斯河包围了九次。耶稣死去的时候，正好是那天的第九个小时。北欧神话里的奥丁在世界之树上面吊了九天，在那里献祭了自己。

"789"序列是一个常见的神话母题，通常包含着智慧长者之原型。《星球大战》系列电影中最初的三部电影在讲述欧比旺·克诺比的故事以及尤达的故事时均使用了"789"序列。就角色发展来说，故事中实现了超越的人们已无处可去，剩下的唯一一件事便是死去。

十：超然统一

数字"一""二""三"与创造有关。数字"四""五""六"与创造物有关。数字"七""八""九"涉及如何以新的形式回归"一"。"一"是宇宙颇具创造性的起因，"十"是宇宙的全面发展和完成。这便是"合众为一"[1]。

"三"通过增加"爱"这种具备重新联合功能的第三样东西，合上了"二"造成的分裂。"十"则在宇宙的尺度中代表了类似的进程。"十"是世界之爱，将天地万物合在一起。"十"还是个神秘的悖论，因为在这种统一之中，每一个成员的个性都发挥出了最大的潜能。合众为一，但每一个成员都与众不同。

我们可以在神秘的圣十结构中看到数字"十"对毕达哥拉斯学派的重要性。圣十结构通过十个点的四行排列构成状为等边三角形的结构。（如图

---

1. 作者在这里使用了拉丁语 e pluribus unum，意为"合众为一"，它也出现在美国国徽上。

34）毕达哥拉斯学派认为圣十结构之中包含了宇宙的秘密。杨布利柯是一位新柏拉图学派的哲学家，他为毕达哥拉斯写过传记。他是这样描述圣十结构的："圣十结构既是数学概念，又是形而上学的象征，它的内部（以种子般的结构）包含了自然界法则、宇宙之和谐、通往神性的上升之路与神界之奥秘。"

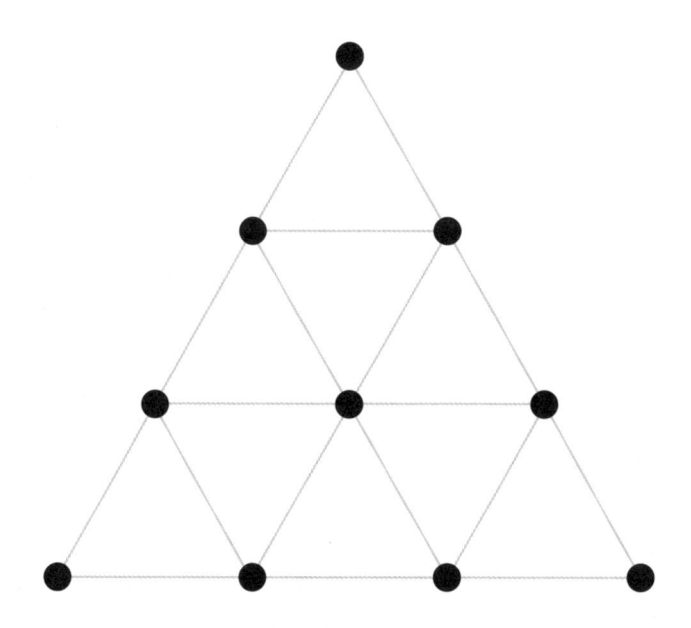

图 34　毕达哥拉斯学派的圣十结构

这句话或许看着不怎么起眼，但圣十结构非常重要，毕达哥拉斯学派的新成员会在此结构前许下加入该派别的誓言，甚至还会对着它祷告：

　　保佑我们，神圣的数字，你创造了众神，你创造了人！噢，神圣的圣十结构，你是源源不断的创造的根与源！这神圣的数字，由深邃而纯粹的圣一开始，直至圣四。随后万物之母诞生了，那是涵盖一切、无所不包、初次诞生、永不动摇、从不疲倦的圣十，是一切的持钥人。

同曼荼罗一样，圣十结构建立在"四"的基础上，而四是体现完整性的数字。圣十结构共有四行，作为基底的一行由四个点构成。点之间的三行空白也很重要，因为它们代表了比率，具体为 1 比 2，2 比 3，3 比 4。这三个比率构成了音乐中最为重要的音程。当两根弦的振动频率的比率为 1 比 2 时，它们构成一个八度；振动频率的比率为 2 比 3 时，它们构成纯五度；振动频率的比率为 3 比 4 时，它们构成纯四度。对人类的耳朵来说，这三个音程天然地动听。在这三个音程的基础之上，毕达哥拉斯又附加了四个音程来与天上行星的数量相吻合，而这七个音程便构成了今日大部分音乐所基于的自然音阶。我们或许没办法聆听传说中的"天体之音"，但每一次自然音阶被人们使用时，众天体便彰显了一次它们的影响力。

从宇宙的角度来看，"十"象征着万物之统一。而对个体来说，"十"代表了心灵所有方面的和谐与融合。完整、独特、充分个性化的自性便由此产生。

精益求精

有时候，我们会被稳定性提供的舒适所诱惑。比起艰难行进，我们更愿意原地休息。但是艰难行进才是人类常有的状态，不管我们身处何方，我们总有下一步需要迈出去。倘若我们停留在已经破烂不堪的旧有的存在方式中，我们就永远无法找到幸福。我们生活在"变世界"之中，如果不向上攀爬，我们就注定会下坠。世上不存在原地静止这回事。

下一小节的研究对象是一种更为神秘的魔法传统——塔罗牌。它是一副描绘了原型的成长阶段的纸牌，讲述了一则关于转变的故事。它还是一幅绘制了无意识的隐秘路线的地图，能够帮助我们找到通往完整性的前进方向。

塔罗牌

真正的塔罗牌是象征体系。除此之外，它不诉说别的语言，也不提供别的符号。

——阿瑟·爱德华·韦特

纸牌游戏

塔罗牌最初出现于15世纪的意大利北部，它在原有的四种花色牌的基础上加了一组主牌。这种新型的纸牌最初的名字为"含主牌的纸牌"，后来改成了"塔罗基"。根据艺术家、塔罗牌历史学家罗伯特·普莱斯的推测，"塔罗基"是一条河流的名字，这条河为可能制造了这些塔罗牌的造纸厂提供驱动力。人们原本用类似于玩现代桥牌的方式来玩这种新型纸牌，直到18世纪，神秘学家才普及了塔罗牌的占卜功能。

塔罗牌的图案来自文艺复兴时期（这正是这种纸牌被创造出来的时期）的人们重新发现的关于古代神秘主义的象征。这些象征都不是独属于塔罗牌的，我们可以在那个年代的大量通俗文化作品中找到这些象征。艺术家运用这些象征，以此给自己的作品提供形与魂。形是艺术家描绘的主题，魂是这个主题所象征的更为深层的含义。

不同于故意搞得晦涩难懂，以免外行窥探到个中秘密的炼金术，塔罗牌在被设计出来的时候就是要让所有人都能接触和使用的。在文艺复兴时期，人们并不区分高雅艺术和流行艺术，于是简单的纸牌游戏却使用了关于古代哲学的神秘主义象征。这些象征的使用非常普遍，当时的人们对此的熟悉程度与如今的人们对现在的各种文化偶像（比如圣诞老人）的熟悉程度不相上下。正如文化记者乔希·琼斯所写的那样："不管生活在中世纪的欧洲人有没有文化，他们都说着一门关于象征的语言，这种语言代表了完整的民间传统和宗教信仰。"

第二部分　魔　法

在文艺复兴时期，创意随处可见，艺术家之间的竞争也非常激烈，于是各式各样的塔罗牌层出不穷，其中涵盖的象征也各不相同。与童话故事一样，塔罗牌也变成了某种集体创作。每当市面上出现一套新的塔罗牌时，之前的一部分意象就会被保留下来并进行改动，其余的意象则被去掉。16世纪时，法国艺术家在绘制塔罗牌的过程中运用了关于炼金术的象征与关于毕达哥拉斯学派的象征，并且做出了马赛塔罗牌——现如今的大部分塔罗牌都基于马赛塔罗牌。

在本书中，我们主要研究今日最流行的塔罗牌，也就是最初发行于1910年的韦特-史密斯塔罗牌。这套牌有时候也被称作莱德-韦特塔罗牌。莱德指的是这套牌的出版方莱德公司。韦特-史密斯塔罗牌的图案是由插画家帕梅拉·科尔曼·史密斯绘制的，神秘学家阿瑟·爱德华·韦特在她绘画的过程中给了她一些指示。这套牌源于马赛塔罗牌，画家对主牌做了一些调整。在人们熟悉的四种花色牌上，画家也绘制了更为详尽的插图。韦特将这四种花色牌称为"小阿卡纳牌"（"阿卡纳"意为神秘事物），主牌则被称作"大阿卡纳牌"或"钥匙牌"。

艺术家沙米斯塔·拉伊是这样描述这套美得出奇的塔罗牌的："这套塔罗牌包含着众多原型主题，每一个主题都是一扇通往符号和象征的无形领域的大门。人们认为，这些符号和象征可以通过占卜过程浮现出来。"支持荣格学说的人可能会这样重述上述评论的后半部分："这些符号和象征可以通过无意识原型的喷发浮现出来。"

法国神秘学家埃利法斯·莱维的作品对韦特产生过影响，莱维这样写道："若是被关押的人手上什么书都没有，只有一副塔罗牌，但他知道如何使用这副牌，那么几年后，这个身处牢狱中的人将获得包罗万象的知识，能够用无可比拟的学识和取之不尽的雄辩能力来谈论一切话题。"你或许还记得我在前文中讲到过的古人的一个看法：学习的过程，便是回忆起我们出生前就已拥有的知识的过程。在穿过那七颗行星各自附着的球面，来到地球的过程中，我们得到了这些知识。莱维认为塔罗牌可以解锁埋藏在我们身体内部的知识。

通过心理学手段，塔罗牌的象征体系或许能够赋予我们将无意识中的某些东西带入意识之中的能力。就像摄影师需要熟悉各式镜头才能理解光线如何构成摄影图像一样，人们需要熟悉心理结构的各个组成部分，也就是原型，才能理解我们与这个世界的互动如何塑造了我们。原型的激活发生在圣灵体验与梦境之中，如果我们想要在日常生活中遇见原型，最好的方法就是借助象征的手段，诸如塔罗牌里的那些象征。象征是可以被感官察觉到的原型的有形表现。这些象征使原型的力量获得了人格，使其更容易与有意识的理解力产生接触。这样一来，我们在生活中就能够将其认出，并且更有效地运用它们。以上说法不如将全世界的知识收入囊中的说法那样激动人心，但是正如德尔斐箴言提醒我们的那样，对自己的认识是最重要的那一类知识。

现代人对塔罗牌的大部分象征都不熟悉，但是我们可以通过分析的方式来弥补这个不足。我们可以将这些纸牌一一拆解，分辨出其中的每一处象征。然而，有一点很重要，我们需要记住，那就是此类分析并不能告诉我们纸牌的具体意义。基于其象征的本质，塔罗牌的意义对每个人来说都是独一无二的，并且会随着每个人心理状态的变化而变化。

在我们熟悉了这些象征之后，倘若我们想要理解某张牌的含义，我们就需要用这些象征去打开藏在人们的想象之中的意象和构想之锁。我们领悟到的信息必须从无意识中浮现，这意味着这些信息不受意识的控制。这些含义可能会从纸牌里一跃而出，可能需要酝酿好多天才会出现，又或许不会有任何东西冒出来响应这些牌。与无意识打交道的时候，自我必须交付信任。象征和我们在有意识的情况下体验到的冲动、想法或情绪之间存在着蜿蜒漫长的道路，这条路可能让两者之间的关联很难被看见。

第二部分　魔　法

钥匙牌

一副塔罗牌里有二十二张主牌，或者说有二十二张钥匙牌。除此之外，塔罗牌里还有四种花色牌，也就是我们可以在传统纸牌里找到的那些花色牌。解读这些牌的方式有许多种，我们不仅会用到古典的西方哲学思想，还会用到喀巴拉和东方神秘主义。在本书中，我将从荣格学说的角度来研究其中蕴含的象征，即将其视作对灵魂迈向个性化之旅的隐喻。罗伯特·普莱斯指出，这二十二张钥匙牌之中的每一张牌都代表了一个小站，我们必须到达每一个小站，灵魂才得以继续前行，去往下一站。在这里，我会详细地研究与分析前五张钥匙牌，由此初步介绍象征是如何帮助我们熟悉无意识原型的。（你可以在附录中找到对其余十七张钥匙牌的分析。）

0：愚者牌

愚者牌是第一张钥匙牌，与其他钥匙牌处于分开的位置。愚者牌对应的数字标记是阿拉伯数字 0，这就与用罗马数字标记的其余二十一张钥匙牌形成了对比。（如图 35）当人们用塔罗牌来玩传统纸牌游戏的时候，愚者牌是一张百搭牌。从某种程度上来说，愚者牌并不在我们通往完整性的进程之中，因为其对应的数字为 0，此时旅程还没有开始。

这张牌描绘了一名容貌绝美、风度翩翩的青年。他的表情平静而安宁，他的手里拿着一朵鲜花，而鲜花象征着丰饶。他的短袍袖子呈火焰

图 35　愚者牌

209

状。他身边有一条狗作为同伴，象征了青年与自身的动物性建立的轻松自如的关系。太阳作为意识的象征，在天空中闪烁着灿烂的光芒，但青年的双眼是闭着的。他是堕落前的亚当，他的完美毫不费力，他还没有因为吃下分别善恶树上的果子而睁开双眼。青年的肩膀上扛着铺盖卷，这表示他将要开启旅程，而我们可以看到这场旅程将带着他前往何方——再往前一步就是万丈深渊。青年即将迈入"变世界"，他将会在那里失去他天然的完美状态，必须努力将其赢回。最终，他将在更高的层面重新获得完美。在发掘灵魂中的潜能的道路上，坠落将是第一步。倘若青年不经历旅程的痛苦与折磨，他将继续对自己的天赋与才能保持毫无意识的状态。

为什么这位高贵的青年被称作愚者呢？因为他代表了一场全新探索的开始。为了学习新的东西，我们必须保持开放的态度，并拥有显露愚蠢的勇气。如果我们以专家的姿态踏入这场全新的探索，我们就会带着太多事先形成的想法。除了脑海里关于事物运行方式的现存模型，我们很难看到其他东西。无经验者的优势便是具备用崭新视角看待事物的能力。查尔斯·达尔文是一名业余的科学家，在他的研究领域从未拥有过专业的身份。格雷戈尔·孟德尔也是如此，这位现代遗传学的奠基人是一名奥斯定会的修士。若是我们想要超越当前的限制，我们就必须采用业余者的观念和思维方式，采用一无所知的愚者的态度。这必然会带来不安全感和一次次的失败，但那些行事谨慎、避免冒险的人将承受被石化的惩罚。想要获得进步，我们就得冒险。

I：魔术师牌

当自然世界被来自精神世界的实体侵入和占据时，魔法便发生了。尽管弗朗西斯·克里克这位唯物论者告诉我们，人类不过是一堆神经元，但如果我们主观地看待这一切，我们就会觉得人类的头脑像是一个精神实体。不过，这个精神实体是不同寻常的，因为它附着在一个身体上。这种结合是通过魔法纽带产生的。尽管没有费米子和玻色子，但非物质的头脑魔法般地影响了物质的身体，并通过身体影响着世界。

　　魔术师将精神和物质组合到一起。自我的意图变成了使身体运转起来的决策，变成了可能带来重要影响的判断。愚者进入了"变世界"，必须做出选择，必须行使其意志。魔术师的右手指着上方，左手指着下方，体现了炼金术箴言"如上，同下"的含义。（如图36）魔术师拥有身体和灵魂，他知道自己必须对两者加以运用，最终在和谐的状态中将它们统一起来。

　　魔术师面前的桌上摆着施加魔法时需要用

图36　魔术师牌

到的工具：权杖、杯子、剑和五芒星。为了顺利成长，他必须学会使用这些神秘的工具。魔术师暂时还没有拿起这些工具，还没有开始工作，但他很快就会这样做的。跟毫不费力地存在着的愚者不同，魔术师必须与这个世界建立密切的关系，必须在转变的道路上费力前行。

　　魔术师的头上有一条双纽线，这是关于无限的标志。双纽线反映了理性地领会抽象概念（它们是来自"定世界"的永恒真理）的能力。环绕在魔术师腰部的是乌洛波罗斯，它将魔术师与自然界相连。纵然意识将魔术师从乌洛波罗斯所在的暗处拎了出来，但这条蛇仍然是他人性中基本的组成部分，我们必须将它保留下来。

　　桌上的魔法工具代表了小阿卡纳牌，也就是四种花色牌。权杖、杯子、剑和五芒星分别对应现代纸牌里的梅花、红桃、黑桃和方块，人们将它们同古代的四要素联系起来。权杖被绘制成巫师会拿着的那种棍棒的模样，并且与火相连。在旅程的前行之路上，火为我们提供了灵感，让我们产生了新的想法。火是创造的施动者。旅程中的每一段新路程都需要我们想出理解自身和这个世界的新方式，之前的那些路程中产生的经验会给我们提供一些帮助，但是新的路程会产生全新且陌生的挑战，我们需要想出新的解决方法。我们无法利用分析来解开这些难题，需要借助古老的本能赋予我们的灵感和直觉来适应新的情况。

杯子代表水。杯子是容器，负责接收并保存源自火的灵感，避免让这些灵感无谓地消散——想法来了又走了。有些作家会随身携带笔记本，因为他们从来不知道灵感何时会袭来。如果他们不及时将灵感抓住，灵感就会跑走。笔记本就是他们手中的那个具有魔力的杯子。有时候，如果某个新想法足够好，它便会激发我们的情感，这种情感能帮助我们回想并记起一些事情。情感也是一种容器，正如我在关于炼金术的那个小节中提过的那样，情感亦与水相连。情感就像将火俘获的魔法之杯，具备影响大脑的能力，能够令大脑对一闪而过的经历进行编码，从而形成长期的回忆。在某种程度上，情感越强，我们记得越牢。（创伤性的经历会打碎这个魔法之杯，而这便会引发记忆的缺失。）

剑与气相连，而气与智力有关。一样东西在被剑砍成碎片后更便于我们分析。剑还能砍掉谬误，将真实与错误分割开来。作为智力的象征，剑还代表了意识。值得注意的是，此种象征采用了兵器的形式，这就提醒我们，若是自我想要存在，它就必须付出持续的努力去搏斗，以此与乌洛波罗斯的力量相对抗，避免被其吸收回去。

五芒星代表土，象征着精神活动转变为能够影响物质世界的某种东西。我们行使自己的意志，做出一些决定，让某些想法成为现实。马赛塔罗牌中的第四种花色是金币，象征着能够购买物质商品的财富。韦特–史密斯塔罗牌保留了金币的圆形和金色这两种特点，但在金币上面加印了五芒星这个象征人性的图案。人类的精神在物质世界之中留下了印记。

II：女祭司牌

女祭司让自我与无意识产生联结。她是通往隐秘的生命之泉的入口，这条生命之泉从头脑的暗处向上涌动着。女祭司的脚边有一轮新月，象征着夜与水这两种原始质料。她的长袍在脚边呈现出瀑布般流淌的效果。她的身后有石榴树，石榴是丰饶的象征，因为我们打开石榴之后便会看到里面有满满当当的种子。女祭司坐在一块简简单单的方石之上，而这块朴素的方石同样象征着原始质料。（如图37）

女祭司联结着心灵的两个组成部分，因此我们不仅看到了无意识的象征，还看到了统一的标志。这张牌里有两根柱子，分别标有B和J，这两个首字母代表了波阿斯和雅斤，即矗立于所罗门圣殿的门廊处的两根柱子。它们一根是浅色的，一根是深色的，女祭司坐在两者中

图37 女祭司牌

间，作为调停者。女祭司头上戴着结合了日与月的伊西丝[1]之冠，胸口处的太阳十字与脚边的月亮相辅相成，代表了物质中的精神。十字的纵向线代表着从上往下降落的精神，十字的横向线代表着物质，精神从中穿过。这种梅花形五点排列的交叉处便是两者相遇的神圣之所。

为了实现我们的目标——取得完整的个性，我们需要动用自身的全部能力。我们最先需要做的事情便是建立通向头脑的隐藏区域的交通线。女祭司履行了该职责。

Ⅲ：皇后牌

无意识是生命、兴趣和热情的源头。与无意识建立联系之后，我们便将注意力转向了外部世界，在那里，厄洛斯找到了渴望的对象。皇后象征着慷慨丰裕的大自然的原型，她生产了维持生命所需的、给予我们快乐的

---

1. 伊西丝（Isis），古埃及神话中最为重要的女神，冥王奥西里斯的妹妹和妻子。

躁动的无意识

东西。她是维纳斯，扮演了丰饶女神的角色。

在经过一张又一张钥匙牌的旅程中，我们可能会忍不住对已经走过的阶段产生轻蔑之情，但这种看法是不对的。旅程中的每段路途都必不可少。欲望或许被人们视作某种原始的事物，反映了我们的动物性，但倘若我们没了欲望，我们便无法理智地领会这个世界，因为理解某样东西是离不开对其价值的认可的。

抑郁症的其中一项症状便是快感缺失，即失去了感受快乐的能力。一顿美食、一本好书、与好友的午餐，对那些抑郁症患者来说没有任何快乐可言，他们生命里的喜悦和意义被剥夺了。早晨起床后，我们开始处理每日的工作，以此获得我们渴望的东西，这种东西可能是幸福的家庭，可能是薪水，也可能是帮助他人所带来的满足感。如果你什么都不想要，什么都不渴求，因为什么东西都没有办法给你带来快乐，那你该如何决定要做什么呢？你该如何确定身边之物的价值（或者说意义）呢？当没有什么东西可以给你带来愉悦和满足的时候，所有事情就别无二致了。这个世界变得平淡无味、了无生气、单调暗淡。我们需要无意识来产生欲望，来赋予事物意义，来帮助我们理解事物在我们的生命中扮演的角色。激情的烈焰不仅产生了热，还带来了光。

皇后牌让我们意识到原型中的欲望身处奢华之中，被慷慨丰富的大自然包围。皇后头上戴着的王冠有十二颗星，代表了一年的十二个月。皇后手持的权杖上装饰着用于象征这个世界的球状物，代表了她管辖并统治的领域。皇后身后茂密的绿色植物和脚边已长成的等待收割的赤褐色谷物强调了她身为丰饶女神的事实。刻有维纳斯符号的心形物倚靠着她的宝座，象征着厄洛斯。（如图 38）

图 38　皇后牌

第二部分　魔　法

Ⅳ：皇帝牌

欲望引发行动。女祭司使我们接触到自身的内驱力，皇后则提供了让这些内驱力去爱、去渴望的对象。下一个阶段就是行动了——动身去获得我们想要的东西。皇帝身着盔甲，已准备好去作战，去克服实现目标的道路上的重重障碍。皇帝是皇后的补充。尽管皇后象征着引诱了欲望的东西，但她自身是不为所动的。与此相反，皇帝是付诸行动的角色，他积极追寻着自己想要的事物。

皇帝身后的景色贫乏，只有嶙峋的岩石，同皇后身后那片茂密的绿色以及环绕着她的盎然生机形成对比。（如图39）皇后是柔软的感官享受，皇帝是坚硬的秩序与纪律。皇

图39　皇帝牌

帝的宝座的两个角上装饰着象征土地的公羊头。在基督教的传说中，公羊头是魔鬼的象征，因为魔鬼被认为是堕落世界的王子。但这是偷来的君权，因此公羊从根本上来说与魔鬼并没有什么联系。公羊一开始象征了大自然的男性面，与皇后的女性面互为补充。

我们获得成就时会感到喜悦，在这种时候，我们意识到自己能够有效地将自身的意志施加在这个世界上，以此获取渴望之物。人们往往在二十多岁的时候第一次体验这份能力，这是人们刚刚结束学业，准备迎接世界上的种种挑战的年龄。莎士比亚写过一个名为皮斯托尔[1]的角色，在面临着艰难的任务，并且没有其他人前来帮助的时候，皮斯托尔这样说道："好啊，这世界是我的牡蛎，我将用剑将其打开。"皮斯托尔不允许任何障碍挡在他前行的道路上。他将砸开这个世界的坚硬的壳，来赢得壳里的珍品。

---

1. 莎士比亚所著的《快乐的温莎巧妇》中的角色。

他在皇帝牌的影响下行动。

运用塔罗牌

塔罗牌的二十二张钥匙牌（我在本小节中已经研究过的五张牌和附录里提及的十七张牌）包含了本能的象征与化身，以及全人类共有的原型事件。这二十二张牌表现出了一代又一代人的智慧，种种意象组成的集合从千年前就在启迪着世人，直至今日依然如此。在个性化和成长的道路上，我们该如何运用这份智慧来使生命变得充实并获取帮助呢？

在我们日复一日的生活中，原型在我们体内被激活。原型影响着我们理解自身经历的方式，左右着我们对这些经历的感受。此种影响通常发生在有意识的知觉之外。比方说，我们可能会对人一见如故，刚刚遇见这个人就感觉彼此之间有共鸣，但我们并不知道为什么会这样。更有可能发生的事情是，我们的自我会编造出一套合理的说辞来解释此种不合理的感觉。我们可能会说：我喜欢那个人是因为她聪明，因为她有趣。但是我们之前也遇到过许多聪明幽默的人，这些人并未让我们产生这种无法形容的感觉。在大部分情况下，是有别的什么情况发生了。

原型被激活时，最为明显的迹象就是自我进入了非寻常状态，比如说当别人做了什么或说了什么的时候，我们产生了过于激烈的情绪反应。在原型投射的影响之下，我们常常会感到摇摇欲坠、不知所措，我们可能会发现自己难以口齿清楚地说出心中的想法。在这种时候，我们言语笨拙，想法混杂，那些脱口而出的话根本不像我们平常会说的话。厄洛斯遮住了逻各斯。

第二部分　魔　法

　　如果我们关注这些事情，我们就获得了认出原型的机会：男神、女神、仙灵、魔鬼等原型从暗处浮了上来，在我们身上施下魔咒。我们可能会习惯于时不时问上一句："房间里还有谁？"熟悉这些原型能让我们更容易识别它们，也让我们有机会对自己的行为拥有更为深刻的见解。我们越了解原型，就越能够理解它们施下的魔咒。此外，我们也会更理解遭遇某个原型时需要面对的困难和可能碰上的种种风险与契机。每一次原型被激活时，危险与机会都将同时出现。我们应该做好准备。

　　塔罗牌是一本关于原型的百科全书，能够帮助我们更好地理解各种原型的动态。借助塔罗牌，我们可以告别被身体内部蕴含的无意识施动者所造成的风暴肆意摧残的盲目状态，开始与这些原本隐藏起来的同伴手牵手，去实现内在成长这一目标。塔罗牌就像一本指南，它让我们知道自己现在正在哪里，正在跟谁打交道，以及未来可以期待些什么。

　　若是一个在林间徒步的人对森林的基本情况有所了解，那么这个徒步者安全走出来的概率就有所增加。有经验的徒步者都知道，在茂密的树丛中扎营可以挡风。若是徒步者在一块大石头前生火，那么这块石头发热后产生的热量会回到帐篷这里。倘若没有石头，热量就直接散光了。有经验的徒步者也知道，想要喝水的话，可以去找一下动物的踪迹，因为跟随着动物的踪迹往往能找到溪流或湖泊。徒步者越了解周围的事物，就越有可能成功走出森林，我们在人生中亦是如此。在成长的道路上，我们会一次次遇到陌生的挑战。要是我们想成功应对那些挑战，我们就需要找到地图，地图上面清楚地展示着各处的地标与可能出现的危险和机遇。

　　对一些人来说，塔罗牌不仅仅是神秘象征的集合，也不仅仅反映了心灵的内在运转机制。他们认为，在人们随机选择某些牌，并以特定样式摆放这些牌之后，对塔罗牌的解读可以回答问题，可以提供指导，甚至可以预测未来。通常来说，我们需要请专业的解读师来解读塔罗牌。这些解读师往往比大部分人更具备直觉，可能会在无意中注意到求问者看到牌之后的反应，而这种反应会对他们后续解读这些牌起到指引作用。然而，由我们来解读自己的牌或许也存在着一些优势。

求问者可以拿出塔罗牌，一张张看过去，每次只看一张牌，直到发现自己的眼神在某一张牌上停留为止。这可能是因为这张牌有什么地方很有趣，甚至令人神魂颠倒——这便是投射正在发生的迹象。在那个特定的时刻，这张牌是有最多内容可以传递的一张牌。出现这个情况还有另一种可能：这张牌让求问者产生了不适或焦虑的感觉。倘若求问者尚可以忍受这种感觉，那么这张牌同样值得他花时间研究。最为珍贵的宝物是由最为凶猛恐怖的野兽守护的。接着，求问者要好好打量这张牌，仔细研究看起来最有意思或最能引发焦虑的那些细节，留心自发涌动的情绪、感觉等无意识活动出现的迹象。

想象一下，某个人感到疲倦，已不再体会得到生命的流动。他拿起一把牌，随意地将这些牌放在桌子上，用手把牌抹开。过了一段时间，他注意到"权杖九"（其中一张小阿卡纳牌）不断吸引着他的注意力，于是他决定跟这张牌待一会儿。（如图40）

我们不知道他过去的经历，也不知道他的个性，所以无法确定这张牌到底如何影响了他。这些权杖可能让他想到了火，或许他的生命中缺乏火。画面里的一切都静止不动，没有被灵感激发的新想法。这张牌对应的数字是"九"，这是一个黑暗的数字，出现在"十"的神秘光芒带来的破晓之前。

图40 塔罗牌中的"权杖九"

这些联想给了他希望。或许他并未身陷死胡同，或许他的心灵只是在为某种重生做准备。他是个现实主义者，知道自己或许还需要等待数年才会看到光芒出现的那一天。但是他知道自己正处于"权杖九"的领域，这就能够帮助他理解四周的黑暗。这个世界或许看起来荒芜，但荒芜是在为改变做准备。新生之前，定有死亡。他在更大的范围内找到了自己的位置，并且由此懂得了黑暗的意义。他知道黑暗的出现并非无缘无故，黑暗于是

第二部分　魔　法

不再那么令人难以忍受，甚至变得有益了。塔罗牌里蕴含的种种象征激活了无意识，在他根据这些无意识提供的观察角度来看待世界时，他那负面的有意识的态度便得到了平衡。

　　象征表达了思索所不能表达的事物。我们没办法知道一张塔罗牌、一段炼金术文本、一则童话故事包含了什么样的意思，我们能做的只有将自己摊开，拥抱它们带来的影响。如果我们幸运的话，这份影响会使某些有价值的东西显露出来。我们根据这些东西与自己的无意识搭档产生了联系，在形成自性的道路上，我们又前进了一步。这条道路困难重重，充满了错误的转弯处和危险的陷阱，但最终将带领着我们通往人类存在之高处。我们接下来要探讨的便是这条道路及其最终目标，而这条道路便是超越之路。

第三部分

超 越

成为超越者

  一个人只有实现了人类存在所需的自我超越，才能成为真正的人，成就真正的自我。他并不是通过忙于实现自我的价值来做到这一点的，与之相反，他需要通过忘却自我、献出自我、忽视自我并且聚焦于外部来做到这一点。

——维克托·弗兰克尔

第三部分　超　越

定义超越

神秘主义之旅的终极目标是超越。"超越"这个词意为"走向更远处"。在神秘主义的传统中，超越指的是超脱对立之物的表面两重性。

超越的象征在魔法传统中随处可见。在整数序列中，我们在数字"八"中找到了个体的超越，在数字"十"中找到了宇宙的超越。在童话故事中，超越往往以皇家婚礼作为象征，或者以具有魔力的动物身上存在的对立面得以统一为代表。丑陋的青蛙摇身一变，变成了俊美的恋人；脏兮兮的乞丐与平淡无奇的动物做出了具有神奇力量的壮举，给信任他们的人提供了帮助。在炼金术中，超越以高尚与低贱的结合作为象征。贱金属拥有被转变为高贵黄金的潜在能力，相似与关联则把个人与宇宙统一了起来。

在荣格心理学中，我们可以在原型中蕴含的对立之物的统一之中看到超越，例如黑暗与光明结合，天国与冥府相连。我们还可以在自性将自我和无意识统一起来的潜能中看到超越。这种超越便是个性化的过程，是荣格眼中个人成长的关键。

大部分对人类发展的研究是聚焦于儿童的。对家长、教师和健康护理行业的人士来说，他们对预期成长阶段的了解使他们有能力发现哪些儿童正处在挣扎之中，然后找到办法，帮助这些儿童在顺利成人的道路上前行。

然而，个人的成长并不会随着我们迈入成年而结束。这种成长会贯穿我们的一生，尽管成长的速度会变慢，我们面前的道路会变多。在发展的初期阶段，大部分儿童按照可预见的轨迹逐渐掌握坐、走、使用语言等技能，然而成人的发展（使一个人不断与他人区别开来的个性化过程）并不遵循明确的路线。这就引出了一个问题：我们究竟在寻找什么样的成长轨迹？

大部分人认为，作为一个成年人，成功的发展包括具备建立与维持长期关系的能力，还包括具备独立自主的能力——能够养活自己、照顾自己。此外，更有野心的目标是找到一种两全的办法，让自己既能适应并匹配社会的期许，又能逐渐完成个性化。不过有些研究人员的目标更为宏大：他们期待着实现超越。

研究人类成长的实验心理学家使用"自我超越"来描绘这样的能力：不再仅仅将注意力聚焦在自己身上，并且拥有对这个世界的更为宽广的视角。实现了自我超越的那些人将视线转向外部，他们不再只考虑自己，而是优先考虑家人和朋友，优先考虑人类、其他物种和整个宇宙。"自我超越"里的"自我"指的是有意识的自我，而不是荣格心理学里完整统一的自性。这两个概念有点含糊，容易让我们混淆，但我们按照"自我"而不是"自性"来理解"自我超越"这个概念时，效果是最好的。

谈到超越时，我们通常会联想到智者和神秘主义者，但是普通人也能经历超越。人们并非只能在"彻底实现超越"和"一点都没有实现超越"之间做出选择，人们可以经历一点点的超越，也可以经历大把大把的超越。事实上，大部分人的生活中都出现过超越的片段。头脑进入心流状态便是其中的一个例子。心流状态有时候也被称作进入了巅峰区，会在一个人高度沉浸地做事而进入忘我境界时出现。人与事逐渐相融，这个人不去思考过去，也不去思考未来，只是专注于当下在做的事情。研究人员确认志愿者是否经历过心流状态的其中一个办法，便是询问对方是否同意以下说法："我经常对正在做的事入迷到了迷失在那个时刻的程度，就好像我脱离了时间，也脱离了空间。"在这里，我们发现了投射的一个积极影响：它产生了消除内在世界与外在世界的分界线的入迷状态。

心流状态可能会在我们从事创造活动或者进行体育运动的时候出现。这样的状态会发掘出我们最大的潜力，或许还能够给我们带来实际的好处，但我们并不是非得制造出什么可以触摸的东西才能感受到心流状态的价值。身处心流状态之中，本身就能给我们带来强烈的愉悦和满足。

心流状态是超越的其中一种表现形式，除此以外，超越还有许多种表现形式。研究人员制作了名为"成人自我超越清单"的问卷，该问卷测量了我们在生活中的超越水平，以便让我们更好地理解超越的发生过程和我们在经历超越时获得的那些成长。（如表4）"成人自我超越清单"衡量了五个方面的内容：自我认识程度、人格整合程度、心态平静程度、脱离执念程度、活在当下程度。志愿者拿到问卷后会读到一系列陈述句，挨个对此回答"是"或"否"即可。

表4 "成人自我超越清单"内容示例

"成人自我超越清单"内容示例
我感到某些东西中有比自身更伟大的存在。
我的幸福不依赖其他的人或物。
我对他人有同情之心，哪怕是对那些对我不善之人。
我了解自己。
我不担心他人对自己的看法。
物质财富对我意义不大。
我接纳自己，包括自己的缺点。

自我超越反映了个人对自身各方各面的接纳，以及越来越不需要基于他人的标准去定义自己的这种生活态度。

如果让一组做过标准人格测验的志愿者来填写这项问卷，他们在超越测试中的得分会与他们的某些人格特征存在一些微小但重要的关联。这就为我们提供了一些线索，让我们看到人的超越会呈现何种样貌。超越测试的高得分与标准人格测验里的"乐于探索"这项特征有关，该特征又与想象力、审美的敏感性、对内在感受的留心、对多样化的偏爱，以及求知欲有关。此外，在标准人格测验里，"宜人性"和"尽职尽责"这两种特征也与超越测试的高得分相关。"宜人性"指的是一个人表现得友善、有同情心、愿意合作、温暖体贴的倾向。"尽职尽责"是指一个人想把工作做好，想认真肩负起对他人的责任。较低的得分则与神经质相关，其特征为忧虑、恐惧、愤怒、沮丧、羡慕、妒忌和内疚。

尽管超越改变了我们的内在世界，但它造成的外部影响可能微乎其微。正如一句禅语所言："得道前，砍柴担水。得道后，砍柴担水。"现代版本的禅语或许得把"砍柴担水"改成"洗碗开车"，但这句禅语试图传达的道理是很明确的。很多变化并不可见，但这些变化依然可能会意义深远。荣格将超越描绘为"对个性的一次重建，它作用于每一个方向，渗入了生命的每一个领域"。不必动脑筋的洗碗变成了几分钟的平静与安宁，让我们远离大部分现代生活所需的脑力劳动，得到片刻的休息。开车去上班原本是一件日复一日的琐事，如今变成了每日一次的新体验，因为在我们对当下投注了完整的注意力（这是超越的其中一个方面）之后，我们会发现没有什么是一成不变的。这就像是我们在阳光灿烂的晴天戴上一副太阳镜时的感受，一切看起来都不同了，哪怕一切还是老样子。

按照荣格心理学，超越之路是自我和无意识的统一之路。然而，在试图达成统一之前，我们必须先建立强大的自我，使自我与无意识分隔开来，让自我能够独立自主地行事。乍看之下，这样好像会产生反效果。倘若我们的目标是自我和无意识的统一，那我们为何还要先把两者分隔开来呢？

正如我在前文中谈过的那样，自我在一开始的时候是很弱小的，在自我试图有意识地控制我们的行为的过程中，我们需要来自父母、老师和同龄人的支持。随着自我不断发展，我们做出决定时基于理性和规划的次数会渐渐多于依赖冲动反应的次数。只有在自我变得足够强大之后，我们才能势均力敌地站在无意识面前。（如图41）如果我们在自我尚未发展出其全部力量的时候就试图与无意识相融，我们就会面临被无意识吞没的风险。那样的话，就没有什么理性之光照射进无意识的暗处，从而拉起某个人的动物性这样的情况出现了，取而代之的是理性之光在一瞬间被压灭，本能趁势占据主导位置的情况。让我们回忆一下《小哥哥和小妹妹》里的情节：当小哥哥无法抵抗渴望，喝下被施了邪恶咒语的溪水时，他立刻改变了形态，变成了一头鹿。

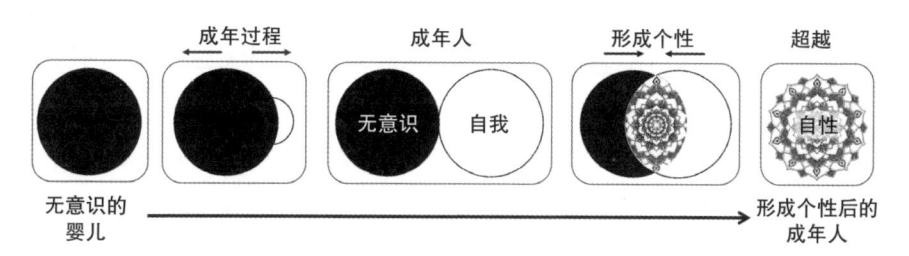

图41　自我必须先建立独立的身份，才能与无意识手牵手，共同努力，形成自性

我们通过最大限度地增加自我和无意识之间的区别来获得两者的统一，其中的矛盾令人回想起毕达哥拉斯学派的神秘数字"十"。数字"一"是无意识的乌洛波罗斯，而"十"却是意识十足的超然统一，即"合众为一"，其中的每一个个体都保留了独特的个性。若是我们想要理解"通过差异来获得统一"这个概念，我们可以想想边境牧羊犬和它的驯犬员之间的合作关系。如果你曾看过边境牧羊犬放羊或者参加牧羊比赛的视频，那么你一定看到过两个非常不同的个体——狗和驯犬员——作为整体来行动的状态。为了做到这一点，边境牧羊犬和驯犬员并没有去模仿对方的样子，而是去强调双方的差异。工作中的边境牧羊犬并没有穿上可爱的衣服，吃着瓷盘里的人类食物。同样，驯犬员也没有根据本能去行动。他不会因为愤怒就揍狗，也不会在早上该训练的时候还躺在床上睡懒觉。为了让人和狗能够以整体的形式运转，狗最大限度地保持了狗性，人最大限度地保持了人性。差异与差异手牵手之后，统一就出现了。

在我们逐渐成年的阶段，自我充当了负责分隔的角色，努力将自身与无意识区分开来。与之相反，个性化的过程是由无意识来负责的，它主动且自发地充当了维持统一的角色。超越功能，也就是荣格口中能够"揭露人类的本性"的那种本能，最能明确地让我们看清无意识的施动者追求统一的一面，但我们还可以从别的途径看到它的这一面。所有的本能按其本性都会向上推进，努力进入表达和自我之光芒所照耀的区域。正如我们在《青蛙王子》里看到的那样，无意识想要实现与自我的统一。无意识对此有着坚定不移的渴望，或许只有情欲和浪漫爱才能作为对这种渴望的最佳隐喻。

当充分发展的自我开始吸收无意识中的要素时（比如接受一部分阴影，将其作为自性的正当组成部分，或者接受非理性的本能来平衡理性的深思熟虑），这个人便开始发展超越的特质了。在我们把"成人自我超越清单"里衡量的内容（自我认识、人格整合、心态平静、脱离执念、活在当下）浏览一遍之后，我们就能明白超越特质的大概范围了。然而，如果我们想更充分地了解超越，我们就不能止步于这一清单。科学家开发出评估量表，对其进行严谨的测试，确保根据该量表得出的分数在科学上站得住脚，从而产生能够反映现实世界里的行为和经验的结果。这是科学手段的一个优势，但这种手段也有劣势：评估量表可能无法充分捕捉人类体验的丰富与浓烈程度。关于这一点，哲学和文学或许更帮得上忙。

法国神秘学家埃利法斯·莱维在他对"魔法师"（magus）的描述中给出了他对超越的阐释，我们可以看到 magus 这个词与 magic（魔法）有着相同的词源。该词也与智慧和哲学有关，我们可以在人们对来自东方的三位博士（magi）的称呼中看到这一点，这三位博士曾拜访过刚出生的耶稣。莱维的描述与"成人自我超越清单"里的若干条陈述句相符，但他的描述更为深入，也更能唤起人们的感情：

> 魔法师欣然接受愉悦、财富和光荣，但他从来不是这三样东西的奴隶。他知道如何受穷、如何禁欲、如何吃苦。他心甘情愿地忍受着默默无闻的状态，因为他的幸福由他自己说了算。他对命运的变化无常无所期待，亦无所畏惧。他的爱不以被爱为前提。他可以创造出不朽的珍宝，然后按照超过任何荣誉等级、任

何奖赏金额的标准来赞扬自己。他已找到他想找到的事物，那就是深沉的平静与安宁……同孩子在一起的时候，他是个孩子；同年轻人在一起的时候，他欢欣愉悦；同年长者在一起的时候，他沉着严肃；同傻子在一起的时候，他耐心宽容；同智者在一起的时候，他幸福满足。他与快乐的人一同欢笑，与悲伤的人一同哭泣。他赞扬力量，也迁就软弱。他不冒犯任何人，也不需要原谅谁，因为他从未觉得自己被冒犯过。他对误解自己的人心怀怜悯，并找机会帮助他们；他对忘恩负义的人只回以善意。

超越功能

健康的童年发展是自发出现的。儿童不是在有人告诉他们必须学会走路之后才开始学步的，青少年也不是在有意接受培养抽象推理能力的任务之后才开始培养抽象推理能力的。这些过程编入了他们的 DNA，无须他们知晓，也无须他们准许，就会自然而然地开展。在超越功能的影响下，同样的情况也会发生在成年人的个性化过程之中。正如荣格所写的那样："超越功能首先是纯粹且自然的过程，在有些情况下，超越功能可能会在个人不知晓也未参与的情况下就自发行进在它的轨道上，有时候也可能会不顾个人的反对就强行按其想法行事。"迈向超越的欲望是一种生物层面的强烈欲望。

乌普萨拉大学位于瑞典，该校的研究人员向两千名年龄处于二十岁到八十五岁之间的瑞典人发放了一份关于自我超越的调查问卷，以此来评估随着年龄增长，人们拥有的超越特质会发生怎样的变化。研究人员发现，人们获得超越特质的过程并不是匀速且稳步的。在某件事打破了人们既有的生活方式之后，超越便会进入增速的阶段。对女性来说，当她们处于二十岁到三十五岁之间时，她们的超越特质会有大幅度的增加。研究人员认为这是生育带来的挑战所引起的变化，因为没有生育的女性的成长曲线几乎同男性的成长曲线一致。当男性处于四十五岁到五十五岁之间时，他们的超越特质会经历大幅度的增加，正对应了中年危机这段他们必须重新审视自己的身份的时期。有些中年男人选择购买花里胡哨的跑车，有些中年男人决定出轨，有些中年男人则发展出了更高的人性。尽管存在刻板印象，但根据研究结果，发展出更高人性的中年男人并不少。

当研究人员向下研究到个体层面时，他们发现在较为年轻的研究对象中，经历过危机的那些人的自我超越得分要高于至今为止过得比较顺遂的那些人的自我超越得分。最有利于增进超越的事件是那些提高了人们对"凡人必有一死"和"人生脆弱无常"的感知的事件，比如抗争癌症。正在接受癌症治疗的人做出重大的人生改变的情况并不少见，许多人开始改变自己的饮食习惯，将其调整为更健康的习惯，并开始规律锻炼身体。他们更加珍惜所爱之人，对生活里的那种简单的愉悦也更加心存感激。有些人最终表示，这场疾病是一次因祸得福的事件。超越是对立之物的统一，所以我们会毫不惊讶地发现，这项研究的结果表明，通往平静安宁、自我接纳与心满意足的道路上充满了苦难与折磨。

然而，并非每一位研究对象都能从苦难中获益。有些人成功战胜了生命里的危机，并未感到逆境的沉重碾碎了自己，大的超越只会发生在这些人身上。尼采的著名格言"没有杀死我的事物使我更强大"似乎只说对了一半。这句话想要成立，还需要个人拥有健全的自我力量。

每个人拥有的自我力量各不相同，且常常随着人生的推进而不断增加。有些人比较幸运，多亏了他们幸运的遗传倾向，他们轻而易举就能获得自我力量，这些人在遭遇危机后很快就能恢复。在他人的帮助下，那些生来就拥有较弱的自我力量的人也许能成功地应对危机。他们的帮手可能为他们提供了情感支持和物质支持，可能为他们充当了榜样，也可能扮演

第三部分 超 越

了辅助自我的角色，就像《青蛙王子》里的国王在他的女儿不愿意履行诺言时所做的那样。然而，有时候危机来得过于凶猛，在这种时候，危机完全吞没了我们的个人资源和社会资源，我们所能做的只剩下默默忍受和顽强坚持。通往超越的道路或许不好走，但我们越是历尽艰辛，就越能登上高处。

乌普萨拉大学的研究人员发现，在我们经历中年危机之后，我们的超越特质便会进入一个平台期。下一个超越特质急剧增加的阶段将会发生在我们的老年期，迈过六十五岁之后，我们会经历一系列的丧失。首先，我们会从工作岗位上退休，这样一来，我们的身份的一个重要组成部分便被剥夺了。接着，我们会觉得自己的身体在慢慢垮掉。最后，我们会迎来死亡的威胁。我们身边的那些朋友一个个去世，我们自身将要经历的死亡也从远方渐渐逼近，变得越来越有存在感了。为了让自身的存在依旧有意义，我们必须改变自己的视角，告别唯物与务实的生活方式，转向一种更为广袤、更为超越的人生态度。

在此项调查中，研究人员还发现，在那些年龄较大（七十三岁以上）同时超越得分较高的志愿者身上，有一些主题会反复出现。他们的眼中并不仅有自己，他们觉得自己是更广大的整体的一部分。他们超越了时间，能够同时感知到过去和当下。在这些人之中，52%的人同意这样的说法："与五十岁时的我相比，今天的我感受到过去和现在之间的距离正在渐渐消失。"有人提到自己非常详尽且彻底地体验了回忆里的事情，"就好像我再次来到了那里，就好像我可以回到过去，重新经历一遍我的一部分童年时光"。童年的一幕幕同此时此刻一样真切，许多人还能够从成熟的角度来重新阐释多年前发生的这些事情。这样的重构能力令他们可以接纳自己曾遭受过的种种苦难。一位女士表示，她开始宽恕曾经虐待过自己的母亲了。另一位女士则说："小时候，我觉得自己好像是宇宙里孤零零的一个小小的点。如今，我感到自己是代际链条里的一环，重要的是链条本身，而不是我。"

在较为年长的研究对象中，大部分人都同意以下说法："比起以前，今天的我要更不把自己当回事。"女性会特别谈到她们不再过分地在意自己是否美丽。她们不再为容貌焦虑所困，而是愉快地接受自己的身体。有一位男士曾经天天西装革履，现在他开始在出门吃午饭的时候身着宽松的长运动裤和短袖，头戴棒球帽。他是这么说的："我不再需要给任何人留下深刻印象了。"这位男士开始关心家人，以前的他从没有对家人表现过这份关心。他的女儿有一天看到自己的爸爸和自己的女儿正在玩芭比娃娃。此外，这位男士也重拾了自己的一项童年爱好——搭建模型车。他表示："到了现在这个年纪，我就是要想怎么做，就怎么做。"

根据研究人员的记录，不再把自己当回事的另一个表现是人们从关注自身的需求转向关注他人的需求，尤其是子女和孙辈的需求。研究人员写道："利己主义被利他主义遮盖了。"研究人员还注意到，有些研究对象在步入老年后开始送出自己的东西，因为他们发现"轻装上阵的生命之旅更简单，也更令人高兴"。他们悟到了老子所说的"为道日损"。

最后，研究对象还表示，他们对不确定性和生命的奥秘有了更高的接纳度。七十三岁以上的志愿者更倾向于保留自己的意见，不怎么愿意给别人忠告和建议。他们变得更加包容，有了更为开阔的胸怀，超越了思想僵化者的那种必须分出对错的二元对立的观点。

更高的生活满意度伴随着这些变化一同出现。在那些在超越测试中得到了高分的人之中，50%的人表示他们对自己的生活非常满意，而在那些得到了低分的人之中，只有8%的人会这么想。自我超越是一件值得我们追求的可贵事物。

那么，我们如何才能获得超越呢？我们只能通过漫长的岁月或难熬的苦难来走向超越吗？世上是否存在什么办法，可以让自我与无意识建立起更为亲密的关系，为这个过程加速呢？

第三部分　超　越

倾听无意识

在童话故事里，主人公必须先倾听并信任那些具备魔力的帮手，然后才能完成一道又一道任务，最后赢得王国。自我也是一样。想要与无意识建立起强大的合作关系，我们就必须先倾听无意识试图告诉我们的内容。这与我们平时习惯的那种倾听不同，因为无意识通常不使用言语来表达自己，而是通过其他方式让人认识自己。让我们再回想一次"抬起头，在绝对的静谧中，望向星辰"的那位诗人吧。某些东西正在被传递，但我们根本没有办法将其转化为言语。然而，这份传递的价值并不会因此而降低一丝一毫。我们该如何理解这些无言的传递？离开了用来阐释的言语，我们该如何破译其中蕴含的意义？

来自无意识的无言传递，以本能的感觉、直觉和情绪的形式让我们注意到。有时候，我们会以一种类似于理解语言的方式来理解这些传递所包含的内容。从最为简单的角度来看，语言能够传递信息。我们可能听到过有人这么说："我觉得那个人没有说实话。"我们也可能会本能地感觉到某个人不值得信任。语言还能影响我们的感觉。"艾玛告诉我，你昨天的报告讲得非常好。"如果有人对你说这句话，你的心中会产生一种满足感。与之类似，你的无意识也可能让你产生心满意足的感觉，尽管其中的缘故并不如以语言传递信息时那么明显。在一则古老的童话故事中，失去了爱人的公主某日正在林间穿梭，这时她突然想道："以前的我那么难过，而现在我感到了快乐。我仿佛能感觉到，我的爱人就在附近的某个地方。"事实上，这位公主的爱人被施了咒，变成了一只小鸟，此刻正栖息在附近的一棵树上。有时候，我们不需要什么明显的理由就能感到快乐。无意识察觉到了自我看不见的事物。

不管信息来自何处，我们并非总能立即用上这条信息。如果有人告诉你，乘坐云霄飞车可以帮助你排出肾结石，这条信息对你来说可能暂时没

233

什么用处。但未来的某一天，你也许能用上这条信息。无意识传递的信息也是如此，尤其是在我们刚开始尝试着倾听它，对它的语言还不熟悉的时候。一股含糊的情绪，一阵突如其来的心神不安，又或者是一段毫无预兆地浮现在脑海中的回忆，它们在当下似乎没有什么意义，但在未来的某个时刻，它们便可能会转变为重要而深刻的见解。这些信息可能是无意识播下的关于转变的种子，需要多年的时光来生根、发芽与成长，我们不该因为今天还看不到它们的价值就将它们丢弃。炼金术士知道用来制作贤者之石的材料"价格低廉，随处可见"。在童话故事里，愚蠢的角色将无用的垃圾和破烂一把丢掉，但随着故事的发展，他们会发现这些破烂其实是拥有力量的物件。那些彼时彼刻还不知道超自然帮手身上的才能有何价值，但依然对这些帮手倾注信任的人，才会是最终获得成功的人。

无意识拥有巨大的处理能力，因此有着相当多的智慧可以与自我分享，但无意识的能力还不止于此。倾听无意识除了可以获得消息，还有一个更大的好处。每当一个人倾听另一个人的话语时，这份倾听都会对两人之间关系的性质产生影响。如果倾听者在倾听的时候将自己全部的注意力放到讲话者身上（听着不难，但做起来并不容易），那么倾听产生的影响将会最为强大。

有一个人全神贯注地倾听我们讲话，还听了不止一小会儿，这样的情况很罕见。那些具备超凡的个人魅力的人知道这一点。在倾听别人讲话的时候，他们会献上全部的注意力，以此让对方觉得自己是特别的存在。在许多人看来，别人全神贯注地倾听他们的话语，会让他们觉得自己是房间里唯一的存在。当有人遭受类似失去至爱之人这样的痛苦的时候，我们很自然地就会全神贯注地倾听他们的话语。陪伴正在经历苦难的人会让人感到痛苦，因为我们会觉得自己无能为力，根本没有办法帮助他们。但在我们陪他们待了一段时间后，他们总是会告诉我们，当时我们简单的倾听行为就帮了他们很多，多到无法用言语表述的地步。如果你曾被人用这种方式安慰过，你便会知道全然的倾听能够拥有多大的效果。

如果我们想理解无意识，如果我们希望无意识成为我们的伙伴与盟友，那么我们最好的策略就是学会如何去倾听它。投注自己全部的注意力去倾听另一个人的话语已经很难了，全神贯注地倾听自己的无意识则难上加难。无意识之所以令人望而生畏，是因为对自我来说，无意识是陌生而不相容的存在，之前我也提到过这一点。无意识的视角能够平衡自我的视角，并且具有巨大的价值，但是在自我看来，这个与自身互补的视角充满敌意和对抗欲。此外，无意识还毫无逻辑，不讲道理。它来自对立之物被统一的地带，而这在未完成超越的自我看来好似一团混沌。无意识扰乱了自我的井然有序的世界，强迫它去面对（或逃离）骇人而原始的欲望与内驱力。

因此，为了让无意识进入自我，并朝着个性化的目标不断前行，我们要做的第一件事就是增强自我的力量。面对上涌的原型力量时，强大的自我既能全神贯注地倾听，又能保证自己的安全，还不会陷入精疲力竭的状态。此外，自我还必须学会放下通过逻各斯（理性）来理解事物的偏向，让自己去拥抱非语言的、根据经验来传递信息的形式。问题在于，我们不清楚如何才能最佳地做好这两件事，并避免在此过程中被无意识彻底攻陷的风险。

向下行走

与无意识相遇时，我们往往处于低意识状态，可能是在出神发呆，可能是睡着了，也可能正处于入睡前的朦胧恍惚时刻。在这些时刻，我们的意识被压制了，无意识则在我们的精神生活中扮演了更为重要的角色。法国心理学家皮埃尔·让内[1]将这种状态称为"精神水平的降低"，我们的专注

---

1. 皮埃尔·让内（Pierre Janet，1859—1947），法国心理学家，精神分析疗法及行为疗法的先行者。

度和注意力会下降,抑制力和约束力也会随之变弱。我们并不是只在昏昏欲睡的时候才会经历此种"精神水平的降低",在我们参加了体育赛事或政治集会,并且融入了集体心灵之后,此种"精神水平的降低"也会发生。我们也不是只在非一般的情况下才会出现"精神水平的降低",在我们醒着的时候,我们有大约一半的时间处于轻度的"精神水平的降低"的状态中。这样的状态被称作"心神漫游"。

正在做一件事的时候,我们的脑子里却想着另一件事,这便是我们的心神在漫游的时刻。我们可能会在洗澡的时候想着工作,在开车的时候复盘刚才发生的对话,在同孩子玩耍的时候想着还没处理的杂事。在这样的时刻,我们的大脑进入了"自动驾驶"模式,此时我们基本察觉不到周围的事物。生命之河从我们的身上淌过,而我们却浑然不知,一点都没有察觉到。

为了进一步探究心神漫游会带来什么样的影响,哈佛大学的一个研究小组招募了两千二百五十名志愿者,给他们的手机里安装了一个应用程序,该程序会在一天内的任意时间发送警报。每次收到警报时,志愿者都要汇报他们当时正在做哪项任务,还要汇报他们是真的在做这件事,还是在想其他不相干的事。除此之外,他们还需要报告当下的愉快程度。研究人员发现,参与研究的志愿者在醒着的时候大概有一半的时间处于心神漫游的状态,在这种时候,他们的愉快程度要低于他们将注意力放在手头的工作上时的愉快程度。研究人员总结道:"人类的大脑是喜欢漫游的大脑,而漫游的大脑是不开心的大脑。"

研究人员提醒我们,心神漫游并非只有不好的一面。在无意识的处理方式占据主导地位的时候,我们有时会获得一些领悟,由此解决一些问题,而这些问题是我们之前一直没能通过有意识的努力成功解决的问题。许多人在洗澡的时候想到了最棒的点子。问题在于,在大部分时候,我们不会记得自己在心神漫游时产生的想法。我们从遐想状态中钻出来的时候完全不记得自己刚才在想什么,这样的情况并不少见。吸食大麻的人在吸得神魂恍惚的时候常常感觉自己对各种事物有了非常厉害的洞悉和见解,但等

第三部分　超　越

他们清醒过来之后，他们便会发现那些"洞悉和见解"不过是陈词滥调。

向下进入无意识是一回事，将在那里找到的珍宝带回平常的自我之光照耀到的地方则是另一回事。两者之间有着相当大的区别。神话中有这样一个常见的主题：主人公找到了拥有魔法力量的护身符，却在就要将它带回家的时候把它弄丢了。《吉尔伽美什史诗》是写于公元前2000年的来自美索不达米亚的诗篇，诗篇中的主人公从海洋深处带上来一株神奇的植物。这株植物具有返老还童的功效，但在主人公游泳的时候被一条大蛇偷走了。于是他只好空手回了家。许多文化中都有这样的童话故事：主人公娶了一名拥有魔法的公主，并在公主的魔法王国里与她一起幸福快乐地生活了许多年。但是，当他决定重返故里，回到原来的那种普通的生活中去的时候，他便失去了关于公主及其魔法世界的全部记忆。这种情节设计在《格林童话》的《鼓手》、克尔特童话的《小脑袋与国王之子》和俄罗斯童话的《水王与聪明的瓦西里萨》中均有出现。

若是我们想从与无意识的联系中获得最多的好处，我们就必须避免陷入睡觉时或心神漫游时那样的低意识状态。我们必须在拥抱无意识的影响的同时保持完全清醒的状态。这是另一种超越，带着我们超越了"留神与无意识"的二元对立。

尽管无意识可能淹没有意识的觉察，但在很偶尔的时候，情况也会完全相反：无意识令自我更机敏，更加留意四周发生的事情，从而将意识状态提到更高的水平。正如我在本书的第一部分提到的那样，我们会在遇见圣灵时获得意识状态的提升。圣灵体验发生时，人们处于完全清醒的状态，此时人们的感受可能会比平时的感受更为真实。另一种在无意识的影响下保持完全清醒的状态是心流状态，但这种自发的超越状态很少出现，并且无法被任意唤起。若是我们想要在保持清醒的状态下以更加稳定的方式遇见无意识，我们就需要依靠其他方法。

荣格描写了一种被他称为"积极想象"的方法。这种方法令他能够在完全清醒的状态下同无意识里的原型角色交谈。在某种程度上，荣格的积极想象与弗洛伊德的自由联想类似。实践者闭上双眼，让想象飞驰。脑海里冒出来的人物也好，想法也好，实践者必须按照其本来的样貌将其全盘接受，不去做任何有意识的删减或增添。自我必须避免卷入这些人物，必须避免思考这些人物的举止，仅仅观察自然显现的内容。不过接下来的步骤就与自由联想不同了。这个步骤也是该方法被称作"积极"的核心原因。实践者需要允许头脑中出现的人物说话，并且尽量不要给这些人物添加自己想说的话，只要简单地聆听他们的言语就已经足够。

荣格最初经历的积极想象是从一次做梦开始的。在那一次的梦中，一只白色的鸟飞了下来，落在了他面前的翡翠桌上。随后，这只鸟变成了一名女子，对他诉说着关于"十二位已死之人"的神秘话语。说完之后，这名女子又变回了鸟，展开翅膀飞走了。在之后的一次梦中，他遇到了十二具尸体，他们是过去几个世纪的已死之人，正躺在石棺之中。当他看向这些已死之人时，一具具尸体随着他凝视的目光变回了一个个活人。他正在活跃的意识使无意识中的古代人物活了过来。

为了理解这些梦所做的大量尝试使荣格着了魔。这里所说的着魔已超出了比喻层面。"我别无选择，只能按照无意识所选取的风格将一切记录下来，"荣格在他的自传《回忆、梦、思考》中这样写道，"有时候，我好似是在用耳朵聆听；有时候，我好似是在用嘴巴感受，就像是我的舌头在整理内容、在阐述言语……我知道我必须让自己一头栽入其中，接受它们原本的模样。对此我不仅感到了强烈的抗拒，还产生了隐隐的恐惧，因为我害怕失去对自己的掌控，害怕自己沦为幻想的猎物。"

在荣格允许自己"一头栽入其中"时，他的积极想象便正式开始了。他清醒地看到了关于黑暗的地下世界的童话场景，这些场景被黏糊而柔软的物质遮盖住了。他遇见了一个小矮人、一只巨大的黑色圣甲虫、一条蛇，以及其他神话生物。荣格同他遇到的一名角色交谈，这名角色是睿智老者的一个原型，他向荣格解释了无意识的客观存在的独立性。"我以为我的想法是由自己产生的，但在他看来，这些想法就好似林中的动物、房子里的人、天上的小鸟，有其本应身处的位置。"

荣格还与更多的原型人物进行了交谈。有时候，这样的交谈让他感觉

第三部分　超　越

自己正在失去与现实世界的联系。甚至在他没有进行积极想象的时候，他也感到四周的空气中充满了同他交谈的幽灵。在某个时刻，一个声音突然响起，对他发出警告：若是他没有办法找出正在他身上发生之事的秘密，他最终便会走向自杀的结局。即便如此，他还是继续实践积极想象，因为他觉得自己身为医生，有义务弄明白心灵内部的这些骇人力量，然后将获得的领悟分享给他的病人，哪怕做这些事情要以失去自己的神志健康作为代价。在这些骇人力量的影响之下，他放弃了自己的学术生涯，离开了任教将近十年的大学。在接下来的三年里，他完全无法从事任何工作，甚至连读一篇科学论文都做不到。最终，荣格绘制了曼荼罗——数字"四"的心灵完整性的古老象征，以这种方式找回了自己。

荣格学派的心理学家芭芭拉·汉娜[1]表示，只要我们操作得当，积极想象并不危险，但操作得当并不是一件容易的事，一不留神就会出错。积极想象可能会把人引向精神错乱的状态，尤其是在无人喊停并要求探索者回来与现实世界保持接触的情况下。尝试了积极想象之后，每个人都会有属于自己的独特体验，但这是一件危险的事情。这种尝试可能会是一次不计后果地扎向心灵深处的俯冲。在心灵深处，原型可以轻而易举地吞没自我。大部分人需要换一个方法在超越之路上穿行。

超越是存在的最高状态，能够为我们带来平静、满足和同情心。这种状态难以达到，因为自我必须放弃一定程度的自主权，并认可与其孪生的黑暗那方的视角的有效性。自我必须学会欣赏无意识理解世界的方式，接受那些看起来令人厌恶的东西，并且允许它们成为自身的一部分。对此，自我常常会抗拒，在很多情况下，实现超越还需要历经困难、失败和痛苦。或许超越值得我们去承受苦难，但如果世上还存在另外的途径，那肯定是一件好事。

在下一小节，也就是本书的最后一个小节中，我们将要探索冥想，将

---

1. 芭芭拉·汉娜（Barbara Hannah，1891—1986），出生于英国，精神疗法从业者、荣格学院讲师，1929年来到苏黎世与荣格一同进行研究。

其作为一种可能会带领我们实现超越的途径。冥想是一种让我们逐渐与无意识产生联结的方法,而非对头脑的两个部分之间起分隔作用的堡垒发起的正面猛攻。冥想在教会我们倾听从无意识中涌上来的信息的同时增强了自我的力量,以免我们被无意识中蕴含的原型力量彻底卷进去。冥想是一种较为直接的方法,让我们能够增强自我力量,学会聆听无意识的低声倾诉,并且培养伴随超越而来的普遍的爱与同情。

循环和联合

如果我们将注意力转向无意识，我们就会看到无意识在将其内容一点点展现出来。这些展现出来的内容好似一泉活水，继而增加了意识的产出。

——卡尔·古斯塔夫·荣格

悖论

人类是在自己身上实践炼金术的炼金术士。冥想是这种炼金术的其中一种形式，是炼金术的循环和联合在心理学中的表现形式。

冥想的本质是觉知。觉知是意识最为基本的特征。事实上，觉知与意识在本质上是一回事。觉知也是理解并接纳无意识的第一步。我们可以一辈子都认为自我是头脑中唯一的施动者，竭尽所能去忽略或者想办法解释那些与自我意志相反的心理现象，以及按自我的能力根本不可能产生的心理现象。或者，我们可以培养对无意识的影响的觉知。我们可以留心那些好似着了魔的状态，试图理解藏在我们体内的众神——人类本能的化身。冥想这项实践能够增强一个人有意识地觉知的能力，这项能力的提升则为我们提供了机会，使无意识的力量可以作为平等的伙伴加入我们。和无意识的力量联手之后，我们便可以利用其天赋来发掘自己的身份的本质。

在西方，冥想通常被视作一项带领人们通往更佳的健康状况的活动，与跑步或健康饮食类似。这样看待冥想有一定的道理。一些研究人员对参加某项健康保险计划的六十万名成员进行了评估，发现长期冥想者在所有的护理类别之中都有着较低的医疗资源使用率。但冥想最初是作为一项神秘练习出现的，旨在帮助人们开悟。关于冥想最早的文字记载来自成书于公元前1500年左右的《吠陀本集》。不过，人们认为冥想这项实践的出现年份还要早上数千年。冥想被视作一种有利的途径，我们据此获得对自我的了解，并且与"绝对"相连。与炼金术的意象类似，《吠陀本集》把冥想者的头脑比作去除杂质后的黄金,"纯粹、灿烂、柔软、可塑、鲜亮"。

威廉·马奥尼[1]在他对吠陀教的介绍中写道:"按照《吠陀本集》,冥想是为了带着探索者觉知永恒不变的世界灵魂,及其与怡然自得的状态的本质统一。"与荣格的个性化过程类似,吠陀冥想追求的目标是形成自性。《奥义书》(讲述印度哲学的吠陀文献)告诉我们:"自知者充满智慧、不死不朽、独自存在、精神抖擞、完整无缺、无欲无求。自知者认识了聪明智慧、永不衰老、始终年轻的自我,所以不害怕死亡。"

冥想这个主题在荣格的作品中并不突出,但他意识到自己发现的东西与东方哲学之间存在着相似之处。在中国古代道教文本的现代译本《金花的秘密》[2]的引言中,荣格写道:"在我刚开启关于精神病学与心理治疗实践的毕生工作时,我对中国哲学一无所知。直到后来有了一定的从业经历,我才发现我的治疗方法在无意中踏上了那条东方智者专注了几百年的神秘之路。"

出于本书的研究目的,冥想最有用的定位不是宗教实践,也不是提升健康状态的练习方式,而是荣格的其中一条"神秘之路"——通往个性化的道路。

一个人在冥想的时候,看起来好像在出神、在发呆,可事实正好相反,处于恍惚状态的人是非常容易受到暗示影响的。拥有评判和决定功能的自我下线了,人们未加思索、不由自主地对暗示做出响应。回到有意识的平常状态后,他们往往不记得刚刚发生了什么。他们在低意识状态下运转着。相反,一个人在冥想的时候,则是完全清醒、注意力高度集中的,此时意识的水平是被提升而非降低了。然而,自我并没有说话,保持着安静。

一个人处于完全清醒的状态,却不进行有意识的思考,这种矛盾的状态是很难达到的,需要日复一日的练习。初次尝试冥想的人很容易不小心睡着。我们若是压制自我的喋喋不休的言语,可能就会面临着跌入低意识状态

---

[1]. 威廉·马奥尼(William Mahony),美国戴维森学院的宗教学教授。
[2]. 德国汉学家卫礼贤翻译了《太乙金华宗旨》,译本取名为《金花的秘密》,荣格给该书做了心理学评述。

的后果。冥想者通过达到平衡来设法避免此种"降低"的状态。通过抑制有意识的思考，他们拒绝了自我的主导；通过保持机敏和警觉，他们避免了无意识的支配。

在这里，我们再次回想起了神秘数字"十"。在这里，自我与其对立之物获得和谐的方式，是将两者的区别拉到最大，也就是保持完全清醒。在炼金术里，冥想是互为补充的对立之物相结合的一个例子。与经历圣灵体验和进入心流状态时的自我一样，冥想中的自我变得更加清醒，而非陷入昏昏沉沉的状态。

其他宗教传统也强调了保持完全清醒的重要性。在《圣经·启示录》中，上帝说："看哪，我来像贼一样。那警醒、看守衣服，免得赤身而行，叫人见他羞耻的有福了！"《圣经·马太福音》里关于十个童女的寓言说明了保持机警的重要性，具体表现在她们为联合（互补的对立之物的统一）做准备时。新郎迟到，等待着他的十个童女纷纷睡着。午夜时分，新郎终于赶到，她们急匆匆地起来做准备，但只有那些已准备好的童女才能同他进去坐席。约翰·塞巴斯蒂安·巴赫的康塔塔[1]中最为流行的一首便是基于这则寓言而创作的，曲子的名字叫《醒来吧！沉睡者》。

冥想是如何增强自我的

冥想已被研究了数千年，在许多宗教中都扮演了核心的角色。我不可能在寥寥数页之中把所有关于冥想的记载尽数囊括，但从某种程度上来说，

---

1. 康塔塔（cantata），大型声乐套曲。其内容较简单，往往偏重抒情，规模小于清唱剧。

第三部分 超 越

冥想训练本身是简单明了的。有一种常规的训练方法名为"集中注意力"，使用这种方法时，我们需要创建一个意图，那就是将注意力集中到一件事上。如果心神开始漫游，我们就温柔地将其拉回试图专心思考的那件事上。就这样，没别的了。这么做听着简单，但该方法能够给头脑带来非常深刻的影响。

我们先从"意图"这个概念说起。"创建意图"是有意识的头脑的一项重要功能。在本书的开头部分，在我试图研究自我和无意识之间的关系时，我提到了发生在一位女士身上的事情。这位女士需要跳过早餐，因为一会儿她需要去做空腹验血。在感受到一股想要吃面包圈的冲动时，这位女士将其压了下去，因为这股冲动违背了她的意图。从无意识的深处涌上来的饥饿感被自我阻挠了。

但她并非每次都能成功阻挠这种冲动。如果你还记得的话，这已经是她第二次尝试去验血了。就在前一天，这位女士的意图遭到了挫败。她偶然间吃了个松糕，因为她的无意识令她忘了验血这回事，饥饿感打败了理性的决策。

我们行事时并不总能遵循理性的选择。正如我们之前所见的那样，并非只有自我才对我们如何行事拥有发言权。自我并不真正拥有自由意志，在决定我们的行为时，自我的能力有限。就像我们的意志会跟外部世界发生冲突那样（如果汽车的轮胎漏气了，我们就没法开车去商店了），我们的意志也会同内心世界发生冲突。一个酗酒的人走进酒吧的时候，他也许觉得自己可以选择只喝一杯啤酒，但事实不可能按照他的这个意图发展。几乎可以肯定的是，在最初的这一杯啤酒下肚之后，他还会喝光许许多多的下一杯酒。哪怕是我们当中的那些非成瘾者，也并非总能按自己的意图行事。我们的精神想要遵循计划，但我们的肉体容易被诱惑。

虽然我们并不拥有自由意志，但我们确确实实拥有自由意图。我们可以创建一个想做某件事的意图，就算失败，这个意图也不会改变。我们失败一次两次也好，失败一百次也罢，这个意图可以一直保持下去。跌倒了之后，我们爬起来，掸一掸身上的灰尘，继续下一次的尝试。这便是炼金术中的循环的一种表现形式。

冥想者创建了一个将注意力集中在一件事上的意图。他们通常会选择专心于呼吸这件事，但是等到冥想开始之后，他们会发现自己的心神发生了漫游。这样一来，他们就知道自己并不拥有自由意志。冥想者会把失败抛到脑后，重新聚焦于原本的意图，温柔地将自己的注意力带回呼吸上。接下来，他们的心神再一次发生漫游。意识到这一点之后，冥想者再次将注意力带回呼吸上。漫游，拉回来，漫游，拉回来。哪怕只是在短短的一次冥想中，冥想者都会经历许多次循环往复的过程：将注意力放到呼吸上，发现自己在想别的事情，将注意力带回呼吸上。

这样的冥想训练带来了若干影响。第一个影响是对失败习以为常。一开始的时候，失败会令人沮丧。但过了一段时间，在这样的失败发生了数百次之后，冥想者就不会再有什么心理上的波动了。我们每一次尝试新事物的时候，失败必然会伴随左右。第二个影响是冥想者能够轻而易举地将失败抛到脑后，然后开启下一次尝试。随着时间的推移，冥想者能够更好地将注意力放到呼吸上面，对自己那些不受控制的想法开始拥有了一定程度的控制，他们将意图转化为行动的能力得到了提升。在某种程度上，这就好比通过举重物的方式来实现肌肉增长。冥想者每一次将注意力带回呼吸上，都像是健身者举起了一次重物。他们的肌肉（或自我）便一点点变得更强，他们越来越擅长正在做的事情了。

扫描了冥想者的大脑之后，科学家发现，当冥想者在"把注意力放到呼吸上"与"心神发生漫游"这两个状态之间来回切换时，他们大脑中的不同区域在启动和关闭。有意识的意图在被创建时会激活前额叶皮质。心神发生漫游时，被激活的区域则是默认网络。默认网络由一系列区域构成，这些区域有的在大脑中较为靠后的地方，有的在大脑的两侧，有的位于大脑皮质之下的深处。冥想者每一次发现自己的心神在漫游，然后将注意力带回呼吸上时，他们的前额叶皮质便会被激活，默认网络则开始休息。就像健身者举着重物做弯举时肱二头肌会得到锻炼一样，构成冥想者的前额叶皮质的细胞层会随着他们冥想经验的增加而显著地变厚。

冥想带来的另一个重要影响是人们能够时不时地注意到自己的头脑正在想什么。对冥想新手来说，他们的心神在漫游很长一段时间之后才会被他们察觉到。随着时间的推移，冥想者发现心神在漫游的能力逐渐增强，这样一来，他们就能更快地将注意力带回呼吸上。

通过这样的方式对心理活动进行持续的观察，可以让一个人对自己的思绪有更为整体的观感。这就像是这个人后退了一步，让自己与脑内的想法拉开了距离。"瞧呀，我的脑子正在想工作上的事呢。这不是我的本意。我要停止思考工作上的事，然后把注意力带回呼吸上。"养成这种从客观角度观察自己的习惯之后，人们口中"具有观察力的自我"就可以被培养出来了。自我并不会认同这些想法，而是后退一步，客观地观察，如同观察"林中动物和天上小鸟"的行为那样——荣格的原型人物便是这样向他解释的。培养具有观察力的自我不仅有助于我们捕捉到心神漫游的时刻，还能使得那些令人不快的想法（那些从阴影里涌上来的想法）变得不那么令人难以忍受。倘若我们可以不带感情地去观察这些想法，我们便能更为轻松地接纳并运用这些想法。

令人不安的想法会引发焦虑，并激活一个名为"杏仁核"的大脑结构，该结构负责处理恐惧和焦虑。杏仁核可由外部危险激活，比如狂吠的狗；杏仁核也可由内部感觉激活，比如身体上的疼痛或者引起焦虑的情绪。面临来自内部或外部的威胁时，与新手冥想者相比，有经验的冥想者的杏仁核显示出来的活跃度更低。这表明他们对使人烦乱的情绪有着更强的忍耐力。与来自无意识深处的强大而陌生的施动者相遇可能会引发情感上的忧虑和痛苦。倘若我们拥有了忍受这份忧虑和痛苦的能力，我们就迈出了与无意识相处时必不可少的第一步。

注意到自己的心神出现了漫游之后，冥想者会用特定的方法来应对这个问题——他们会将注意力温柔地带回呼吸上。"温柔地"这三个字很重要。没能达到自己的预期时，我们往往会对自己很严厉。如果我们在关掉某个电子文档前忘了按保存键，我们可能就会用"蠢货""没用的东西"等刻薄的言语来辱骂自己。在别人没有保存我们的电子文档的时候，我们甚至都不会这么辱骂他们。这些辱骂和恶言究竟针对的是谁？或者说针对的是什么？肯定不是自我，我们不会有意识地选择不保存电子文档就直接将其关闭。这些言语攻击的对象是无意识里的某个施动者，而这样的攻击会激发我们与这个施动者之间的敌意，让两者处于对立状态。冥想可以帮助我们停止这个坏习惯。冥想者在经历失败的时候不会谴责使自己失败的那个部分的自己，他们所做的只不过是再一次的温柔的尝试。随着时间的推移，冥想者学会了心怀同情地接受自己的弱点和短处。通过接纳自己，他们得以应对问题，继而对自己拥有了更深入的理解。

温柔对待与自我意图相反的无意识施动者可以让我们理解其视角，并看到其中蕴含的价值。如果你曾有过不小心忘了保存电子文档而不得不重写一遍的经历，你可能会发现最后重写的内容要比起初的版本更好。或许起初的版本并没有满足无意识中引发你删除电子文档的动作的那个施动者的标准，或许起初的版本里含有一些你还未意识到但确实会大大削减其价值的内容，或者起初的版本过于片面，忽略了某个重要的视角。有时候，自我看重的东西需要被摧毁，随后，更好的内容才有机会登场。

将注意力放到呼吸上，经历心神漫游，再温柔地将注意力带回呼吸上，这个循环过程听着平淡无奇，但它却与古代的入会仪式（在仪式层面使儿童转为成人）有许多相同之处。两者均旨在增强意识，使之能够独立于本能而行事。入会仪式通常需要入会者在非常长的时间段内保持清醒，迫使他们表现出抵抗肉体想要沉入睡眠的自然欲望的能力。在许多入会仪式中，入会者必须几天不吃东西，以此证明他们有能力抵抗本能的饥饿。有些入会者还需要克服恐惧，有意地将自己暴露在真实或可预见的危险之中，并且自愿去忍受痛苦。

在发现心神漫游后温柔地专注于呼吸的简单行为中，自我的英勇成就产生了回响。入会仪式也好，冥想也罢，自我在其中清楚而有力地表明了自己的独立性，由此变得更强。入会仪式的力量与体验的强度有关，冥想的力量则来自重复。自我的每一个举动都很渺小，但是这样的举动在时间的长河中重复了成千上万次，在这个过程中，自我的成就慢慢地显现出来了。冥想者的大脑一点点得到了重塑。

我们来研究一个假想的案例，它展现了获得自我的力量是如何帮助人们应对困难处境的。想象一下这样的场景：一位瓷器收藏家去拜访一个朋友，朋友递过来一个自己刚买回来的精致花瓶，瓷器收藏家的心中顿时填满了嫉妒。他不知道该怎么处理这份令人不快的心情，他不能一把将花瓶塞到自己的胳膊底下，然后冲出朋友家的大门。他似乎什么都不能做。而且，他也不喜欢把自己想成一个有嫉妒心的人，这会降低他对自己的看法，于是他把这股心情压了下去。然后，他把花瓶碰掉了。花瓶摔到地上，摔得粉碎。

这个例子很戏剧化，但是这样的事情在现实生活中确有发生。戏剧化的案例可以让我们更容易看清究竟是什么样的力量在其中起作用。这一系列事件是从嫉妒之情被传递到瓷器收藏家的自我时开始的，这暗示着无意识的内部有什么事正在发生。自我可以帮上无意识的忙吗？如果答案是肯定的，那它该怎么帮？如果自我想要帮忙，它需要做的事就跟我们平时可以为受苦的朋友所做的事一样，那便是倾听。当我们爱的人遇到困难来找我们的时候，他们很少想要寻求切实的建议。事实上，我们若是试图替他们解决问题，他们可能会因此变得恼火。他们之所以来找我们，是因为他们需要有人倾听。正如我之前提到的那样，倾听能以强大的方式给人带来安慰与疗愈。但我们的瓷器收藏家并没有这么做。他的无意识希望他能扮演好朋友的角色，但他却以实际的做法解决了这个问题。实际的做法就只有两个：一是被嫉妒心牵着走，采取行动，偷走花瓶；二是不采取行动，忽略这个情绪。

这两个非常实际的做法让瓷器收藏家陷入了二元对立的陷阱。他明显不能偷走花瓶，所以他只能抑制自己的嫉妒之情。这确实是理性的做法，嫉妒并不能以任何方式帮助我们。既然如此，我们为何还要费这么大的力气去嫉妒呢？我们为何要让这种具有破坏性的丑陋情绪在我们的心中为所欲为呢？然而，无意识的所含之物被称为"内驱力"不是没有原因的。它们迫使我们将其表达出来。当瓷器收藏家拒绝倾听，封死了嫉妒之情从无意识涌入意识的通道时，这股情绪就只好以行动的方式涌现了。从各个方面来说，这种处理问题的做法都很糟糕。

现在，让我们来看看冥想是如何赋予瓷器收藏家以工具，来超越此种二元对立的陷阱的。冥想者养成了注意自己的思绪和感情的习惯，能够客观地对其进行观察。我们可以说，他们站在了安全距离之外。冥想者很快就会注意到这股嫉妒之情，随即后退一步，与之拉开一段距离，不带感情地对其进行研究。而瓷器收藏家做的事情正好相反。他与这种可耻的情绪化作一体，并为自己拥有这种情绪而感到愧疚。

冥想者不会为这股嫉妒之情而感到羞耻，因为他们已经明白，自己的思绪和情感并不受意识的控制。此外，冥想者的杏仁核在运转的时候也更为平稳，这也能对他们有所帮助。在令人不安的体验出现时，他们脑内的警报信号声也更为微弱。嫉妒并未激起他们的羞愧感，也没有引发难以容忍的忧虑和痛苦，所以冥想者不需要压抑自己的感情。事实上，他们所做的恰恰相反。养成关注思绪和情感的习惯后，他们对自己是谁这件事拥有了更大的好奇心。尽管嫉妒之情并非自我的产物，但这种情绪确实源于自己体内的某个地方。他们想要设法对此有更多的了解，他们想要听取德尔斐箴言"认识你自己"的劝告。冥想者有了好奇心，然后付诸行动——他们将自己的注意力转到这股嫉妒之情上，并对其进行了充分思考。他们将其从无意识的暗处拎了上来，带入了意识的光照之中。

这种做法听起来可能有点奇怪，但是冥想者如果想让这股本能的情绪与自我建立更为密切的关系，从而赋予这股本能的情绪以人性，那么在这种情况下，他们能够采取的最好的手段，便是像葡萄酒鉴赏家品尝一杯上等的波尔多葡萄酒那样，去体验这股情绪，去探索其中的微妙之处。拥有丰富的自我观察经验的人可能会试图找出这次由花瓶引发的嫉妒同他曾经经历过的每一次嫉妒之间的不同之处。他可能会用言语将这股情绪的独特之处描述给自己听。而这便是动用了逻各斯，他由此将无意识的内容带到了意识之中。晚些时候，等他离开朋友家之后，他可以将逻各斯的运用推得更进一步。他可以与第三个人谈论这股情绪，或者在日记中记下这股情绪，让笔下的句子更有实感。

若是我们将自己沉浸在嫉妒之中，这份令人不悦的情绪似乎会变得更加令人不悦。起初可能真的是这样，但是大部分人会惊讶地发现，情绪上的这份刺痛会消失得飞快。碰到令人不适的情绪时，如果你一溜烟逃走了，那么这股情绪便会一路追着你不放。你的想象力会将其放大到远超正常的程度。然而，如果你毫不躲闪地直视这股情绪，它便会迅速收缩到可以让你轻松忍耐的程度。出于同样的道理，在你看电影时，你没办法看见的怪物总是比你能看见的怪物更为吓人。直面自己的感受，将这种感受化作言语（哪怕它暴露出了你最骇人的那一面），是最容易制服其不易控制的本性的方式。

如果瓷器收藏家应对嫉妒的方式是告诉这个朋友，这个花瓶有哪些地方令他非常欣赏，并且讲述一些这个朋友本就知道的细节，那么藏在瓷器收藏家的无意识中的嫉妒之情或许能够出借一些热情给自我，使之能够更容易地回忆起相关的事实，将这些细节描述得更为出彩。这样一来，他的嫉妒之情便能够在热情洋溢且滔滔不绝的话语中，有意识地将自己表达出来。

在我们应对各种各样不受欢迎的体验时，接纳是一个好策略。数百万名美国人生活在慢性疼痛之中，而慢性疼痛就像情绪一样，是无意识的、自底向上的处理方式的产物。被我们理解为疼痛的神经信号从脊髓和深层脑结构中向上流入前额叶皮质。研究显示，与我们应对嫉妒之情时一样，在我们需要应对疼痛时，直接接受它是避免被其破坏性影响的最佳办法。

在一项研究中，研究人员分析了人们应对疼痛时的反应方式，发现有两个策略能使人们感受到的痛苦和障碍处于较低的水平。第一个策略是愿意经历痛苦。参加研究的慢性疼痛患者会拿到一份材料，上面列有一系列陈述句。研究人员要求这些患者对每一条陈述句做出评定，选择他们是否同意该条陈述句的内容。与赞同"与其他人生目标相比，减轻疼痛没那么重要"的患者相比，赞同"我乐意牺牲生命里重要的东西来减轻这种疼痛"的患者感受到了更多的痛苦和障碍。我们无法单单用疼痛的强度来解释其中的差异。这就表明，人们在态度上是否接受疼痛，对他们的感受有着重要的影响。

第二个策略是正常开展各项日常活动，不去考虑疼痛这件事。使用这个策略的人不赞同"我避免将自己置于可能增加疼痛的处境中"这一说法。他们倾向于赞同这样的说法："不管疼痛处于何种水平，我都要继续做该做的事。"

应对身体上的疼痛时，自我所扮演的角色正是它在应对情感上的痛苦时所扮演的角色。面对令人不愉快的感受时，我们要承认它、接受它，如果可能的话，甚至要欢迎它。我们不去试图压抑它，但我们也不允许它来发号施令，决定我们该怎么选、该怎么做。我们的行为依然处于心灵中理性的那个部分的控制之下。理性的那个部分认为，尽管我们感到疼痛，但我们依然要尽情地活着。我们越是对疼痛采取接纳的态度，就越能够保有对自己的控制权。那些与疼痛搏斗的人，也就是那些认为自己必须找到办法控制住疼痛，否则就不能正常生活的人，最后往往活在恐惧之中。这些人限定了自己的活动范围，疼痛是他们最大的关注点。如果我们采取与无意识相对抗的立场，自我的资源就会被一点点耗尽。

自我和无意识之间有着巨大的差异，因此我们常常条件反射地选择了对抗的手段。我们以为熟悉的路径便是正确的路径。疼痛令人不悦，因此我们觉得合乎常理的做法就是想办法摆脱疼痛。对嫉妒等阴影的产物来说也是如此。自我希望心灵的这个屋子能保持着干干净净、整整齐齐的状态，一旦看到有东西不搭，就试图将其处理掉。但自我还有个室友，我们必须学着去顾及它的感受。在发起战斗之前，我们最好先仔细想一想。更为明智的做法是将无意识里的这些方面从阴影中带出，使之进入光照之中。

第三部分　超　越

逻各斯的转变力量

　　冥想让我们觉察到自己的心理活动，无意识由此进入了意识，而这可以引起无意识的内容的转变。当无意识里的某样东西进入意识时，我们常常会说自己"意识到"了某样东西，比如"我刚刚意识到为什么那个人让我很不舒服了"。我们之所以这么说，是因为在我们将某样东西带入意识中的时候，我们使其变成了现实。将无意识的过程转变成言语的时候，逻各斯会给它们取名字，这就为它们赋予了意义和现实感。命名是驯服来自无意识的原始力量的第一步。

　　给事物命名是人类的一项基本职能。在《圣经·创世记》里，上帝将所有动物带到亚当身边，想看看他会如何称呼它们。荣格相信意识的必要性，因为"千百万年后，有人需要意识到，这个令人惊叹的世界是确实存在的，这个有着高山与大海、太阳与月球、星系与星云、植物与动物的世界，是确实存在的"。意识的作用是确认某种事物真实存在，通过这种方式，我们便能理解来自本能的事物了。

　　在民间传说中，倘若我们知道了某个人或某样东西的真实名字，我们便拥有了影响这个人或这样东西的能力。根据童话故事《侏儒妖》，向魔法生物做出允诺的女孩最终知道了它的名字，由此将自己从此前许下的诺言中解救了出来。犹太教中有一位拥有产生奇迹的能力的拉比[1]，名为巴尔·谢姆。该名字从希伯来语直译过来就是"名字大师"。在道教传统中，我们一旦知道了某个神灵或恶魔的真实名字，我们就能拥有它的力量。对人类的大脑来说，命名类似于人格化。名字使得我们易于理解这种事物，因为名字就像一个方便自我去抓握的把手，能够帮助自我形成对事物的概

---

[1]. 希伯来语音译，意为"老师"，犹太教中负责执行教规、律法并主持宗教仪式者。——编者注

念。正如荣格所写的那样："魔法般强大的名字一把抓住了对象。这不仅使对象变得无害，还使之得以并入心灵，由此增强了人类大脑的内涵和力量。"

相反，倘若一样东西没有名字，这样东西对自我来说便是不可知的。"无名"这个词常被用来称呼黑暗、强大且邪恶的东西。在托尔金所著的《魔戒》中，巫师甘道夫说道："在那比矮人最深的矿坑还要深上许多的地方，世界正被无名之物啃咬着……我已走过了那个地方，但我不会将那里的传闻带到这里，不会让白昼之光变得暗淡。"

给某样东西命名能够使它脱离最初的来源，并且使它获得人性。在以姆明为主角的系列童书中，作者托芙·扬松描绘了一个小小的生物，它活了一辈子都没有名字，直到有一天，它遇到了它的英雄，这个人将它命名为蒂蒂乌。这个小小的生物说："你要知道，在我拥有名字之前，我只是跳来跳去，一切事情不过是在我的四周发生着。有时候好事会发生，有时候坏事会发生，但没有一件事是真实的，你明白吗？现在我是一个真实的生物了，于是正在发生的一切事情都有了意义。因为这些事情不仅仅发生了，还发生在我身上。蒂蒂乌可能还会对这些事情进行这样或那样的思考，看情况吧。你明白我的意思吗？"无法区分的无意识的行为，在被赋予名字后就拥有了身份。它们获得了可以被理解的意义，变得更加有人性了。这是使它们变得温柔的一部分过程。

对大部分人来说，嫉妒是他们的阴影的一部分。我们温柔地、心怀接纳地赋予这一块阴影以名字，并承认它的存在，由此驯服了它。将嫉妒表达出来的时候，我们并不采用它那原始而未经加工的形式。如果瓷器收藏家选择不去压抑自己偷花瓶的欲望，而是将这股欲望带到意识之中，那这股欲望就会进入光照下，成为瓷器收藏家的盟友。这股欲望会赋予瓷器收藏家以热情洋溢的状态。这样一来，瓷器收藏家便能让朋友的这股由新添置的藏品而产生的喜悦更上一层楼。

这样的做法并不复杂。我们要做的不过就是倾听无意识的突如其来的念头，并允许它成为自己的一部分。但这样的做法很难。这些念头和冲动藏在无意识之中是有原因的。它们强迫我们去面对自身的黑暗面，让我们意识到我们并没有自己所想的那么文明有礼。此外，这些本能的自然力还很强大。要是我们没有做好准备，我们就很容易被其吞没。如果我们想要保持对这些本能的控制权，我们就不能允许自己屈服于"精神水平的降低"这样的状态。我们必须足够清醒，来面对藏在暗处的那些热烈情感的力量。

幸运的是，通过冥想增强了自我的力量之后，哪怕是最难对付、最有可能吞噬我们的情感，都会变得较为容易面对。在一项针对创伤后应激障碍的治疗方案的研究中，研究人员给患有严重的关于战斗的创伤后应激障碍的那些退伍军人提供了一次为期三个月的治疗，其中包含每周一次的冥想环节。该疗程结束后，大部分退伍军人的症状都有所缓解，而且在整个治疗过程中，中途退出的人数也比在其他治疗方案中退出的人数要少。如果冥想的疗愈效果强大到可以帮助退伍军人去面对战争创伤，那我们就可以确定地说，冥想能够提供足够的力量，让我们去应对内心的恶魔。

正念

聚焦于单独的一件事，比如呼吸，这是第一类冥想。它让自我明白了该如何处于既完全清醒又保持安静的状态。第一类冥想提高了自我将注意力放在心理事件上并且不被其吞没的能力。在获得聚焦于呼吸的能力之后，我们下一步要做的，便是往前行进到名为"正念"或"开放式监控"的练习之中。正念之所以被称为"接受性实践"，是因为这种练习并不具备单一的聚焦对象。头脑需要接受各种形式的体验，不管这些体验是肉体层面的还是精神层面的。

用日常的话语来说，正念就是将注意力放在你周围的事物上。在心理学中，正念意味着以一种非评判的、不做出反应的、聚焦于当下的方式去留心身边的一切。正念还包含了名为"元意识"的部分，也就是意识到你意识到了这件事。"你生气了"和"你意识到你在生气"，这两者之间是有区别的。在第一种情况中，你很容易就会与怒火合为一体，整个人被怒火卷走。但在第二种情况中，如果你意识到了自己的愤怒之情，你就可以获得远景视角，在离这股情绪有一定距离的地方观察自己的反应。这就创造了空间，让我们可以理性地决定如何去应对这股愤怒之情。

将正念运用到物质环境中的时候，这个概念指的便是去拥抱各种感觉——嗅觉、味觉、触觉、听觉和视觉。我们将自己沉浸于关于体验的"变世界"中，并且将自己的注意力投向了持续变化的感觉。正如一句禅语所言："走路的时候，走路；吃饭的时候，吃饭。"在这种状态下，我们不去做出评判，而是去体验当下的感觉，不被卷入好与坏之中。有时候我们抬起头，可能会看到天空中乌云密布。对此，我们通常的反应是担心一会儿要下雨。相比之下，正念会建议我们去尽情欣赏这种乌云滚滚的雄伟壮观的场景，去呼吸下雨前的空气，去觉知雷暴将临的气氛。正念的意图是使经验处理方式可以不受阻碍地运作，这样一来，意识的非平常状态便会更容易出现，比如察觉到在雷暴出现时盘旋在空中的"地方精神"。

我们习惯了听到大脑里那些自动播放着并且永不停歇的声音，在我们试图让这条思绪的河流停下来的时候，在我们尝试着将注意力全然聚焦在外部世界的时候，这种做法听着就像是对某种精神上的空无的追求。但此时这个安静沉默、全然聚焦的头脑依然可以有非常充盈的体验，只不过这种体验换了一种方式。西藏的某本冥想书中有着这样的描述："安定的头脑的本质是清澈、鲜艳的光辉，而非全然的空无。这种安定的状态中存在着清澈、开阔、灿烂、温柔地流淌着的意识。"玛丽-路易丝·冯·弗朗兹把安定的头脑比作贤者之石，她写道："贤者之石象征着意识的一种形式——它只是纯粹的存在，超越了构成自我意识的特征的情感、幻想、感受和思绪流动。这是一种罕见的统一，它永远存在，恒定不变。"

第三部分 超 越

除了对生理感受的觉知，正念还包括对此时此刻的心理事件（想法、感受和情绪）的觉知。与生理感受类似，这些心理事件是以不加评判的方式被体验的，就像冥想者接纳自己的嫉妒之情那样。情绪是自然的一部分，就像风，就像雨。理解了这一点，我们就能后退一步，与情绪拉开一段距离，既接受它是构成自己的真实组成部分，又不会遭受内疚的折磨。内疚会令我们分心，还会使我们难以清晰地思考。

尽管正念是非评判的、不做出反应的，但它并不是被动消极的。将注意力集中到呼吸上需要耗费精力，将纯粹的注意力放在感觉、思绪和感受上同样需要耗费精力。事实上，许多人都会惊讶地发现，赋予出现在内心世界或外部世界的自发现象以全部的注意力，是一件相当困难的事情。自我必须将自己从半意识的心神漫游状态中拉上来，就像游泳的人努力踩水，以保证脑袋高于大海表面那样。刚开始的时候，我们最多只能在正念状态下坚持几分钟。

尽管我们在日常生活中很难坚持正念，但在面临危险的时候，我们会自然而然、毫不费力地进入正念状态。生死攸关的处境会促进自我和无意识协同工作，双方起码在一段时间内能够将分歧抛开，以便最大限度地增加我们生存下去的概率。在街上走着的时候，你可能会陷入忧愁、期盼或纯属随机的思绪所凝结而成的半意识的迷雾之中，但倘若这个时候有人骑着电动滑板车冲过来，几乎把你撞倒，你的头脑便会瞬间进入聚精会神的状态。你的注意力迅速惊醒，意识到了此时此刻你所面临的惊险状况。

危险能够通过给自我注入能量的方式来激活无意识，这可以在一定程度上解释极限运动的魅力。要想搭着悬挂式滑翔机从悬崖边飞下来，飞行者就需要保持全然集中的注意力。哪怕是一个瞬间的走神，都有可能导致悲剧，所以无意识便会给自我提供能量，以便自我能够全神贯注于当下的事件，竭尽全力保证飞行者能够活着。有人问过资深的特技跳伞者为什么要从事如此危险的娱乐活动。作为回答，特技跳伞者描述了跳伞时的感受，那是感官完全打开的心旷神怡，是平静与安宁，是狂喜、不朽与对时空感知的改变。而在日常生活中，若是我们想要把自己的意识状态提升到这个高度，我们就需要经历几十年的实践与练习。

极限运动是一种较为可靠的让人聚焦于当下的途径，但几乎所有危险都能起到这个作用。提到某位被判处了死刑的英国圣公会牧师时，英国作家塞缪尔·约翰逊[1]是这样说的："当一个人知道自己两周后会被绞死的时候，他的精神会出奇地集中。"

高空跳伞时能够超然地活在当下是一回事，长期保持有意识的觉知则是另一回事。有意识的觉知需要大把的精神能量，因为精神一旦疲惫，我们往往就会跌入低意识状态。正如我已经提过的那样，属于自我的能量是很少的，因此自我必须依靠乌洛波罗斯——能够自我再生的内心的丰盈。无意识按其自身的心意运转，独立于自我的意愿。当我们面临艰巨的任务时，比如想要维持有意识的觉知，比如想走出看似不可能走出的进退两难的境地，我们只能盼着无意识能够主动提供我们需要的精神资源。不过这并不代表我们完全没有办法把无意识前来相助的机会提升到最大的程度。

踏上一段漫长的旅程后，童话里的角色有时会幸运地碰到一个愿意捎上他一段的动物。那些愚蠢的角色会试图抓住这个动物，把它绑起来，以免它逃走。这种做法从来都没有好下场。在现实生活中，这就好比使用增强性能的药物来让精神和身体更有干劲。作为医疗手段治疗疾病时，此类药物通常能起到积极作用。但在人们想要利用这类药物在自己身上榨出额外的性能时，或是在人们想要通过化学手段来强迫大脑按照自我想要的方式来运转时，大脑便会反抗。有时候，这些药物直接就不起作用了。那个有魔力的动物挣脱了捆绑它的绳子。有时候，对这些药物的滥用会导致灾难性的后果。这个动物出其不意地发起了攻击。

而童话里有智慧的角色会选择与动物交朋友。他会为动物做出牺牲，他会去了解动物的需求，尽自己所能去帮助它。有时候，为了帮助途中遇到的可怜动物，他会推迟自己的探索活动。这样的付出总会有好的回报，比如我们在《金鸟》里看到的那样。主人公与狐狸成为朋友后，狐狸提供

---

1. 塞缪尔·约翰逊（Samuel Johnson, 1709—1784），英国作家、文学评论家、辞书编纂家。

了智慧和力量，而这正是主人公原本缺乏的东西。每当主人公身陷险境时，狐狸都会前来帮忙，救他一命。

这便是正念（更广泛地说，这也是冥想）在做的事：与本能的无意识成为朋友，并且通过重复、一以贯之且温柔的指引将其驯服，与其建立合作关系。一开始的时候，我们必须动用意志才能在冥想的时候保持警觉与机敏，就像网球新手必须有意地移动手臂才能挥拍。但如果我们重复的次数足够多，经验处理方式便会接管我们的反应，此时我们便不再需要消耗意识的力量了。一旦网球手进入这种模式，只要他需要，一次好的挥拍就会自然发生。冥想也是如此。在经验处理方式接管冥想者的反应之后，冥想者可以保持长时间且高水平的觉知状态而不感到疲惫。一小块乌洛波罗斯已变得温柔。想要做到这一点，我们就需要付出大量艰苦、稳定且持续的精力，还需要牺牲一些时间。但无意识具备的力量毫无悬念地超过了自我的力量，后者在这一点上无论如何也无法与前者相比。因此，虽然我们需要付出大量的精力，但这是一种绝对值得的做法。

冥想的危险

在本书的第一部分，我们看到与无意识的相遇并非没有危险，尤其是在我们处于"精神水平的降低"的状态，自我对原型的入侵没有准备的时候。然而，冥想十分重视积极主动、完全清醒的自我，因此冥想是开启与无意识的通信线路的更为安全的手段。对时刻警惕着的自我来说，本能相对不太容易将其吞没，但也并非一直如此。在一项调查中，大约有25%的定期冥想者反馈说他们在冥想时有过令人不安的体验，经历过忧虑、畏惧和惊骇的感觉。这些感觉通常会转瞬即逝，并不需要中断冥想，但在一些情况下，冥想会引起精神错乱、躁狂和自杀倾向。相比之下，那些增强自我控制能力的训练，诸如把注意力集中到呼吸上，会比正念更不容易触发人们的负面反应。在正念状态下，冥想者运用了经验处理方式，使自发的思绪和感受能够畅通无阻地通向有意识的觉知。

该项调查发现，女性冥想者比男性冥想者更少获得令人不安的体验。有宗教信仰的人可能会对意识的非寻常状态更加自在，这些人也不怎么容易在冥想中拥有糟糕的体验。冥想者获得负面体验的风险在静修期间会上升，此时的冥想者将自己与外部世界隔离，进行长时间的、密集的冥想训练。许多静修活动的组织者会要求那些正在接受精神疾病治疗的报名者先去医生那里拿到许可，然后组织者才会允许他们加入本次的静修活动。

研究人员收集了一些令人不快的冥想体验。在这些第一手的描述中，有位冥想者说自己体验到了"掉入虚空的感觉"。另一位冥想者写道："在某次冥想中，一个令人痛苦的图像出现在我的脑海中，我的心开始怦怦跳，我开始感到恐惧和惊慌。"打通与无意识的联系有时会释放精神能量。这种精神能量通常能为自我所用，使之能够更加有效地追求自己的目标，但并非一直如此。有位冥想者觉得自己"被赋予了过多的能量，无法入睡"。有些冥想者则沉迷于冥想之中，他们甚至觉得"没有花在冥想上的时间都被浪费了"。踏上仙境之后，旅行者有时会找不到回家的路。

我们来看一名三十多岁的男子的例子，这名男子正在接受对双相障碍的治疗，同时也是一个热衷于冥想的人。他友善欢快、风度翩翩、热情温暖，并且表示他想投身于和心灵成长有关的事业。他试着成为修士，却被赶出了修道院，因为他做出了一些古怪的行为，比如半夜潜入厨房偷吃东西。这名男子解释不了自己为什么要这么做。而且，在他做出这些举动的时候，他的头脑正处于转变后的状态。当时的他仿佛是在梦游，这是有些人在吃下安眠药之后会经历的一项奇怪的副作用。此类患者会在晚上从床上爬起来，然后大吃特吃，但第二天醒来后却一点都不记得自己做过这种事。进食本能自主地采取了行动。

尽管这名年轻男子被迫离开了修道院,但他继续定期进行冥想,也没有遇到明显的困难。然而,在他参加了一场为期五天的旨在强化冥想的静修活动之后,他就精神错乱了。等他从这次精神错乱的经历中恢复过来之后,他认为自己不该再参加此类静修活动了,但他根本无法停下来。从某种程度上来说,该男子就像是一名药物成瘾者。他保证自己绝不会再参加任何静修活动,但过了一段时间后,这种强烈的渴望不断积聚,直到他再也没办法抵挡,便不去管什么危险了。几个月后,他试图再次进入修道院,被拒绝后,他加入了一个冥想公社,并且在那里陷入了更为严重的精神错乱。就像令水手们充满疯狂的欲望并陷入万劫不复的境地的塞壬[1]之歌那样,一头扎入无意识这件事所具备的魅惑成了该男子毁灭的原因。

通常来说,尽管冥想可能会造成一些不那么愉悦的影响,但允许自己看到内心的黑暗面(使无意识进入意识,哪怕是无意识中最为丑陋的那些方面)还是最佳的做法。与此同时,我们也需要小心。冥想永远都不该发生在使人兴奋的药物的影响之下,这些药物会破坏自我和无意识的边界(除非你是萨满[2],从小经受训练来从事此类工作)。哪怕没有服用使人兴奋的药物,曾有过精神错乱经历的人在进行冥想之前都需要同医生讨论,因为在对脑功能有不良影响的疾病的作用下,这些人的自我与无意识的边界已越来越模糊不清。我们有时候无法避开成长所固有的危险,但是在我们一点点打开通往无意识的大门的时候,只要我们足够小心,保持谨慎,努力增强自我的力量,我们便能将危险降到最低。

---

1. 塞壬(Siren),希腊神话中人身鸟足的女妖,住在地中海小岛上,常用美妙的歌声引诱航海者触礁沉没。
2. 萨满教巫师的通称。主要职责包括:在氏族宗教节日或重大事件发生时为氏族祭祀祈祷;为氏族成员祈求儿女,保畜兴旺;为氏族成员跳神"治病"。——编者注

躁动的无意识

慈爱冥想

在"集中注意力"和"正念"之后,冥想的第三个类型是"慈爱冥想"。慈爱冥想运用无意识的联结和统一倾向,引领着我们向"普遍的爱"的神秘主义目标靠近。

与慈爱冥想的关联最为密切的是佛教,但早于佛教的印度教《奥义书》和耆那教的早期格言里均已出现过对普遍的爱和同情的号召。在西方传统中,用毕达哥拉斯的话来说:"每个人都像爱自己那样去爱他人的话,合众为一就能实现。"在基督教的《圣经》中,耶稣告诉他的信徒,爱上帝与爱人如己是最大的两条诫命。

我们对他人应该做出何种行为?什么样的原则能作为对此的参考?伦理学研究的目标便是找到这个问题的答案。研究者通常使用逻辑和理性的态度来开展这个学科的工作,但是光有逻辑和理性往往不足以让我们做出合乎伦理的行为。理性手段的问题在于,虽然该手段给出了指导,让我们知道自己应该做什么,但指导归指导,它并不一定会帮助我们真的做到这些事情。

在我们舒舒服服地坐在扶手椅里的时候,决心要做一个好人、一个有爱的人,这并不算很难。但是等到可以这么做的时机来临时,人们并不一定会按自己原本的意图去行事。"知道怎么做"和"真的这么去做"是两件不同的事。我们并不是知道了应该怎么做就会自然而然地去这么做的。尽管自我对概念有着出众的理解力,但是在自我想要将这些概念转化为行动的时候,自我必须用到意志,而意志对这项工作来说是个很不好用的工具。意志很容易枯竭,它每时每刻都有可能会被来自无意识的冲动给打下去。拨打客服电话的时候,你可能会被转接好几次,跟三个不同的客服反映了情况,中途还花了十分钟来等待转接。在这种情况下,就算你的本意是对电话那头的客服采取和善的态度,但等电话真的接通之后,在你跟客服说

第三部分 超 越

话时，你的心中会有更强大的力量在发挥作用。

若是我们希望自己的行为与意图相符，我们就需要借助无意识的力量。自底向上的经验处理方式可以使我们毫不费力地做出合乎伦理道德的行为，但经验处理方式也会抗拒改变。若是我们想要快速、自发、毫不费力地做出合乎伦理道德的决策，我们就需要在小时候完成许许多多的训练，就像学习击打网球时会做的那样。亚里士多德当然不知道双重处理机制，但他知道人们在情绪激动的时候很难做出好的决定。亚里士多德写道："想要稳定且一贯地实践美德，人们就需要通过养成习惯来培养合乎道德伦理的性情。理论上的理解还不够，人们还需要时间、精力和反复练习来养成好的习惯。"

我们可以通过一种名为慈爱冥想的冥想方式来训练经验处理方式，使得我们可以毫不费力地做出合乎伦理道德的行为，甚至靠直觉就能做出这些行为。慈爱冥想与集中注意力存在一些相同之处。冥想者将自己全然的注意力放到一系列仁慈的祝福之上，先祝福自己，再把这份祝福向外扩展。冥想者以"祝我快乐"开启慈爱冥想。每当注意力不集中时，冥想者都将注意力重新带回"祝我快乐"，聚焦于想要获得快乐的心愿之上。接着，冥想者许下"祝我健康、祝我平和、祝我被爱"或类似的心愿。在花了一些时间将慈爱导向自身后，冥想者开始将慈爱导向心爱之人。冥想者在脑海中勾勒出心爱之人的样子，然后将注意力放到"愿你快乐、愿你健康、愿你平和、愿你被爱"之上。接下来，冥想者将慈爱导向某个泛泛之交，然后导向某个自己眼中的敌人。最后，冥想者将慈爱导向全世界。

许愿是一种关于意志的行为。冥想者所做的不是去思考慈爱，而是去实践慈爱。这是一个很重要的区别，就好比思考滑雪和真的爬到雪坡上去滑雪之间的区别，后者能让你成为更好的滑雪者，前者则很可能不会起到同样的效果。许愿在魔法中扮演了显著的角色。举例来说，吹灭生日蛋糕上的蜡烛的现代仪式就伴随着许愿。在"对着星星许个愿"这个常见的表达中，我们可以感受到炼金术和天体崇拜的内核。童话故事里常常有许愿的情节。尽管《青蛙王子》里没有一个角色许过愿，但是当我们在故事的开头看到"很久以前，在许愿还有用的年代……"这句话的时候，我们就会知道这是一则与魔法有关的故事。

当我们一遍遍地重复同一个行为时（例如不断地许愿，期盼自己能够保持健康、快乐与平和的心态），与这些行为对应的脑回路便会越来越强，更容易被激活。这就好似在森林中走出一条道路那样。你每次都沿着一条特定的路线行走，这条道路便会逐渐变得清晰，也更容易被人找到。朝着地铁站内的闸机走过去的时候，通勤者把手伸进口袋，掏出地铁卡，一气呵成地完成这套流程，没有经过一丁点有意识的思考。慈爱冥想的目标就是对伦理道德做同样的事：让普遍的仁慈成为默认的行为。如此一来，冥想者便能够自动地带着慈爱行事。

最开始的时候，自我会觉得这些重复性的工作颇为乏味，甚至会对此产生厌恶与反感。一遍又一遍地去想同样的事情，可能会让人觉得这是在给自己洗脑。亚里士多德认为，美德必须经由重复的动作来培养，必须作为习惯来培养。他的这个观点遭到了批评，批评者称其为彻头彻尾的非哲学观点。但倘若我们想要将想法转变为行为（借用塔罗牌的象征手法来说，就是将剑转变为五芒星），我们就必须明白无意识的经验处理方式是以不同的方式在运转的。我们必须用它喜好的方式才能吸引它加入。这个我们努力驯服、想要使其变得温柔的动物，它学习的方式与理性自我学习的方式完全不同。

慈爱冥想从自我同情开始。我们可能会觉得这是一种对自己过于宽容的做法，但是许多人会对自己采取非常严厉和轻蔑的态度。这是一个往往开始于孩童时期的问题。来自父母的批评、羞辱和忽视会让孩子没有安全感，觉得自己每时每刻都在被父母评判。他们会觉得自己软弱无能、低人一等、不配得到尊重。自我批评被错误地视作一种安全行为。人们通过攻击自己来指出他们感知到的自身的缺点，以免遭到他人的攻击。但是自我批评带来的伤害更难防御，因为它来自一个人的内部。自我批评会导致无力感，会让人感到焦虑和沮丧。如果正在接受治疗的抑郁症患者拥有高强度的自我批评的习惯，那么不管是精神治疗还是抗抑郁的冥想都不会让他们有太大的反应。我们还需要记住,当我们谴责自己的时候,我们往往是在谴责自己的无意识——不受自我控制的那些特征。我们的无价值感通常针对的不是智力层面的能力,而是个性中更为深层的那些方面,这就会鼓励心灵的两个部分进入敌对冲突的状态。慈爱冥想瓦解了我们旧有的自我批评的习惯,减少了负面感受,增加了积极情绪,甚至能带来个性层面的长远改变。

哪怕是那些对自己不那么挑剔的人也会从自我同情中获益。中世纪的神学家托马斯·阿奎那认为,自我同情是我们爱他人的先决条件。正如他在《神学大全》中所写的那样:"对己之爱乃友谊之形与根。我们之所以与他人建立了友谊,是因为我们待人如待己。"

一旦我们学会了自我同情,我们就可以将注意力转向对他人的同情了。一旦我们能够注意到自己的头脑正在想什么,我们识别他人头脑状态的水平就会得到提升,这就使得我们可以更好地"设身处地为他人着想",而这便是同情的本质。英语中的 compassion(同情)这个词来自拉丁语,原意是"共同受苦"。在谈论倾听之力量的时候,我们注意到那些受苦的人往往不会因为别人告知他们该怎么解决问题而得到安慰。他们需要有人看到自己在受苦,需要有人透过自己的眼睛看到这份苦难,同他们一起承受,并且帮他们分走一些重量。

资深冥想者有着更为安静的杏仁核,这使得他们能够更好地容忍忧虑和痛苦,因此资深冥想者具有更强的与受苦者共处的能力。不过,当杏仁核不怎么会因他人的情绪而受到扰动的时候,大脑的其他部分会变得更加活跃。这就是说,冥想者的大脑对他人的体验会有更强烈的反应,但这些反应不会扰乱他们自己的心绪。研究人员对比了冥想新手和资深冥想者的脑部扫描结果,发现资深冥想者的脑海中与同情相关的区域对孩子的笑声和呼救声都有着更为强烈的反应。正如莱维笔下的魔法师那样,资深冥想者训练了自己的神经回路,使自己能够与快乐的人一同欢笑,与悲伤的人一同哭泣。

即使是短期的慈爱冥想也能改变人们在面对他人苦难时的反应方式。

一组志愿者在研究中参加了为期仅八周的慈爱冥想项目，随后，他们给拄着拐杖的人让座的概率是普通志愿者的让座概率的五倍。此外，第三组志愿者参加了为期八周的正念冥想项目，但是这组志愿者的同情心没有增加。看来慈爱冥想有着特殊的效果。若是我们想获得此类成长，我们就需要在进行其他两种形式的冥想时搭配上慈爱冥想。

慈爱冥想可以改变我们与他人互动的方式，甚至能够影响我们对自身在宇宙之中的位置的理解。普遍的爱是炼金术的联合最为全面的表达，它从多样性之中创造出统一。

理性神秘主义

如果自我承认，虽然无意识处理信息的方式超出了它的理解范围，但这种处理方式对心灵的良好运转同样起到了必不可少的作用，那么自我就是在实践一种理性神秘主义。

理性自我需要大量的燃料（生理方面的能量和心理方面的渴望）来替换对意志的需求。理性自我看到了自己的局限性，意识到自己应该与心灵内部隐藏的个性建立更为紧密的伙伴关系，这样才能够帮助自己实现相应的目标。为了使无意识进入意识，由此使自我得以接触无意识的能量，自我必须学会以一种自己并不习惯的方式来思考。如果你的朋友是外国人，那么去学习这门外语对你来说就是理性的做法，哪怕这种做法在一开始看来荒谬且无意义。无意识或者说经验处理方式使用的语言是神秘主义。

将自我和无意识放在一起是需要付出努力的事情。大部分努力来自乌洛波罗斯。在想要表达自己的这个目标的驱使之下，无意识的内容努力向上涌动着。动物以本能行为的形式来表达无意识的内容。人类也会做出本能行为，但我们还有其他选项。无意识的内容可以通过进入意识来得到表达，这种方式可以避免破坏性冲动的出现。无意识被拎起来，进入光照之中，这是自然而然发生的事情。无意识提供能量，而自我要做的不过就是多加留心。

然而，自我需要以一种特殊的方式来留心。在允许无意识的内驱力占据自己觉知的同时，自我不能与之搅在一起。自我需要感受到愤怒的情绪，但不能表示愤怒；自我需要感受到骄傲的情绪，但不能表示骄傲。保持这份必要的距离是需要力量的，自我需要做好准备。如果你打算让野兽走进来，那么理性的做法是先训练自己应对野兽的能力。

此类训练没有捷径，我们必须踏过迷宫的每一处。在此过程中，我们会一次又一次地犯错。"七"之艰难路途是一条通向超越之"八"的心灵成长之路，想要踏上这条路，失败就必须成为我们时常见面的朋友。对此最为明智的做法就是拥抱循环，温柔地、小剂量地、一遍又一遍地训练我们的意志。如果与循环扭打搏斗是我们在成长中必须经历的事情，那么理性的做法便是踏入这座竞技场。知道了系统如何工作，我们才可能获得最大的进步。

作为通往成长的道路时，冥想会面临着若干项挑战，其中一项挑战是自我会反抗这种过于简单的循环往复，不愿意一遍又一遍地做同一件事，不愿意重复同样的话语。智力的象征是墨丘利——语言之神。他是瞬息万变的银，是有反射功能的变形者，是脚步飞快的奔跑者，是众神中速度最快的神。自我寻求的是答案，它想要一跃来到终点线。对自我来说，不得不向无意识这只迟钝、笨重的青蛙投降（它要求自我成千上万遍地重复做一件事情），是一种公开的侮辱。

但我们的大脑就是这样工作的。无意识使用经验处理方式，而经验处理方式需要重复才能把事情做好。虽然理性自我的速度可能更快，但它的发展还需要时间和精力。算上受教育的时间和毕业后花在阅读上的时间，你已经投资了许多精力在发展理性自我这件事上了。这些时间都花得很值，

躁动的无意识

在接下来的人生里，你仍然需要激发理性自我。但理性自我很重要并不代表无意识就不重要。忽视无意识的发展毫无道理，因为无意识对一个人的成功也至关重要。你必须接受无意识跟你不一样，它的思考方式与你的思考方式不同。是的，这是一只迟钝、笨重的青蛙，但这只青蛙同时还承载着自我无法想象的丰饶财富。

科学给我们提供了巨量的财富，连续不断的创新使得无数人脱离了贫困，发达国家也获得了维持更加可持续的生活方式所需要的工具和手段。科学提供的答案令人满意，因为科学令世界变得可以被人类理解，让我们对混乱拥有了控制权。然而，虽然科学为我们提供了物质上的实惠，但它却没有给我们带来精神层面的好处。科学没有帮助我们成为更好的人，没有帮助我们克服恐惧，没有让我们变得快乐，也没有增加我们爱的能力。这不是在批评科学，毕竟这些事情超出了科学的范畴。但倘若我们忽视了科学的边界，认为一切事情都可以用科学来解决，那么我们就会失去人性中的一个重要的组成部分。

在这个科学占据支配地位的时代，意识到魔法的价值是不容易的。人们更容易这样说："我们需要的一切，有朝一日都能由科学来提供。"越来越近的"六"之人间天堂的幻象诱使我们相信，由于理性和逻辑的力量，我们已不再需要人类心灵中那些非理性的方面了。可这种想法忽视了一个事实：即使是最优秀的科学家也不畏惧沾染少量的非理性。正如物理学家理查德·费曼[1]曾说过的那样："如果你认为自己理解量子力学，那么你并不理解量子力学。"如果非理性起到了作用，那么去接受非理性便是一件理性的事。

大脑中与无意识有关的部分给了我们艺术、音乐和信仰，给了我们勇气、爱和快乐。最重要的是，它把我们原本的样子赋予了我们。如果你拒绝头脑里的黑暗区域，那么你对自己的追寻便会失败。你的头脑会成为一

---

1. 理查德·费曼（Richard Feynman, 1918—1988），美国理论物理学家，因其在量子电动力学领域的贡献，在1965年与朱利安·施温格尔和朝永振一郎共同获得了诺贝尔物理学奖。

第三部分　超　越

个你无法战胜的怪物，一个你不敢踏入的洞穴。

　　理性是巨大的幸事，是觉醒的自我带来的礼物，但理性并不能单独存在。没有低处，我们就无法到达高处。在我们统一了理性和非理性，融合了光明与黑暗，并且联结了科学与魔法之后，我们才能获得真正的人性。想要全然地活着，我们就必须与无意识成为整体。

附录一

古典行星与其炼金术含义

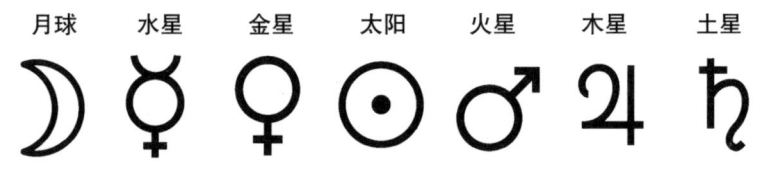

图42 古典行星在炼金术中对应的符号

月球（露娜）

与月球相关联的是女神露娜和女性原型，因为古人认为月球每月一次的圆缺循环与女性的月经循环类似（"如上，同下"）。月球对潮汐有影响，因此古人将月球与水联系到了一起，于是月球也与情绪相关。月球的关联金属是有光泽的银。银有暗淡下来、失去光泽的倾向，这个特点使其与月球的盈亏建立了联结。月球会逐渐从新月变为满月，再从满月变为新月，而不是像太阳那样一直维持在完全的光辉之中。月球被称为"夜之女王"。作为黑暗的统治者，月球变成了与无意识的关联最为紧密的天体。同时，月球也是七颗天体中与精神失常（被无意识吞没的状态）的关联最为紧密的天体。

水星（墨丘利）

参见第 168—169 页。

金星（维纳斯）

维纳斯被指定为丰饶、女性、爱和欲望之女神。她对应的金属为铜。铜是一种相对柔软的金属，呈现出略带粉红的橙色，使人想到晒过的皮肤——想想"铜色牌"防晒霜吧。丰收时节的谷物也呈现出铜的颜色。铜很容易与氧气起化学反应，生成碱式碳酸铜，也就是为自由女神像赋予现在的颜色的那层"铜绿"。因此，铜这种金属既可以代表茂盛生长的绿色草木，也可以象征金灿灿的丰收。作为爱之女神，维纳斯给我们带来了爱，这是我们生命中的一件幸事。但爱有时候是一把双刃剑，它既可以是积极向上的，也可以是有毒的。出于这个原因，venom（毒液）与 Venus（维纳斯）有着相同的词源。

太阳（索尔）

参见第 170 页。

火星（马尔斯）

接下来的行星是火星。它之所以被称作红色星球，是因为人们用肉眼就能看到其表面呈现出微微的红色。而人们用古罗马战神马尔斯的名字来命名火星，可能是由于微微泛红的色彩令古人想到了战场上的血。

战神马尔斯可以释放战士的野蛮和狂暴，但与此同时他还是军事纪律的守护神。在写于公元前8世纪的《荷马史诗》中，我们可以看到对阿瑞斯（希腊神话中的战神）的歌颂，这就给了我们一个将行星神作为心理力量的例子："从上面倾泻下来一道亲切的光线……让我好像可以驱离头脑中的痛苦和胆怯……它还抑制了刺激我踏上令人恐惧、令人血液凝固的纷争之路的强烈怒火。"诗人请求战神驱离的不仅仅有胆怯，还有狂怒。在亚里士多德清晰地表达了"勇气是胆怯和鲁莽的中间地带"这一理论之前的几个世纪，古人向阿瑞斯的祷告中就已经出现了"温柔"这一概念——凶猛与守纪兼备的道德品性。

火星对应的金属是铁。古人在制作武器时会用到铁。古人把铁与火星联系起来，有可能是恰好蒙对了。现在我们知道，火星上泛红的颜色是由该行星表面遍布的铁锈（铁的氧化物）造成的。

木星（朱庇特）

在英语中，木星是以 Jupiter（朱庇特，众神之王）的名字命名的，这个单词发源于 sky（天空）和 father（父亲）这两个词。朱庇特还被称作 Jove（乔弗），代表着王权、荣耀、富足，以及酣畅淋漓的幽默感，最后这一点在 jovial（友好快乐的）这个英语单词中也有所体现。圣诞老人是现代的神话人物，他也具有朱庇特的一些特征。

朱庇特对应的金属是锡。乍看之下，这种对应可能会令人失望，大家会觉得众神之王应该与更为高贵的金属相配。然而，锡被古人视作半贵重的金属，还被用来制作贵重饰品，这就使得锡可以与朱庇特这位热情快活的节庆之神联系起来。锡无毒、耐腐蚀，所以古人会用锡来制作餐具。拥有高度结晶结构的锡在被敲击的时候会发出悦耳的声音，因此古人的钟同样由这种快乐的金属制成。

土星（萨图尔努斯）

土星是古人知道的最远的行星，它来到了尽头，因而象征了限制。土星的约束与木星的广袤构成了平衡。土星对应的行星神是萨图尔努斯，他被描绘为一位年迈体衰的老人。土星是肉眼可见的行星中速度最慢的一个，绕太阳转一圈要花费将近三十年的时间，而疾驰的水星只需要八十八天。在希腊神话中，萨图尔努斯对应的神名为 Kronos（克洛诺斯，时间之神）。英语中的 chronological（按时间顺序的）和 chronic（长期的）等词便由此而来。萨图尔努斯不仅代表了破旧不堪的东西，还象征了耐心、面对艰难时的坚持以及静静地沉思。朱庇特是宴饮和庆典的原型，而萨图尔努斯则是艰苦朴素、自我约束与禁欲主义的原型。

双相障碍，旧称躁郁症，是一种精神疾病，朱庇特和萨图尔努斯的原型在其中扮演了突出的角色。处于躁期的患者在朱庇特的支配之下，躁狂的情绪虚有其表，患者会表现得开朗豪爽。患者在躁期会制订远大的计划，会大把大把地花钱（他们常常把这些钱花在给他人买礼物上），还会带着狂热的激情去寻欢作乐。而在郁期，患者则落入了萨图尔努斯的手掌之中。患者在这个时期的特点是动作迟缓和精力不足，他们对外部世界没了兴趣，陷在苦思冥想之中，还常常想到死亡。

土星对应的金属是铅。铅这种金属很沉，颜色暗淡，是古代金属中最没有色泽的金属，也是最沉闷、最没有回响的金属。在我们敲击铅之后，产生的振动立刻消失了，响声迅速闷掉了。铅极其耐腐蚀，似乎能永远保持原貌。制造于古罗马时期的铅制管道直至今日仍状态良好。作为古典行星中最远的那一颗行星,土星扮演了边界的角色,正因如此,铅也代表了重量的边界。在所有稳定元素中,铅的原子序数是最大的。

铅被认为是最低劣的一种金属,却受到了炼金术士的尊重。这是因为他们相信,铅的内部拥有转变的力量,就像会变成蝴蝶的毛虫。天然状态下的铅很少独立存在,往往与银一同被发现,有时也与金一同被发现。这就使古人得出了结论:随着时间的推移,铅会渐渐转变为贵金属。炼金术士的一大目标便是在实验室中找出可以加速这一自然过程的办法。

附录二

钥匙牌与灵魂之完善

一副塔罗牌由花色牌和大阿卡纳牌构成。花色牌共有四种，每种有十四张，其中十张是数字牌，四张是人头牌。大阿卡纳牌也叫钥匙牌，共有二十二张，而这正是塔罗牌区别于其他更为常见的纸牌的地方。钥匙牌被分为三组，每组七张[1]，分别代表了柏拉图在《理想国》里描述的灵魂的三个组成部分：厄洛斯（渴望或欲望）、狄莫斯[2]（饱满的精神或刚毅）和逻各斯（理性）。柏拉图认为，我们有必要将灵魂分成几个部分，因为未经划分的灵魂不可能与自身产生冲突，正如一个人在艰难抵抗诱惑的时候心里会有两种不同的声音那样。

按照柏拉图的说法，那些主要由渴望之灵魂驱动的人喜爱不断获得某种事物的感觉。他们渴望的东西可能是愉悦感，可能是某种物品，还可能是金钱。渴望之灵魂要通过自我克制这项美德来完善自身。在自我克制看来，种种欲望的和谐共存（而这将通向健康的状态）要比过火和无节制更

---

[1] 还有一张是用阿拉伯数字0标记的"愚者"，与其他二十一张大阿卡纳牌分开。
[2] 狄莫斯（thymos），单独翻译的时候一般意译为"血气"，但在灵魂的三个部分中，eros和logos已有约定俗成的音译，即厄洛斯和逻各斯，所以为了统一，这里的thymos也采用音译。

为珍贵。柏拉图推荐人们研究音乐，他认为音乐是带来和谐的最佳手段。渴望之灵魂被认为位于腹部。

那些主要由刚毅之灵魂驱动的人喜爱权力和威望。刚毅之灵魂要通过坚韧、力量和勇气来完善自身。刚毅要是过了头，就会变成怒火、残忍和盲目的野心。柏拉图推荐人们做一些体育运动，他认为这是完善刚毅之灵魂的最佳途径。刚毅之灵魂被认为位于心脏。在源自拉丁语单词 cor（心脏）的 coronary（冠状动脉的）和 courage（勇气）这两个英语单词中，我们可以看到这种关联。

理性之灵魂被认为位于头部。其能力包括使用逻辑与理解抽象概念。理性之灵魂要通过谨慎来完善自身。英语中的 prudence（谨慎）这个词在现代语境下有时会隐含负面意义，唤起我们的过分小心的状态。在更糟的情况下，它会对任何形式的乐趣都进行清教徒式的谴责。在今天，没有人渴望成为 prude（过分正经的人），但在以前，这个词有着更为积极的含义。对古人来说，"谨慎"意味着在正确的时间，以正确的方式，因正确的理由去做正确的事情。柏拉图推荐人们通过研究几何来完善理性之灵魂。

塔罗牌中的这些按编号排序的钥匙牌讲述了逐一获得自我克制、力量和谨慎这三项美德的故事。在我们成为全然之人的路上，一道又一道的阻碍横亘在我们面前。我们终于认识到了自己的内在力量，决定用自己固有的能力去克服一道道阻碍。我们在这个过程中会经历的重重考验与磨炼，都在塔罗牌的这些钥匙牌中得到了解释与说明。

0：愚者牌

参见第 209—210 页。

Ⅰ：魔术师牌

参见第 210—212 页。

Ⅱ：女祭司牌

参见第 212—213 页。

Ⅲ：皇后牌

参见第 213—214 页。

Ⅳ：皇帝牌

参见第 215—216 页。

Ⅴ：祭司牌

序号为"四"的皇帝牌代表物质，在此之后，我们迎来了"五"——梅花形五点排列。"四"是稳定之所，是舒适之地，我们可以在这里休息。"五"在此平衡之上添加了灵魂，推动着我们继续在旅程中往前走。在花色牌中，将我们带离"四"的第五张牌之所以往往是描绘了冲突、苦难或失去的负面牌，是因为成长所需的变化常常是不受人们欢迎的。

到了路途的这一步，我们应对物质世界的能力已经达到了精通的水平。

躁动的无意识

图 43 祭司牌

我们感到强大而自信。现在，祭司迫使我们看向感官世界之外。与女祭司一样，祭司打开了通往自我边界之外的领地的大门。但女祭司身处地下世界之中，向下寻觅我们的自然根基；而祭司却指向天空，朝上通往精神领域。

尽管祭司牌是第五张牌（"五"乃人类灵魂之数字），但在这张牌里，"三"这个关于灵魂的典型数字却扮演了显著的角色。祭司头戴教皇三重冠，冠顶的三颗钉子象征了耶稣被钉上十字架后受的难。（如图43）祭司的左手握着教皇十字架，其顶端附近有三根横条。他的长袍前面垂下的白色条带上装饰有垂直排列的三个十字图案。这个牌面中还具有超越之完整的细微迹象。白色条带的底部是第四个象征——菱形。它代表物质，为丰富的精神象征增添了一些平衡。

VI：恋人牌

图 44 恋人牌

第六张钥匙牌是恋人牌，描绘了伊甸园里的亚当与夏娃。（如图44）乍看之下，这个图案好像与"六"之人间天堂有关。但我们已获得了祭司的力量，因此牌面上的两人的爱超越了肉欲。他们并没有在发生性关系，而是正在迈入婚姻。婚姻关系结合了"地"之元素与"天"之元素。"三"将二元对立的状态转变为统一的状态，这里出现的"三"之象征有两例。第一个"三"是婚姻本身，它将独立的两个人联合为一对结了婚的夫妇。第二个"三"是"地"与"天"的融合，婚姻的联结由此而生。

附录二　钥匙牌与灵魂之完善

性欲（对肉体的欲望）类似于目标位于物质世界内部的其他欲望，比如对食物的欲望。但是浪漫爱不同。浪漫爱通常既包含了对所爱之人的肉体的欲望，也包含了对某种无形之物的渴求，这种无形之物便是所爱之人的精髓。我们已经超越了物质性，将渴望之灵魂提升到了某个地方。在这里，灵魂获得了爱上思想的能力。在我们迈向下一组牌的时候，此种形式的狂热渴求将会极其重要。在下一组牌中，我们会遇到抽象的美德。追求这些特征时，光凭智力是不够的。通往美德之路过于艰难，想要掌握这些美德，我们必须借助激情的驱动。没有低处，我们就无法到达高处。

Ⅶ：战车牌

驱动我们对物品产生欲望的那股激情，那份来自皇后的礼物，现在可以在我们遇到刚毅之灵魂的种种挑战时，驱动我们前行。战车牌带着我们来到了下一个等级。（如图 45）

我在前文中谈到了柏拉图在《理想国》里描绘的灵魂的三个组成部分。战车的意象取自《斐德罗篇》——关于柏拉图讨论这三部分灵魂的另一篇对话。在《斐德罗篇》中，柏拉图将灵魂比作一位双轮战车驭手，其驾驶的双轮战车由两匹长着翅膀的马拉着。一匹马是脏兮兮的黑马，难以驾驭，不受控制。它代表了厄洛斯——渴望之灵魂。另一匹马是白色骏马，热爱光荣。它代表了狄莫斯——刚毅之灵魂。白马试图腾空，但是黑马却使劲向下拽。双轮战车驭手为了实现自己的目标，必须努力控制住这两匹厮斗的马。这个驭手便是逻各斯——理性之灵魂。

图 45　战车牌

在《斐德罗篇》中，柏拉图似乎对构成灵魂的迥然不同的组成部分做出了价值判断。他认为狄莫斯比厄洛斯更有价值。但炼金术士提醒我们，贤者之石的制作是从"粪堆里被人踩过的污物"开始的。我们必须接受较为低级的欲望和内驱力，并将它们带入意识，以此让它们变得更加完善。如果我们成功了，这些欲望和内驱力便会成为我们的强大盟友，为我们提供源自本能的生命和力量。

韦特－史密斯塔罗牌中的双轮战车驭手是一名勇士。这个选择预示着接下来的一组牌与刚毅之灵魂有关。更早的塔罗牌中的双轮战车驭手是维纳斯，这暗示着若是我们想要战胜自己在旅程的下个阶段将要面临的挑战，我们就需要来自爱和欲望的推动能量。

Ⅷ：力量牌

图 46　力量牌

完善刚毅之灵魂的第一步就是发展力量。力量是第八张牌的主题，也是我们遇到了数次的原型。在这张牌里，我们看到一名女子与一头狮子在一起。（如图 46）在某种程度上，这是一个出乎意料的选择。更为传统的关于力量的描绘可能是希腊神话中的英雄赫拉克勒斯赤手空拳地搏杀涅墨亚狮的画面，这是他的十二项任务中的第一项任务。这张牌选择了另一种描绘力量的方式。在牌面上，一名女子正在温柔地抚摸狮子的嘴，想要合上它。而狮子正用舌头舔女子的手。狮子的脖子上围着的那条将它与女子相连的链条是用花朵制成的。女子没有与狮子搏斗，而是驯服了它，使之变得温柔，从而让狮子成为她的盟友，在听命于她的同时保有其凶猛的本性。

Ⅸ：隐士牌

既然我们有了获得力量的途径，我们就不会再任由破坏性的冲动摆布我们了。欲望之原型给了我们实现目标所需的激情，但这种激情也可能会导致过火且无节制的举动。禁欲隐士的原型对抗了皇后（我们也可以说，它与皇后达成了平衡）。隐士送出了他全部的尘世财产，来到荒无人烟的地方，过着沉思的独居生活，不受物质欲望的扰动。

隐士牌的景色光秃秃的，除了隐士本人站在被雪覆盖的山顶上，画面中再没有别的景物了。（如图47）隐士手拿一盏提灯来照亮前行之路。提灯里的光源是一颗六芒星——朝上的三角形和朝下的三角形之统一。这暗示着独自沉思给了隐士能力，使其可以看向表面的二元对立状态的假象之外。然而，这也意味着一种片面性。维纳斯的象征（男性和女性的相交）被限制在了笼子里。这盏灯可以照明，但不会发烫。

图47 隐士牌

Ⅹ：命运之轮牌

我们获得了力量，也已战胜感官世界的陷阱与罗网。我们准备好了，打算出发去寻求光荣与辉煌。然而，生活并没有那么简单，我们遇到的是命运之轮牌，命运之变幻莫测的象征。（如图48）

我们期待正义，我们想要被公平对待。这是

图48 命运之轮牌

人类的一项基本特征。我们期待着努力能有收获，期待着自己的才华受人赏识，期待着没人获得他不应得到的特殊对待，但是人生并不公平。我们或许会很难接受这样的事实。命运之轮象征着随心所欲的命运之残酷。

命运之轮有八根辐条，代表了天上的八层透明球面以及它们对人类命运的影响。命运之轮上有八个字母——四个拉丁字母和四个希伯来字母。拉丁字母是 r、o、t、a，用 tarot（塔罗）这个词里出现的字母拼出了拉丁语中的 rota（轮）。希伯来字母是四字神名里的四个字母。这四个字母无法发音，拼出了人类命运主宰者（上帝）的神秘名字。

命运之轮两侧的动物分别是赫曼努比斯和提丰，两者均为希腊化时期的古埃及神，分别代表了善与恶的力量。在《塔罗图形密钥》这本对韦特－史密斯塔罗牌中的象征进行讲解且附有插图的指南中，阿瑟·爱德华·韦特认为，占据命运之轮牌的四个角落的生物是先知以西结看到的"四个活物"。按照先知的描述，这四个活物各有四个脸面："前面各有人的脸，右面各有狮子的脸，左面各有牛的脸，后面各有鹰的脸。"驱使命运之轮转动的是令人生畏的力量，我们根本无力与该力量对抗，只能希望命运之轮不要将我们摧毁。

在命运之轮上方坐着的是斯芬克司，她在俄狄浦斯的传奇故事中扮演了重要的角色[1]。俄狄浦斯出生的时候，根据神谕，他注定会杀死自己的父亲。为了预先阻止这种恐怖命运的发生，他的父亲将还是婴儿的俄狄浦斯丢弃在山崖上。但这个婴儿没有死，而是被一名牧羊人救了下来，由此为后续预言的应验铺平了道路。牌面上的斯芬克司是在提醒我们，人没有办法避开自己的命运。就算我们想方设法地逃脱命运，最后也只能导致命运的到来。

某副制作于 1500 年左右的塔罗牌对命运之轮牌的处理有一点不同。在这张命运之轮牌中，一名男子躺在地上，幻想着自己的未来。（如图 49）

---

1. 俄狄浦斯解出了斯芬克司给出的谜语："什么动物在早晨用四条腿走路，在中午用两条腿走路，在晚上用三条腿走路？"

附录二　钥匙牌与灵魂之完善

在他上方，一个有着动物头和人身的生物正抱着命运之轮向上升腾，它说道："我将统治。"趴在命运之轮顶部的生物已经完全是动物了，它说道："我正统治。"最终，一个完全的人抱着命运之轮的另一侧向下坠落，这个人说道："我已统治。"这张牌是在暗示，在我们寻求尘世中的成功，也就是命运之轮可以提供的那种成功的时候，我们就会失去人性的一部分。令我们成为人的并非成功，而是失败。

大部分人都会竭尽全力避免失败。然而，我们从失败中汲取的教训是一种十分有价值的人生课程。对医生来说，失败有时关乎生死。医生们会定期聚在一起，举办关于发病率和死亡率的研讨会。在此类会议中，一位医生会展示一则进展不顺的病例，其他医生会一起帮忙找出这位医生的医疗队伍究竟在何处犯了错。当一位医生意识到自己犯下的错误给病人带来了痛苦，甚至导致了病人的死亡时，这位医生心中喷涌而出的情绪会锁住关于这些事情的回忆。如果我们用塔罗牌的象征手法来表述的话，这些情绪就充当了效果惊人的杯子。尽管医生们并不能一一记住他们在讲座上听到以及在教科书上看到的内容，但他们永远不会忘记自己曾犯下的重大错误。此类学习方式非常重要。在大部分法律中，某位医生在关于发病率和死亡率的研讨会上说过的内容，不可以在渎职诉讼中作为对该医生不利的证据。这样一来，医生们才能在此类会议上没有顾忌地自由表达，不用害怕会造成什么法律上的后果。

失败还可以让我们不那么动辄对他人评头论足。失败让我们能够看到和接受自己的不完美，因而更加包容他人的不完美。失败使我们免于傲慢，失败令我们变得温柔。

图49　某副意大利塔罗牌里的命运之轮，制作于16世纪伊始

283

躁动的无意识

命运之轮是炼金术中的循环的化身。我们必须一圈又一圈、一遍又一遍地旋转，直到汲取了我们应该汲取的教训为止。尘世中的荣耀和名声转瞬即逝，它们来去无常，变幻莫测。这些荣耀和名声还让我们错把好运当作自己的优秀品质。最终，推动我们在成长的艰难道路上前行的并非成功，而是失败。

XI：正义牌

正义是对人类的行为有着深刻影响的强大原型。人们渴望正义，视其为一种伟大的善举。人们会为了正义去斗争，甚至去死。

这张牌中的正方形（正义的象征）很是引人注目。（如图50）法官的披风搭扣上的装饰物是正方形的。法官的王冠中央处的装饰物也是正方形的。而冠顶呈现的也是正方形的边缘，而非常见的尖状边缘。法官手持的是传统司法的象征——宝剑和天平。但其身后之物却被幕布遮盖着，象征着正义中不可知的那些方面。

哲学家在正义这个主题上花费的笔墨超过了为其他主题花费的笔墨，但他们依旧未能就"正义究竟是什么"达成一致。根据某个过分简单的定义，正义为每一个人提供了他所应得的东西。但这就引起了另一个问题：对每一个特定的人来说，究竟什么才是他应得的东西？我们根本无法做出判定。对每一个特定的人来说，在知道关于这个人的一切之前（例如，他在儿童时期受到什么样的教育，他的内心在做什么样的搏斗，他与生俱来的才能和脆弱之处又有哪些），我们没有办法公正地对他做出评判。如果我们没有办法公正地评判这个人，我们又如何能得知什么样的对待是他应得的呢？

图50　正义牌

附录二　钥匙牌与灵魂之完善

为了解开关于正义的这个无望的缠结，许多宗教传统采取的方式是向后踏一步，与自我的理性手段保持一些距离，转向无意识的神秘主义视角以及普遍之爱的雄心与抱负。眼前之人究竟是敌还是友？这个人究竟值得还是不值得？避免不正义出现的唯一方法，或许就是用爱去对待眼前之人。

XII：倒吊人牌

我们没有办法公正地评判他人，因为我们没办法看见他们的脑子里在想什么，也就没办法完全理解他们的搏斗与挣扎。但在这个世界上，有一个大脑是我们能够了解的，那就是我们自己的大脑。内省让我们能够发现在我们的内部出现的那些不正义情况。想要克服这些不正义，我们或许就需要革命性地改变看待自己和看待这个世界的方式。

倒吊人牌上画着一名男子，他的脚踝处被绑住，整个人头朝下被吊了起来。（如图51）这是一张表示牺牲的牌，放弃那些熟悉和舒适的东西是一件不容易的事情。哪怕我们明确地知道自己目前走的是一条错误的道路，我们还是倾向于尽可能不要调整路线，而不是直接承认自己的失败，将一切抛掉，换个新的方向从头开始。

倒吊人代表了态度上的逆转，所以将这张牌倒过来，从相反的视角观察一下，会对我们有所帮助。将这张牌倒过来之后，我们看到男子呈现出了舞者的姿势。这个姿势表示纪律与自制力，而这正是我们在克服对当前路径的惯性时需要的美德。倒吊人与皇帝类似，是积极而非消极的存在。他选择了激烈的改变。他的头发好似火焰，他的头部光彩夺目，闪耀着意识的光芒。

图51 倒吊人牌

XIII：死神牌

死亡是倒吊人牺牲的结果。死神牌上画着一个骷髅人，他骑着灰白色的马，好似《圣经·启示录》里的第四位骑马之人。（如图52）他的脚边躺着一名死去的国王，他的面前有一个孩子、一名年轻女子和一位主教。这些人是死神接下来的受害者。死神不会放过任何人。

在这趟大阿卡纳牌之旅中，死神现在就登场似乎早了一些。因此我们可以得出结论，这张牌提到的死亡并非最终的死亡，而是伴随着成长和转变而来的部分死亡。这是狐狸在《金鸟》这则故事里经历过的死亡，当时它恳求小王子开枪打死它并剁下它的脑袋和爪子，以便它可以转变为人类。这是大大小小的牺牲都会

图52 死神牌

附录二　钥匙牌与灵魂之完善

带来的失落感和空虚感。每一次我们做出改变，我们的一部分就死去了。酗酒者戒酒后收获了健康这个奖赏，但是他体内的那个渴求痛饮狂欢和昏昏沉沉、不省人事之舒适感的自己必须死去，而这一点对他来说是难以忍受的。喝下炼金术中的苦水也是一种死亡。一旦我们用清澈的双眼来看，那个我们原本以为的自己就消失了。

我们与那个必须被牺牲掉的东西越是有着紧密的关联，我们对死亡的感觉就越是强烈。东方传统强调真正的自己独立于那些我们通常与之有着密切关联的非必要之物之外，这些非必要之物包括财产、外貌甚至能力。在某种瑜伽冥想中，练习者需要这样吟唱："我不是这具身体，这具身体不是我。我不是这个头脑，这个头脑不是我。"不论身体和头脑是好还是坏，它们都是命运之轮赐予我们的东西，它们与一个人的存在之核心是相分离的。认识到这个事实之后，我们就比较容易将那些阻碍我们前行的东西交给死神了。分辨清楚哪些东西是本质的，哪些东西是非本质的之后，死神就变成了我们的盟友。死神成了某种外科医生，帮我们切除掉了灵魂中的那些堕落腐化的部分，这样一来，那些健康的部分才能茁壮成长。

这张牌上的死神拿着一面旗帜，旗帜上的装饰图案是一朵白色的五瓣玫瑰——意识的象征。为了最大程度地利用死神，我们必须自愿地允许死神切除我们身上堕落腐化的部分。如果我们并非自愿，那么超越驱力便有可能引导着我们来到一个死神不顾我们的意愿并且肆意行事的地方。那样的话，我们就无法得到采取倒吊人态度（有意识地做出牺牲）时能够得到的那些好处了。

远处的太阳正从两座高塔之间升起。那是新的黎明。在许多童话故事中，老国王必须先死去，年轻的主人公才能登上宝座，开创新的黄金时代。死亡并非终点，而是一次重新开始的机会。死亡带着我们向前，让我们离目标更近。

287

XIV：节制牌

节制是四大美德[1]之一。按照心理学的说法，节制代表着平衡了理性考量之后的本能欲望。在更高的层面，节制代表着理性考量和本能欲望的融合。有了节制，渴望之灵魂才获得了完善。比起对物质世界的乐趣直接说不的禁欲主义，节制来到了更高的层面。节制允许我们享受来自皇后的这些礼物，我们可以拥有它们，但不会反过来被它们所控制。贪婪、放纵、怒火与盲目的野心是畸形且扭曲的渴望，它们驱使着我们变得过火且无节制，如今我们已经将这些渴望交给了死神。如今，渴望与灵魂的其余部分已经能够和睦相处，它变成了一种向善的力量，在为我们带来愉悦的同时，并没有让我们失去控制。

英语中的 temperance（节制）这个词源自拉丁语里表示"按适当比例混合"的某个词。在一句我们熟悉的格言"法外施恩"（Temper justice with mercy.[2]）中，我们看到了这个词义。节制试图平衡种种渴望，将我们的精神性和肉体性和谐地混合在一起。在节制牌中，画中人胸口的正方形内部包含着三角形，这便是与其对应的象征。正方形代表物质，三角形代表灵魂。

节制牌充满了平衡的象征。画面中央带有翅膀的人物正在将液体从一个杯子倒进另一个杯子，以此获得理想的比例。（如图53）她的一只脚浸入了溪水中，另一只脚则踩在陆地上，这就让她既可以享受溪水从脚边流淌而过所带来的感官愉悦，又可以避免被溪水冲走的危险。她的脚边有盛开的鸢尾花，鸢尾花的名字来自

图53 节制牌

---

1. 在西方古典哲学中，四项最重要的美德分别是节制、审慎、勇气和正义。
2. 这句格言可被直译为"将正义与慈悲混合"。——编者注

附录二 钥匙牌与灵魂之完善

彩虹女神[1],彩虹女神用一条超凡优雅的带子在天与地之间搭建了一座桥。有些塔罗牌的节制牌中绘有彩虹,彩虹象征了天之精神原型与地之地下原型的相连。

灵魂的每一个组成部分都无法单独得到完善,它们必须一起走向完善之路。只有刚毅之灵魂得到了发展,渴望之灵魂才能发挥其全部潜力。通过刚毅之灵魂的完善而实现的内在和谐,可以反映在我们与外部世界的关系中。如内,同外。在节制牌中,这个概念是通过一个奇异的倒置来体现的。在远方,我们可以看到一顶王冠正在两座山之间升起,那里原本应该是太阳出现的地方。而在画面的前景部分,画中人的头上并未戴着王冠,而是像太阳那样闪耀着光芒。宇宙中的事物和个人的事物发生了颠倒,微观世界与宏观世界融为一体。

节制牌是关于刚毅之灵魂的七张牌里的最后一张牌,为接下来将要出现的关于理性之灵魂的七张牌做好了准备。节制牌提供的内心世界和外部世界之间的和谐关系,为理性接下来公正且合理地对心灵的本能进行管理创造了条件。柏拉图认为,理性是灵魂的最高才能,因为理性允许我们看向关于物质的"变世界"之外,进而看到神圣的"定世界"。

理性是自我的功能。我们可能会质疑将自我放在比无意识更高的位置的这种做法。魔法传统让我们意识到生命中的许多事情是受内在力量控制的,这些内在力量不受自我的控制。如果我们将理性放置在人类发展的尖塔位置,我们是否就回到了一开始的那种对心灵的片面看法?这倒未必。启蒙哲学特有的那种对理性自我的绝对聚焦存在着失衡的问题。这种只关注理性自我的做法缺乏遍布于节制牌里的和谐与融洽。个性化的目标是通过将无意识带入自我,将心灵的各个方面融合在一起,因此各方都必须扮演恰当的角色。自我具备思考能力,必须负责管理。尽管自我存在弱点,但自我提升了心灵,让我们观察到了理性的那种不变的法则(永恒的"定世界"),将我们带离了原本的存在状态。然而,尽管自我占据了更高的位

---

1. 彩虹女神的名字是伊里斯(Iris),而英语中表示"鸢尾花"的单词为iris。

置，但这并不代表自我可以像暴君那样去统治无意识。自我必须汲取力量牌向我们讲述的教训，通过接纳、温柔和爱来获得支配强大的无意识本能的优势地位。

XV：魔鬼牌

古代众神在现代人类的想象中已经不再享有优势地位，但魔鬼依然令我们着迷。作为邪恶的化身，魔鬼频繁出现在给孩子或大人看的书、电影和电视节目里。

《魔鬼家书》是 C.S. 路易斯想象出来的魔鬼与其年轻侄子之间的书信往来。在这本书中，魔鬼就如何抓取已锁定的加害目标的灵魂提供了下述建议："将他头脑中的一切笼罩在迷雾之中，然后你便能获得永恒，在此期间，你可以通过在他体内制造地狱才能提供的那种独特、清晰且明确的场景来消遣取乐。"想要发展理性之灵魂，我们的第一项任务便是直面地狱的清晰特性。

魔鬼代表着阴影中的那些没有办法被驯服，因而必须被驱逐出去的方面。掌握了力量之后，我们身上的野蛮且残忍的动物性便被驯服，变得温柔了。节制则使我们所拥有的那些难以控制的欲望得以被带入自我的统治地带。但我们仍未大功告成。一些比野蛮的欲望更为糟糕的东西也是人类状况的一部分，比如仇恨、残暴与对同样是人类的其他人的蔑视。倘若我们想要在成长之路上继续前行，我们就必须先直面我们内部的最为卑劣之处。

魔鬼的其中一个名字是路西法（Lucifer），意为"那个带来光的存在"。在这张牌中，魔鬼手持火把，但火把朝下。（如图 54）他照亮的都是灵魂最低层的东西，这些东西是我们的心灵中最丑陋、最让人难以面对的部分。面对这些令人不快的恐怖东西时，我们惯常的应对方式是转过脸不去看，或者用花招哄骗自己，让自己相信这些东西并不是真的在那里。然而，如

附录二　钥匙牌与灵魂之完善

果我们要想进入最高的领域，即逻各斯的领域，我们就必须诚实地面对真实的自己。我们必须喝下苦水。

地狱火焰将我们最为黑暗的秘密暴露了出来。尽管这会带来痛苦，但很少有东西能比知道自己敌人的本质更有价值。我们无力去对抗那些看不见的力量，藏在暗处的敌人比明处的敌人更危险。画中的男人和女人头上长着角，身后有尾巴，象征着两人均已退化到了低于人类的水平。两人还被链条锁在了一块石头上，这表明他们失去了自由。发现自己陷入这样的处境时，他们肯定会感到恐慌，但是既然他们能看见头上的角、身后的尾巴和身上的锁链，他们就能想出一些应对的办法。

图 54　魔鬼牌

在本书的前文中，我提到过斯宾塞所著的《仙后》里的邪恶女巫杜艾莎。她的名字由拉丁语里的数字"二"演变而来，真实的她和表现出来的她截然相反。堕落和腐化会用漂亮的衣裳装扮自己，大部分时候，我们欣然被其所骗。我们把愤怒当作正直，把虚荣当作自身优越性的真实反映，把贪婪当作无可指摘的对自己应得之物的渴望。但是在理性将我们的双眼打开，使我们得以看清自己真实的本性之后，那些伪装便消失了，剩下的东西令我们厌恶。这对我们是有利的。我们竟然允许自己变成了现在的样子，这令人感到恐惧和厌恶。因此，虽然挣脱邪恶的锁链依然是一件难事，但现在我们拥有了恐惧和厌恶作为动力，事情就变得稍微容易一些了。

"死亡天使"乐队是一支制作击流金属乐[1]的乐队。该乐队的鼓手威尔·卡罗尔表示，他在一次因新冠病毒而造成的昏迷中来到了地狱，见到

---

[1] 击流金属乐（thrash metal），一种快节奏的重金属摇滚乐。常见的译法之一是"激流金属乐"，但 thrash 一词跟"激流"毫无关系，其意为"连续击打"。因此，结合原有译法的发音和 thrash 的原本意思，此处改译为"击流金属乐"。

了魔鬼。魔鬼将他变成了肿胀的类似赫特人贾巴[1]那样的怪物，还让他一直吐血，直到心脏病发作为止。卡罗尔表示，这样的煎熬太可怕了，哪怕是他最大的敌人，他都不希望对方经历这样的事。但这次痛苦的折磨让他决定去改变自己的生活方式，尤其是要去克制自己的放纵倾向。"我不再像以前那样觉得魔鬼很酷了。"卡罗尔补充道。我们可以理解他为什么会有这样的感觉，不过在他的梦中，魔鬼原型扮演了魔鬼应该扮演的角色：为他有意识的态度提供了对照物。尽管这趟旅程十分吓人，但是卡罗尔用"地狱的清晰特性"看见了真正的自己。这次经历以一种其他经历也许都没办法做到的方式，推动着卡罗尔在成长的道路上不断前行。

XVI：高塔牌

我们已经面对过牺牲、死亡和魔鬼本人，但在光明出现之前，我们仍需经历一次灾祸。自我已经尽其所能地去与无意识联手，去让自己变得强大了。自我驯服了本能的欲望，获得了自身的力量，并确认了正义是正确的目标，它要用这份力量去追求正义。但有时候光凭自我的努力还不够，顽固的障碍依然会绊倒我们的脚，阻止我们前行。现状的很多方面都相当宝贵，自我没办法自愿放手，将其割舍。在这种情况发生时，超越功能便出来接管了。不管这种东西是什么，只要它还在阻碍我们成长，它就必须被摧毁。

图55 高塔牌

高塔象征了毁灭原型。牌上画着的高塔被闪电击中了。（如图55）人们被甩出高塔，头

1.《星球大战》里的角色，体形庞大，浑身长满横肉。

附录二　钥匙牌与灵魂之完善

朝下直冲地面坠落，身边围绕着火焰。曾位于塔顶的王冠被推翻了。

高塔可以是安全之地，也可以是监禁之所。在很多时候，它同时是这两样东西。我们在此前愚蠢地给权势、钱财或其他的东西加了冕，将它们送上了宝座，任凭它们主宰我们的心灵。而这些东西往往就是最后阻碍我们的那些东西。

长发公主进入青春期后，女巫将其锁在高塔之中，使她与世隔绝。长发公主花了很长时间才得以逃脱，而这差点让她的恋人丢了性命。在童话故事里，逃跑有时候需要一场大灾难才能完成，在现实生活中或许也是一样。

高塔的例子随处可见。在此类情况中，人们粗心大意地犯了一些明显的错误，或者做出了莫名其妙的糟糕判断，导致自己从特权的高位上摔了下来。2019年11月，得克萨斯州的众议员阿方索·内瓦雷斯身上携带着一个装有可卡因的小信封，在他离开奥斯汀－伯格斯特国际机场的时候，小信封意外地掉出了他的口袋。这幅画面被监控拍了下来，内瓦雷斯因此被捕。摆在他面前的是十年的监狱生活，但内瓦雷斯说："在某种程度上，我竟然奇怪地感到庆幸。悲伤和毒瘾正在摧毁我。真是奇怪极了，我现在的感觉比很长时间以来的感觉都要好。"

高塔能够以其他东西做不到的方式帮助我们实现人生的转变，但高塔本身是一段非常可怕的经历，会让人感觉好像整个世界都要破碎了一样。有时候，我们需要做的事情很明确，比如内瓦雷斯需要去接受戒毒治疗。但有时候，我们可能会完全找不到方向，不知道如何才能捡起散落一地的碎片，然后继续前行。画中的火焰并没有像原本应该的那样朝上，而是好似下雨一般从天上掉落下来。这个世界上下颠倒，一切都在后退，没什么东西是合理的。混乱占据了统治地位。正如荣格学派的心理学家玛丽－路易丝·冯·弗朗兹所写的那样："在这样的时刻，一切善意的、明智的建议都完全没有用了……只剩下一件事似乎还能奏效，那就是直接转向即将到来的黑暗。你要不带偏见地、非常天真地朝着它奔去，然后试图找出其隐秘的目的，搞清楚它究竟想要从你身上获得什么。"

XVII：星星牌

现在，我们的双眼已准备好迎接理性之光了。从这张牌开始，连续三张牌都代表了天体，它们的亮度越来越高。我们正在接近光明、清澈与真实之源。星星是天上光源的起始部分，它彻底动摇了高塔，是暴风雨之后的宁静。七颗白色八芒星象征了七行星之梯——为了臻于完美，我们的灵魂在这架梯子上层层攀爬。（如图56）但在这张牌里，我们的攀爬已经宣告结束，向上的奋斗已经走到了尽头。我们抵达了第八层，这里是恒星所在的地方，这里有安宁。我们尝过了死亡的苦涩，直面了内心的魔鬼，眼睁睁地看过世界在我们周围破碎崩溃的样子。

图56　星星牌

但我们靠着坚持不懈的性格挺过来了。可有可无的东西都已被剥除，剩下的唯有不朽之物。

在星星牌中，被净化后的灵魂是一个赤身裸体的人。她正在倒水，既往陆地上倒，也往海洋里倒，温柔地冲刷掉最后的那些不纯之物。韦特表示，画中的女人象征着永恒的青春与美。她正无拘无束地倾倒着的便是"生命之水"。她的一只脚踩在水中，另一边的膝盖贴着陆地，由此统一了干与湿这两种对立之物。她便是童话故事里的青蛙，现在以她的真实面貌为我们所见。丑陋的青蛙原来是星星。

XVIII：月亮牌

在月亮牌中，月亮正从两座高塔之间升起。（如图57）这正是我们在死神牌里看到的那两座高塔。但是，正如艺术家兼塔罗牌历史学家罗伯

附录二 钥匙牌与灵魂之完善

特·普莱斯指出的那样,死神牌里的高塔在远处,与死神隔了一条河。在月亮牌里,我们已横渡这条河,来到了对岸。这场跨越甚是骇人,但现在一切都已经过去了,我们已抵达平静与安宁之处。

月相在阴历中决定了一年的月份,这就使月亮成为时间的象征。用月亮标记时间的做法可以追溯至石器时代。直至今日,印度教、犹太教、佛教、基督教和伊斯兰教的教徒依然在用月亮确定宗教节日的时间。月亮牌的画面近处有一只甲壳纲动物。按照韦特的描述,该动物"从深处爬了出来"。这趟横跨河流的旅程使

图 57 月亮牌

我们退回了进化的稍早阶段——无脊椎动物。我们还需要花上一些时间来成长,才能重回人类的状态。月亮是一张表示休息和准备的牌。

月亮是夜之女王,象征着无意识。这是唯一一张没有人物、只有动物的钥匙牌。在踏出最终的一步(被代表着全然自我的太阳所照耀,实现完整的个性化)之前,我们必须加固自己与本能这一根基之间的联结。没有低处,我们就无法到达高处。如果我们只是一边倒地去与自我建立联结,如果我们拒绝了本性中的较低之处,试图"脱离阶梯,向上攀爬",那么正如炼金术士莫里埃努斯警告的那样,我们会跌落下来,之前的一切工作都将白费。

我们需要等多久?睡美人睡了一百年,在通往城堡的路上阻拦着人们的致命荆棘才转变成了鲜花,让王子通过。我们或许要等上很长的时间。但月亮牌是一张被动牌,我们不需要搏斗,只需要耐心等待。韦特告诉我们,这张牌传递的信息是"安宁,保持静止"。

295

XIX：太阳牌

图58　太阳牌

等待结束了。月亮牌中由本能驱动的动物已进化成了初生婴孩。这个婴孩骑着白马，挥舞着胜利的旗帜。（如图58）白马象征了重生至无知且单纯的状态的动物性。在背景中，太阳以其全然的辉煌闪耀着。我们不再局限于用月亮的反射光去看世界。我们已变得强大，在前行之路上引领我们的是光明之源本身——太阳。我们已获得了全然的自我，已准备好成为一个整体。

韦特告诉我们，婴孩象征着简单与质朴。他认为婴孩兼具"自然与艺术的特点"。韦特写道："自知的灵魂在意识之中变得明朗，它高于自然状态的头脑，由此一来，更新后的头脑便会在全然的一致状态下引领着动物性前行。"只有在自我之光完全照下来的时候，无意识才能得到完善。在那道光芒出现之后，在心灵的两个方面懂得了如何全然融洽地接纳彼此之后，我们便能够重新开始了。

XX：审判牌

最终，我们的双眼完全睁开了，我们看到了真相。在审判牌中，已死之人从墓穴之中站起，迎接上帝的审判。（如图59）画中的人们赤身裸体，因为他们没有什么事情需要隐藏。他们的双臂展开，脸上带着喜悦的神情。罗伯特·普莱斯指出，画中的女人在右，男人在左，这与通常的男女位置安排是相反的。看向世界的我们拥有了新的眼睛和新的视角。

关于理性之灵魂的七张牌里的审判牌补充了关于刚毅之灵魂的七张牌里的正义牌。在稍早的时候，我们产生了想要正义行事的意图，但是辨别正义与非正义超出了我们当时的能力。在理性之光芒和本能之直觉的帮助下，现在的我们看得十分清楚。我们遇到了最伟大的美德，也就是包含了其他美德的美德——谨慎。既然无意识中的隐秘力量已被拎到了自我之中，那么我们的判决便是诚实坦率、不偏不倚、清楚明白的判决。这里不再有投射，因为我们已将所有隐藏之物带到了自我之中。我们全部的官能在融洽地彼此协作。由此，我们能够在正确的时间，以正确的方式，因正确的理由去做正确的事情。我们已变得公正。

图 59　审判牌

XXI：世界牌

最后一张钥匙牌，即我们的最终目标，是世界牌。它象征了一切有生命的物体之间的神秘联结。正如柏拉图所写的那样："世界其实是一个有生命的存在，具有灵魂和智慧……它是一个单独的、我们看得见的、有生命的实体，内部包含着除了它以外的全部有生命的实体。这些有生命的实体按其固有的性质相互关联。"

按照荣格的精神分析法，世界牌代表了达到和谐状态的心灵的全部方面。"十"是毕达哥拉斯学派所崇拜的关于宇宙的数字，而世界牌便是这种完满状态在个人层面的体现。在这张牌里，世界被描绘成了一名跳着舞的美丽裸女。（如图 60）她身处月桂花环之中，而月桂花环是

图 60　世界牌

胜利的标志。她位于梅花形五点排列的中央，是纯粹的精髓。画中围绕着她的是四位福音作者（马太、马可、路加和约翰）的象征——人、狮、牛、鹰。月桂花环使我们回想起乌洛波罗斯。但不同于将人吞入无意识的黑暗之中的乌洛波罗斯，月桂花环是她获胜的标志。她既没有击败自己的动物性，也没有屈服于自己的动物性，而是将其为自己所用。该女子手中的权杖与出现在魔术师牌里的权杖一样，不过魔术师手里只有一根权杖，他用右手将其紧紧攥住。而在世界牌中，这名女子的左右手中各有一根权杖。她轻轻地握着这两根权杖，她已经获得了平衡。

韦特写道："世界牌还代表了宇宙的完善与尽头、宇宙蕴含的秘密，以及宇宙通过上帝理解了自己时获得的极度欢喜。"我们听从了德尔斐箴言的告诫。我们认识了自己。

图片来源

图 1　The Big Cartoon Database.
图 2　Peter Kazanjy via Flickr.
图 3　Cleanpng.
图 4　Left, Professor Otto Wilhelm Thome, Pinus sylvestris L, 1885; right, PIXNIO.
图 5　Windell Oskay via Flickr.
图 6　Left, Wikimedia Commons; right, Carsten Frenzl via Wikimedia Commons.
图 7　Wikimedia Commons.
图 8　Left, José-Manuel Benito/Locutus Borg; right, Symbolikon Library.
图 9　Left, Zdeněk Kratochvíl via Wikimedia Commons; right, Faylyne via Flickr.
图 13　Left: Toronto Star; right: Memory-alpha.fandom.com.
图 15　Wikimedia Commons.
图 16　Courtesy of the Autism Research Centre.
图 17　Wikimedia Commons.
图 18　Wellcome Images.

图 19　Edward H. Adelson via Wikimedia Commons.

图 22　Uva79 via Wikimedia Commons.

图 23　Journal of World-Systems Research, vol. 21, no. 1.

图 24　Wikimedia Commons.

图 25　David Clay via Wikimedia Commons.

图 26　Wikimedia Commons.

图 27　MS Marciana gr. Z. 299 via Wikimedia Commons.

图 28　Wikimedia Commons.

图 30　Wikimedia Commons.

图 31　Wikimedia Commons.

图 32　Right, Evangelistar von Speyer, Codex Bruchsal 1 01v, c. 1220, via Wikimedia Commons.

图 33　HereNow4U.

图 49　Metropolitan Museum of Art, New York, via Robert Place, The Tarot: History, Symbolism, and Divination.

致谢

从开始构思到全部完成，本书的撰写之路并不总是一帆风顺的。我要感谢许多人在这一路上给予我的种种帮助。

首先，我要感谢我的儿子萨姆，因为他，我才有了动笔写这本书的念头。我和他之间的许许多多关于魔法的交谈点燃了我对这个主题的兴奋之情，也促使我重新打开荣格的书，这些书在许多年前带领着我踏上了研究精神病学的道路。我花了两年多的时间才想出讲述这个话题的最佳办法，在这一路上，迈克尔·朗一直慷慨相助（我俩之前一起写了《贪婪的多巴胺》）。他花了许多时间阅读我的手稿并给出评论，甚至重写了一些内容，大大提高了本书的质量。我还要感谢我的同事杰奎琳·波萨达，谢谢她宝贵的建议和评论。本书的书名也得谢谢她。

我要感谢两位绝妙的文学经纪人，温迪·莱文森与安德烈娅·松贝里。在我努力地想要找到办法来恰当地传递本书思想的这一路上，她们始终坚定不移地、和善地支持着我。

我要感谢本贝拉图书公司的所有人，感谢你们出众的才干。我尤其要感谢珍妮弗·坎佐内里和格伦·耶菲斯。感谢珍妮弗在我最需要鼓励的时候及时鼓励了我。感谢格伦对我的指导，让我明白如何才能最佳地处理这个主题。我对这本书的编辑利娅·威尔逊有着说不完的感谢。她在本书的手稿里投入了许许多多个小时，将我的一大堆四散杂乱的想法转变成了可理解的、统一而流畅的叙述。我还要感谢我的文字编辑詹姆斯·弗雷利。关于什么样的文字更加优美顺畅，他有着敏锐而准确的把握，而且詹姆斯似乎对世上的一切主题都有着无穷无尽的知识储备。

最后，我要特别感谢我的妻子雅美。她一直坚定地支持着我，鼓励着我。从一开始，她就坚信本书的价值，并且在我感到绝望，觉得不可能写完这本书的时候，不准我放弃。